冰雪产业高质量发展

现代体育物流视角下的创新人才培养

—— 王光军 ◎ 著 ——

中国纺织出版社有限公司

图书在版编目（CIP）数据

冰雪产业高质量发展：现代体育物流视角下的创新人才培养 / 王光军著. -- 北京：中国纺织出版社有限公司，2025.4. -- ISBN 978-7-5229-2667-4

Ⅰ.G812

中国国家版本馆CIP数据核字第20254C7G73号

责任编辑：赵晓红　　责任校对：王花妮　　责任印制：储志伟

中国纺织出版社有限公司出版发行
地址：北京市朝阳区百子湾东里A407号楼　邮政编码：100124
销售电话：010—67004422　传真：010—87155801
http://www.c-textilep.com
中国纺织出版社天猫旗舰店
官方微博 http://weibo.com/2119887771
河北延风印务有限公司印刷　各地新华书店经销
2025年4月第1版第1次印刷
开本：710×1000　1/16　印张：19
字数：288千字　定价：99.90元

凡购本书，如有缺页、倒页、脱页，由本社图书营销中心调换

前言

冰雪产业作为全球经济与文化发展中备受瞩目的新兴战略性产业，正以其独特的资源禀赋和广泛的参与度在全球范围内迅速崛起。随着冰雪运动的普及和冰雪旅游的兴起，冰雪产业不仅丰富了人们的文化生活，提升了全民健康水平，更在推动区域经济发展、促进产业转型升级方面展现出了巨大潜力。特别是在现代体育物流的深度融合下，冰雪产业的运营模式和服务质量实现了质的飞跃，为产业的高质量发展奠定了坚实的基础。

《冰雪产业高质量发展：现代体育物流视角下的创新人才培养》一书，基于笔者之前发表的《体育物流服务模式及切入策略研究》论文，并结合河北省高等教育教学改革研究与实践项目（项目编号：2022GJJG335），"政校企协同育人机制下河北省高校冰雪人才实践教学改革研究"的研究成果，从现代体育物流的视角，对冰雪产业的高质量发展进行了深入探讨。

本书在新质生产力的推动下，特别关注在现代体育物流背景下，高校如何培养适应市场需求的应用型体育人才。书中全面分析了冰雪产业的发展现状、面临的挑战及未来发展趋势，并从多个维度深入探讨了技术革新、社会需求演变、可持续发展策略以及创新人才培养的关键性。

本书旨在为冰雪产业提供全面的理论支撑和实践指导，同时期望能为产业从业者、研究者和政策制定者提供有价值的信息和洞见。此外，本书也想为相关领域的专业人士提供一个思考和行动的框架，以促进冰雪产业在现代体育物流领域的创新、进步和可持续发展。

笔者系河北北方学院公共体育部教师，书中观点仅代表个人见解。鉴于笔者水平有限，有关体育产业高质量发展的理论研究的难度很大，书中如有纰漏之处，敬请各位学者与读者见谅并予以斧正。

王光军

2024 年 9 月

目录

第一章　绪论 ········· 001
　　第一节　背景与意义 ········· 002
　　第二节　研究目的与范围 ········· 012
　　第三节　研究方法与资料来源 ········· 017
　　第四节　冰雪产业与现代体育物流结合的重要性 ········· 020

第二章　冰雪产业发展概况 ········· 027
　　第一节　冰雪产业的定义与历史 ········· 028
　　第二节　冰雪产业的经济与社会价值 ········· 037

第三章　现代体育物流基础 ········· 051
　　第一节　物流与供应链管理理论 ········· 052
　　第二节　体育物流的特殊性与挑战 ········· 061
　　第三节　现代体育物流的发展趋势 ········· 067
　　第四节　体育物流服务模式与切入策略 ········· 072

第四章　新质生产力与冰雪产业 ········· 087
　　第一节　新质生产力的内涵与特征 ········· 088
　　第二节　新质生产力在冰雪产业中的应用 ········· 094
　　第三节　新质生产力与人才培养 ········· 101

第五章　冰雪产业的物流管理 ⋯⋯⋯⋯⋯⋯⋯⋯⋯⋯⋯⋯⋯⋯⋯⋯⋯⋯⋯⋯ 111

第一节　冰雪产业物流需求分析 ⋯⋯⋯⋯⋯⋯⋯⋯⋯⋯⋯⋯⋯⋯⋯ 112

第二节　冰雪产业物流管理策略 ⋯⋯⋯⋯⋯⋯⋯⋯⋯⋯⋯⋯⋯⋯⋯ 123

第三节　河北省冰雪赛事物流管理案例研究 ⋯⋯⋯⋯⋯⋯⋯⋯⋯⋯ 129

第六章　创新人才培养的理论基础 ⋯⋯⋯⋯⋯⋯⋯⋯⋯⋯⋯⋯⋯⋯⋯⋯ 135

第一节　创新人才培养的教育理念 ⋯⋯⋯⋯⋯⋯⋯⋯⋯⋯⋯⋯⋯⋯ 136

第二节　体育人才培养的模式与方法 ⋯⋯⋯⋯⋯⋯⋯⋯⋯⋯⋯⋯⋯ 142

第三节　现代教育技术在人才培养中的应用 ⋯⋯⋯⋯⋯⋯⋯⋯⋯⋯ 150

第七章　冰雪产业人才培养的实践与挑战 ⋯⋯⋯⋯⋯⋯⋯⋯⋯⋯⋯⋯⋯ 157

第一节　冰雪产业人才培养现状分析——以河北省为例 ⋯⋯⋯⋯ 158

第二节　创新人才培养的策略与实践 ⋯⋯⋯⋯⋯⋯⋯⋯⋯⋯⋯⋯⋯ 166

第三节　人才培养的挑战与对策 ⋯⋯⋯⋯⋯⋯⋯⋯⋯⋯⋯⋯⋯⋯⋯ 175

第八章　冰雪产业的高质量发展策略 ⋯⋯⋯⋯⋯⋯⋯⋯⋯⋯⋯⋯⋯⋯⋯ 185

第一节　高质量发展的内涵与要求 ⋯⋯⋯⋯⋯⋯⋯⋯⋯⋯⋯⋯⋯⋯ 186

第二节　冰雪产业高质量发展的路径 ⋯⋯⋯⋯⋯⋯⋯⋯⋯⋯⋯⋯⋯ 192

第三节　政策支持与环境优化 ⋯⋯⋯⋯⋯⋯⋯⋯⋯⋯⋯⋯⋯⋯⋯⋯ 198

第九章　案例研究与实证分析 ⋯⋯⋯⋯⋯⋯⋯⋯⋯⋯⋯⋯⋯⋯⋯⋯⋯⋯ 205

第一节　国内外冰雪产业发展案例 ⋯⋯⋯⋯⋯⋯⋯⋯⋯⋯⋯⋯⋯⋯ 206

第二节　河北省冰雪产业发展实证研究 ⋯⋯⋯⋯⋯⋯⋯⋯⋯⋯⋯⋯ 214

第十章　冰雪产业的未来发展与政策建议 ⋯⋯⋯⋯⋯⋯⋯⋯⋯⋯⋯⋯⋯ 227

第一节　冰雪产业的未来发展趋势 ⋯⋯⋯⋯⋯⋯⋯⋯⋯⋯⋯⋯⋯⋯ 228

第二节　冰雪产业的可持续发展策略 ⋯⋯⋯⋯⋯⋯⋯⋯⋯⋯⋯⋯⋯ 239

　　　　第三节　政策建议与实施路径 ································· 250

第十一章　总结与展望 ··· **259**

　　　　第一节　总结 ··· 260
　　　　第二节　研究的局限性与未来研究方向 ······················· 266
　　　　第三节　对政策制定者和实践者的实用建议 ··················· 273

参考文献 ·· **281**

第一章

绪论

第一节 背景与意义

冰雪产业作为战略性新兴产业，在全球经济与文化发展中占据重要地位。其与现代体育物流的深度融合，不仅推动了赛事组织与运营效率的提高，还促进了冰雪旅游、装备制造等相关领域的协同发展。本节将从冰雪产业的战略地位出发，探讨其与现代体育物流结合的背景与意义，分析数字化与智能化技术对物流的变革，以及新能源汽车的潜在影响，同时强调高质量发展与创新人才培养的重要性，旨在为冰雪产业的持续繁荣提供理论依据与实践指导。

一、冰雪产业的战略地位

在全球经济版图中，冰雪产业以其独特的资源禀赋、广泛的参与度和日益增长的市场需求，逐步确立了其作为战略性新兴产业的地位。冰雪产业不仅丰富了人们的文化生活，提升了全民健康水平，更在推动区域经济发展、促进产业转型升级方面发挥着不可估量的作用。特别是在与现代体育物流深度融合的背景下，冰雪产业展现出更加广阔的发展前景和强大的发展动力。

（一）冰雪产业与现代体育物流的结合

冰雪产业与现代体育物流的结合，是体育产业与现代服务业深度融合的典范。近年来，冰雪运动的普及与赛事的增多带动了体育物流需求的显著增长。现代体育物流的先进管理理念和技术手段，为冰雪产业提供了高效、精准的物资保障服务。这种结合显著提升了冰雪赛事的组织效率和运营水平，同时推动了冰雪产业的高质量发展，主要体现在以下几个方面。

1. 赛事装备与物资的快速配送

冰雪赛事对装备和物资的需求具有高度的时效性和多样性，现代体育物流通过建立高效的供应链体系，确保了这些装备和物资能够迅速、准确地配送到位，从而保障了赛事的顺利进行。

2. 仓储与库存管理的智能化

针对冰雪装备体积大、重量重、储存条件特殊等特点，现代体育物流引入了智能化仓储管理系统，实现了对库存的精准控制和优化管理，降低了储存成本，提高了库存周转率。

3. 物流服务的个性化与定制化

随着冰雪产业的不断发展，消费者对物流服务的需求也越来越个性化、定制化。现代体育物流通过提供多样化的物流服务方案，可以满足不同客户的需求，提高了客户的满意度和忠诚度。

（二）对体育赛事组织和运营的影响

冰雪产业与现代体育物流的深度融合，为体育赛事的组织和运营带来了显著的变革。现代体育物流的高效运作，为赛事组织者提供了坚实的物资支持，确保赛事的顺利进行。智能化和个性化的物流服务，在提升赛事运营质量的同时，也极大地丰富了观众的观赛体验。此外，通过优化供应链管理，有效降低了赛事的运营成本，同时提升了经济效益与社会效益。

在具体的影响方面，现代体育物流对体育赛事的组织和运营主要体现在以下三个关键点。

1. 提高赛事组织效率

现代体育物流通过精确的物资配送和库存管理，有效减轻了赛事组织者在物资筹备上的压力，从而显著提高了赛事的组织效率。物流服务的个性化和定制化，为赛事组织者提供了更广泛的选择和更大的灵活性。

2. 丰富观众的观赛体验

高效的物流服务确保了观众能够及时获取所需的观赛物资和装备，从而提升了他们的观赛体验。智能化的物流监控和管理能力，能够迅速发现并解决物流过程中的问题，保障观众的权益。

3. 降低赛事运营成本

通过优化供应链管理，减少了不必要的库存和运输成本，为赛事组织者节约了大量资金。智能化的物流管理系统还能够帮助赛事组织者更准确地掌握物资使用情况和库存状态，有效地避免了资源浪费。

现代体育物流的融入，不仅提高了赛事的组织效率，还通过智能化的物流服务，为观众带来了更加个性化和丰富的观赛体验。同时，通过精细化的供应链管理，赛事的运营成本得到了有效控制，经济效益和社会效益均得到了显著提升。这种融合，无疑为体育赛事未来的发展提供了新的动力和方向。

随着技术的进步和物流服务的不断创新，我们可以预见，现代体育物流将在体育赛事的组织和运营中扮演越来越重要的角色。它不仅能够提供更加高效、智能的物流解决方案，还能够通过数据分析和预测，为赛事组织者提供决策支持，进一步优化赛事的运营策略。

现代体育物流与冰雪产业的结合，为体育赛事带来了全方位的优化和提升。从物资保障到观众体验，再到成本控制，每一个环节都体现出了现代物流服务的深度参与和积极影响。这种融合不仅推动了体育赛事的高效运作，还为观众带来了更加丰富和高质量的观赛体验，同时为赛事组织者带来了更高的经济效益和社会效益。

（三）案例研究

为了进一步阐明冰雪产业与现代体育物流的深度融合及其对体育赛事组织和运营的具体影响，我们深入剖析几个具有代表性的案例。这些案例不仅展示了现代体育物流在冰雪产业中的创新应用，还揭示了其如何助力体育赛事实现高效、成功运营。

案例一：北京冬奥会的物流保障

2022 年，北京冬奥会作为全球瞩目的冰雪盛事，其物流保障工作堪称典范。在北京冬奥会期间，现代体育物流系统高效运转，确保了数以万计的赛事装备、器材和物资准时、安全地送达各个赛场。通过运用物联网、大数据等先进技术，物流团队能够实时追踪物资运输状态，及时调整配送计划，有效应对各种突发情况。智能化的仓储管理系统实现了对库存的精准控制，减少了不必要的库存积压和浪费，提高了资源利用效率。这些举措不仅为赛事的顺利进行提供了有力保障，也向世界展示了中国冰雪产业和现代体育物流的强大实力。

案例二：冰雪旅游物流创新实践

在冰雪旅游领域，现代体育物流同样展现出其独特的创新魅力。以某冰雪旅游度假区为例，该度假区通过引入现代体育物流理念和技术，实现了旅游物资的高效管理和个性化服务。度假区与多家知名物流公司合作，建立了完善的物流服务体系，涵盖了住宿、餐饮、娱乐等多个环节。游客只需通过手机App即可轻松预订各项服务，享受便捷的旅游体验。同时，物流团队还可根据游客的个性化需求提供定制化服务，如滑雪装备的租赁与配送、特色餐饮的打包配送等，极大地提高了游客的满意度和忠诚度。

案例三：冰雪旅游度假区物流优化

在冰雪旅游度假区的物流优化案例中，现代体育物流扮演着至关重要的角色。以某知名冰雪旅游度假区为例，该度假区通过采纳现代体育物流的理念和技术，实现了对旅游物资的高效管理和提供个性化服务。通过与多家物流公司建立合作，构建了一个全面的物流服务体系，覆盖了住宿、餐饮和娱乐等多个关键环节。度假区利用智能化的仓储和配送系统，能够快速响应游客的需求，确保提供高质量的旅游服务体验。

此外，该度假区在物流服务方面不断创新和追求个性化。针对游客的多样化需求和偏好，度假区提供定制化的旅游产品和服务方案。例如，为滑雪爱好者提供专门的滑雪装备租赁和配送服务，以及为家庭游客设计包含儿童游乐设施和亲子活动的套餐服务。通过这种物流优化，度假区能够更好地满足游客的个性化需求，提高了游客的满意度和忠诚度，同时提高了运营效率和服务质量。这种以游客为中心的服务理念，不仅增强了游客的旅游体验感，也显著提升了度假区的品牌形象和市场竞争力，并为度假区带来了长期稳定发展的积极影响。这种以服务为核心的物流优化策略在冰雪旅游度假区的发展中将越来越发挥更为关键的作用。

案例四：冰雪装备制造企业供应链管理

冰雪装备制造企业作为冰雪产业的重要组成部分，其供应链管理同样离不开现代体育物流的支持。以某知名冰雪装备制造企业为例，该企业通过构建全球化的供应链体系，实现了原材料采购、生产加工、产品销售等环节的高效协同。在采购环节，企业利用大数据和人工智能技术，对市场需求进行精准预测，指导原材料的采购和库存管理。在生产环节，企业引入智能制造技术，提高生产效率和产品质量。在销售环节，企业则利用电子商务平台和物流配送网络，实现产品的快速销售和精准配送。

通过现代体育物流的支持，该冰雪装备制造企业不仅提升了自身的竞争力，还为整个冰雪产业的发展提供了有力保障。同时，企业还注重供应链的可持续发展，与供应商和分销商建立长期稳定的合作关系，共同推动冰雪产业的绿色、低碳发展。

以上案例充分展示了冰雪产业与现代体育物流的紧密结合及其对体育赛事组织和运营的重要影响。通过引入现代体育物流理念和技术，冰雪产业不仅能够提高运营效率和经济效益，还能够实现绿色、低碳的可持续发展目标。

二、数字化与智能化技术引领冰雪产业物流的变革

随着科技的飞速发展，数字化与智能化技术已成为推动各行各业转型升级的重要力量。在冰雪产业物流领域，这些前沿技术的融合应用正引领着一场深刻的变革。物联网、大数据和人工智能等技术的引入，不仅重塑了物流作业的流程与模式，更在提高物流效率、降低运营成本方面展现出巨大潜力。这些技术的应用，标志着冰雪产业物流正逐步迈向智能化、高效化的新时代。

（一）物联网、大数据和人工智能的应用

在冰雪产业物流的现代化转型过程中，前沿技术物联网、大数据和人工智能的应用，正在深刻地改变行业的运作模式。物联网技术利用传感器、RFID标签等智能设备，实现了物流全程可视化、可追溯和智能化管理。这些设备能够实时采集和传输物流过程中的关键数据，如温度、湿度和位置信息，为物流管理者提供了全面而准确的决策支持。

大数据技术通过对海量物流数据的深入挖掘和分析，揭示了物流运作的内在规律和潜在问题。通过数据分析，物流管理者能够更精确地预测市场需求，

优化库存结构，并制订科学、合理的配送计划。此外，大数据技术还能够帮助企业识别潜在的供应链风险，并采取预防和应对措施，确保物流系统稳定运行。

人工智能技术在冰雪产业物流中的应用尤为广泛和深入。利用机器学习和深度学习等算法，人工智能技术能够自动识别和处理物流过程中的复杂问题，如路径规划、货物分拣和异常处理。这不仅极大提升了物流作业的自动化程度和准确性，还显著降低了人力成本和时间成本。人工智能技术还能够不断优化物流流程，提高整体运营效率和服务质量。

通过这些技术的综合应用，冰雪产业物流的现代化转型不仅提高了物流效率，还增强了对市场变化的适应能力和风险管理能力。物联网技术通过提供实时数据，增强了物流过程的透明度和可预测性。大数据技术通过分析这些数据，为物流决策提供了科学依据。而人工智能技术则通过智能化处理，提升了物流操作的自动化水平，减少了人为错误。

物联网、大数据和人工智能的融合应用，为冰雪产业物流的现代化转型提供了强大的技术支撑。这些技术不仅优化了物流流程，提高了运营效率，更增强了对市场和风险的响应能力，为冰雪产业的持续发展和竞争力提升奠定了坚实的基础。随着技术的不断进步和应用的深入，我们有理由相信，这些技术将在冰雪产业物流领域发挥越来越重要的作用。

（二）实时物流监控与智能库存管理的实践

实时物流监控是数字化与智能化技术在冰雪产业物流中的重要应用之一。通过物联网技术，物流管理者可以实时掌握货物的运输状态和位置信息，实现对物流过程的全程监控。这不仅有助于物流管理者及时发现和解决物流过程中的问题，还能够有效预防货物丢失、损坏等风险事件的发生。同时，实时物流监控还能够为物流管理者提供精准的运输时间和成本估算，为企业决策提供更加可靠的依据。

智能库存管理则是数字化与智能化技术在冰雪产业物流中的另一项重要实践。传统库存管理往往存在信息不对称、响应速度慢等问题，导致库存积压和缺货现象频发。而智能库存管理系统则通过大数据和人工智能技术，实现了对库存状态的实时监控和精准预测。系统能够根据历史销售数据、市场需求预测等因素，自动生成合理的库存补货计划，从而避免库存积压和缺货现象的发生。同时，智能库存管理系统还能够实现库存数据的实时共享和协同管理，提高整个供应链的运作效率。

在具体实践中，一些冰雪产业企业已经成功应用了实时物流监控和智能库存管理系统。例如，某大型滑雪场通过引入物联网技术和智能库存管理系统，实现了对滑雪装备的实时追踪和智能管理。游客只需通过手机 App 即可查询装备租赁情况、预约租赁时间等，大大节省了排队等待的时间。同时，滑雪场也能够根据实时库存数据及时补充装备，确保游客的滑雪体验不受影响。

（三）技术对效率提高与成本降低的贡献

数字化与智能化技术在冰雪产业物流中扮演着至关重要的角色，显著提高了物流效率并降低了运营成本。物联网、大数据和人工智能等技术的融合应用，使得物流作业自动化、智能化，显著提高了作业速度和准确性。智能路径规划、自动分拣和无人仓储等技术的应用，优化了物流流程，减少了不必要的环节和等待时间，从而整体提高了运营效率。

在成本降低方面，数字化与智能化技术同样发挥着关键作用。实时物流监控和智能库存管理系统使企业能够精确掌握物流状态和库存情况，有效避免了库存积压和缺货现象，降低了库存成本和仓储成本。智能路径规划和自动分拣技术降低了人力成本和时间成本。此外，通过数据分析，企业能够发现供应链中的潜在问题，并提前采取措施进行预防和应对，避免了潜在损失。

以某家冰雪装备制造企业为例，该企业通过引入数字化与智能化技术，实现了生产、采购、销售等环节的高效协同。在生产环节，智能制造技术提高了生产效率和产品质量；在采购环节，大数据技术对市场需求进行精准预测，指导原材料的采购和库存管理；在销售环节，电子商务平台实现了产品的快速销售和精准配送。这些措施不仅提升了企业的整体运营效率和市场竞争力，还带来了显著的经济效益和社会效益。

数字化与智能化技术正在深刻地改变冰雪产业物流的运作模式和发展趋势。物联网、大数据和人工智能等技术的应用，使物流管理者能够实现对物流过程的实时监控和智能管理，提升服务质量；同时，有效降低物流成本，为企业创造更大的经济和社会价值。

三、新能源汽车对冰雪产业物流的潜在影响

随着全球对环境保护和可持续发展的重视，新能源汽车作为绿色出行的重要代表，正逐步渗透到各个领域，包括冰雪产业物流中。新能源汽车的广泛应用，不仅是对传统燃油车的一次重大革新，更是对冰雪产业物流模式、成本结构及环境有着深远的影响。

（一）环境友好与节能减排

冰雪产业物流因其特殊性，往往需要应对严寒的气候条件，这使得传统燃油车在物流过程中产生了较高的碳排放和污染物排放。而使用纯电动汽车和氢燃料电池作为动力的新能源汽车，以其零排放或极低排放的特点，显著降低了物流过程中的环境污染。在冰雪覆盖的区域，新能源汽车的应用有助于改善空气质量，减少温室气体排放，促进冰雪旅游景区的生态环境保护，为游客提供更加清新宜人的旅游体验。

（二）降低运营成本

新能源汽车在冰雪产业物流中的应用，从经济角度展现出其独特的优势。尽管新能源汽车的初始购置成本可能相对较高，但随着电池技术的持续进步和充电基础设施的不断完善，其运营成本正在逐步降低。在长期的运营过程中，新能源汽车能够显著节省燃油费用，并减少维护成本。同时，由于其环保特性，新能源汽车还有可能获得政府的税收减免或补贴，进一步降低运营成本。新能源汽车的高能源效率，尤其在寒冷的气候条件下，能够保持稳定的动力输出，这对于提高物流作业的连续性和效率至关重要。在冰雪覆盖的环境中，这种稳定性显得尤为重要，因为它确保了物流作业不会因恶劣天气而中断。新能源汽车在冰雪产业物流中的运用，不仅有助于降低长期的运营成本，还因其环保特性而可能获得政策上的支持，这对于提升物流企业的经济效益和环境友好性具有重要意义。随着新能源汽车技术的不断成熟和市场接受度的提高，其在

冰雪产业物流中的应用前景将更加广阔。

（三）促进技术创新与产业升级

新能源汽车的兴起，无疑为冰雪产业物流领域开辟了一条技术革新与产业升级的崭新道路。在这一进程中，两大方面的协同效应尤为显著。首先，新能源汽车技术的不断突破，直接驱动了电池能量密度的提升、电机效率的优化以及充电基础设施的智能化升级，这一系列技术创新不仅为新能源汽车的广泛应用奠定了坚实的基础，也间接促进了电池制造、电机控制及充电服务等相关产业链的技术进步与产业结构的优化。高性能电池的研发促进了电池材料科学的进步，电机技术的革新提升了车辆动力系统的效率与可靠性，而充电技术的智能化则推动了充电网络的建设与运维水平的提升，共同构成了新能源汽车产业生态的强健根基。其次，新能源汽车与物联网、大数据、人工智能等先进信息技术的深度融合，为冰雪产业物流带来了前所未有的智能化转型。通过构建智能调度系统，实现新能源物流车辆运输路径的精准规划与动态调整，不仅大幅提高了运输效率，还显著降低了能耗与碳排放。最后，借助大数据分析技术，物流企业能够深入洞察市场需求变化与物流流量趋势，从而实施更为精准的库存管理与资源调配策略，减少库存积压与浪费，提升供应链的整体响应速度与灵活性。这一系列的智能化解决方案，不仅优化了冰雪产业物流的运作流程，还增强了其抵御市场波动与应对突发情况的能力，为冰雪产业的可持续发展注入了强大动力。

（四）挑战与机遇并存

新能源汽车在冰雪产业物流中的应用，虽然带来了一系列挑战，但同时蕴含着巨大的机遇。在寒冷气候下，电池性能可能受到影响，这就要求采取相应的保暖和维护措施，以确保车辆的正常运行。此外，充电设施的不足和分布不均也限制了新能源物流车辆的行驶范围和运营效率，这需要通过增加充电站的建设和优化布局来解决。新能源汽车的普及和推广，需要政府、企业和社会各界的共同努力和支持。政策的引导、资金的投入和公众意识的提高，都是推动新能源汽车发展的关键因素。

尽管存在挑战，但新能源汽车对冰雪产业物流的潜在影响是积极而深远的。技术的进步和政策的支持，将使新能源汽车逐步成为冰雪产业物流领域的重要力量。它们将推动行业向更加绿色、高效、可持续的方向发展，有助于减少温室气体排放，提高能源利用效率。

对于冰雪产业物流企业来说，积极拥抱新能源汽车这一变革趋势至关重要。企业应加强技术创新，如研发适应低温环境的电池技术，以及优化车辆的能源管理系统。同时，人才培养也不容忽视，企业需要培养一支熟悉新能源汽车技术和维护的专业团队。通过这些措施，企业可以提升自身的竞争力，共同推动冰雪产业的高质量发展，实现经济和环境的双重效益。

四、高质量发展与创新人才培养的重要性

在当今全球化竞争日益激烈的时代背景下，冰雪产业作为体育与旅游深度融合的新兴领域，其高质量发展不仅关乎国家体育事业的繁荣，更与经济社会的可持续发展紧密相连。而创新人才的培养，则是推动冰雪产业高质量发展的核心驱动力，对于提升产业竞争力、促进产业升级具有不可估量的价值。

（一）高质量发展的内在需求

冰雪产业的高质量发展，主要体现在产业结构的优化升级和核心竞争力的提升上。随着科技的飞速发展，数字化、智能化技术正深刻改变着冰雪产业的各个环节，从赛事组织、装备制造到旅游服务，无一不体现着科技的力量。因此，实现高质量发展，就必须紧跟时代步伐，推动科技创新与产业深度融合，而这一切都离不开高素质、创新型人才的支撑。

（二）创新人才的战略地位

创新人才是推动冰雪产业高质量发展的关键要素。他们不仅具备扎实的专业知识，更拥有敏锐的洞察力、卓越的创新能力和强烈的责任感。在冰雪产业的各个环节中，无论是赛事策划与执行、装备研发与制造，还是旅游服务与体验优化，都需要创新人才提供智力支持和创新方案。创新人才不仅能够有效提

高产业运行效率，降低运营成本，更能通过不断的技术创新和产品升级，满足消费者日益增长的多元化、个性化需求，从而推动产业持续健康发展。

（三）人才培养与产业升级的良性互动

高质量发展与创新人才培养之间存在着紧密的良性互动关系。一方面，高质量发展对创新人才的需求日益迫切，要求教育体系不断优化调整，加强跨学科、跨领域的复合型人才培养，以满足产业发展的实际需求。另一方面，创新人才的涌现又为产业升级提供了强大动力，他们通过技术创新和模式创新，推动冰雪产业不断向高端化、智能化、绿色化方向发展，进而向更高水平迈进。

（四）政策环境与社会支持的必要性

为了有效推动冰雪产业的高质量发展和创新人才培养，还需要良好的政策环境和社会支持作为保障。政府应加大对冰雪产业的支持力度，出台更多有利于产业发展的政策措施，如税收优惠、资金扶持、人才引进等。同时，社会各界也应积极参与进来，共同营造良好的创新氛围和发展环境，为冰雪产业的高质量发展和创新人才培养贡献力量。

由此可见，高质量发展与创新人才培养是冰雪产业可持续发展的关键所在。只有不断加强创新人才培养力度，提升人才素质和能力水平，才能为冰雪产业的高质量发展提供有力的人才保障和智力支持。同时，也需要政府、企业和社会各界的共同努力和支持，共同推动冰雪产业向更高水平迈进。

第二节　研究目的与范围

本节旨在明确研究冰雪产业高质量发展的路径及现代体育物流在其中的核心作用，同时界定研究的地理、行业与时间范围。通过深入探讨创新驱动、产业链协同、绿色低碳、政策支持等关键要素，我们力求为冰雪产业的未来发展提供科学指引。同时，明确研究边界，确保研究工作的针对性和实效性，为冰雪产业的高质量发展贡献智慧与力量。

一、探索冰雪产业高质量发展的路径

在探讨冰雪产业高质量发展的路径时，我们旨在通过多维度、深层次的分析，揭示冰雪产业实现跨越式发展的核心要素与可行策略。冰雪产业作为一个集体育竞技、休闲娱乐、旅游观光于一体的综合性产业，其高质量发展不仅关乎经济效益的提升，更关乎社会文化的繁荣与生态环境的和谐。

（一）创新驱动：技术与管理的双重升级

冰雪产业的高质量发展，首先依赖于创新驱动力的持续增强。在技术创新方面，物联网、大数据和人工智能等现代信息技术的融入，正逐步改变着冰雪产业的运作模式。从赛事装备的智能化设计到物流系统的精准配送，从场馆设施的智能化管理到观众体验的个性化服务，技术创新为冰雪产业注入了新的活力。同时，管理创新同样不可或缺，由于现代体育物流理念的引入，使得冰雪产业在供应链管理、成本控制、风险管理等方面实现了精细化与高效化。这种双重升级不仅提高了产业的运营效率，也为冰雪产业的高质量发展奠定了坚实的基础。

（二）产业链协同：促进资源整合与价值提升

冰雪产业的高质量发展，还需依托产业链的紧密协同与资源整合。冰雪产业链涉及赛事组织、装备制造、旅游服务等多个环节，各环节之间的高效协同是实现产业整体提升的关键。通过构建开放的产业生态系统，促进上下游企业的信息共享与资源共享，可以有效降低交易成本，提高资源配置效率。此外，产业链协同还能激发创新活力，推动产品与服务的不断升级，增强冰雪产业的市场竞争力。

（三）绿色低碳：推动可持续发展

在追求高质量发展的过程中，冰雪产业必须积极响应全球绿色低碳发展的趋势。从场馆建设到赛事运营，从装备制造到旅游服务，每一环节都应融入环保理念，采用节能减排的技术与措施。例如，利用新能源汽车进行物流运输，采用环保材料制造装备，推广低碳旅游方式等，这些举措不仅有助于降低产业对环境的影响，还能提升冰雪产业的国际形象，吸引更多注重环保的消费者。

（四）政策支持与市场引导：营造良好发展环境

政策支持与市场引导对于冰雪产业的高质量发展同样至关重要。政府应加大对冰雪产业的扶持力度，通过制定优惠政策、提供资金支持、完善基础设施建设等措施，为产业发展创造良好的外部环境。同时，市场机制也需充分发挥作用，通过激发市场主体的活力，引导企业根据市场需求调整产品与服务结构，提升产业的整体竞争力。此外，加强国际合作与交流，学习借鉴国际先进经验，也是推动冰雪产业高质量发展的重要途径。

探索冰雪产业高质量发展的路径，需要在技术创新、产业链协同、绿色低碳、政策支持与市场引导等多个方面共同努力。通过深入分析与实践探索，我们有理由相信，冰雪产业将迎来更加广阔的发展前景，为经济社会的可持续发展贡献重要力量。

二、现代体育物流在其中的作用与影响

在冰雪产业高质量发展的进程中，现代体育物流扮演着至关重要的角色，其作用与影响深远而广泛。现代体育物流作为连接冰雪产业各环节的关键纽带，不仅为赛事的顺利举办提供了坚实的物资保障，还深刻影响着产业的运营效率、成本控制以及市场响应速度。

（一）提高赛事运营效率与观众体验感

现代体育物流通过构建高效、智能的供应链体系，显著提高了冰雪赛事的运营效率。在赛事筹备阶段，物流系统能够精准预测并快速响应赛事装备、器材及物资的需求，确保各类物资按时、按量送达指定地点。有效减轻赛事组织者的负担，降低因物资短缺或延误而导致的风险。在赛事进行期间，物流团队

通过实时监控和智能调度，可以确保观众能够及时获得所需的观赛物资和服务，从而提高了观众的观赛体验感。这种高效、便捷的物流服务，为冰雪赛事的成功举办奠定了坚实的基础。

（二）优化资源配置与成本控制

现代体育物流的引入，使得冰雪产业在资源配置方面实现了更加科学、合理的安排。通过大数据分析和智能算法，物流系统能够精准预测赛事期间各类物资的需求量和流动路径，避免不必要的库存积压和浪费。智能化仓储和配送系统的应用，使得物资管理更加精细化，降低了人工成本和出错率。这些措施不仅优化了资源配置，还有效控制了赛事的运营成本，提高了经济效益。

（三）促进冰雪产业与相关产业的融合发展

现代体育物流不仅仅局限于冰雪赛事本身，它还促进了冰雪产业与相关产业的融合发展。例如，在冰雪旅游领域，物流系统通过提供个性化的旅游物资配送和酒店住宿预订服务，增强了游客的旅游体验，带动了冰雪旅游市场的繁荣。同时，现代体育物流还为冰雪装备制造业提供了强大的支持，通过高效的供应链管理和定制化服务，助力装备制造企业提升产品质量和市场竞争力。这种跨产业的融合发展，不仅拓宽了冰雪产业的边界，也为其高质量发展注入了新的动力。

（四）推动冰雪产业的可持续发展

在推动冰雪产业可持续发展的进程中，现代体育物流扮演着至关重要的角色。面对全球对环境保护和绿色发展的日益关注，现代体育物流积极采纳环保理念和绿色技术，助力冰雪产业实现低碳、环保的转型。例如，通过采用新能源汽车进行物资运输，以及使用环保包装材料，有效地减少了物流环节中的碳排放和环境污染。这些措施不仅与全球绿色发展的趋势相契合，也为冰雪产业赢得了积极的社会评价和公众支持。

现代体育物流在冰雪产业的高质量发展中发挥着多方面的作用。它不仅提高了赛事的运营效率和观众体验感，还通过优化资源配置和成本控制，增强了产业的经济效益。此外，现代体育物流还促进了冰雪产业与其他相关产业的融合，从而推动了整个产业链的协同发展。

深入探究现代体育物流在冰雪产业中的应用和影响，对于促进冰雪产业的高质量发展具有深远的意义。随着人们环保意识的提升和科学技术的不断进步，现代体育物流将继续在冰雪产业的可持续发展中扮演关键角色，推动产业向更加绿色、高效、可持续的方向发展。通过不断地创新和改进，现代体育物流有望为冰雪产业带来更多的发展机遇，实现经济效益与环境效益的双赢。

三、研究的地理、行业与时间范围

为确保研究的聚焦性和针对性，明确界定了地理、行业及时间范围，并为冰雪产业的高质量发展提供切实可行的策略与建议。

（一）地理范围

地理范围专注于我国国内，特别是那些冰雪产业发展显著的地区，如东北三省和河北崇礼。这些区域不仅冰雪资源丰富，还拥有成熟的冰雪产业基础设施和丰富的发展经验。深入分析这些地区有助于我们更准确地了解中国冰雪产业的发展现状和趋势，并探索适合不同地理环境的高质量发展策略。同时，鉴于冰雪产业的地域性特征，也关注国际上冰雪产业发达的地区，如瑞士和奥地利，通过比较分析，为中国冰雪产业的发展提供国际视角的参考和启示。这种跨区域的比较研究有助于我们发现不同地区冰雪产业发展的共性和差异，以期为中国冰雪产业的创新和提升提供宝贵的经验和思路。

（二）行业范围

在行业范围上，本研究聚焦于冰雪产业的全链条，包括但不限于冰雪赛事运营、冰雪旅游开发、冰雪装备制造、冰雪教育培训等多个细分领域。冰雪产业作为一个综合性强、关联度高的新兴产业，其发展不仅依赖于单个环节的突破，更需要整个产业链的协同推进。因此，本书将全面审视冰雪产业的各个环节，分析现代体育物流在不同环节中的作用与影响，提出针对性的优化策略。

同时，考虑到冰雪产业与现代服务业、装备制造业、信息技术产业等多个行业的紧密关联，本书还将适当拓展研究视野，探讨跨行业合作与创新对冰雪产业高质量发展的促进作用。

（三）时间范围

在时间范围上，深入探讨了冰雪产业的当前发展现状及其面临的挑战，并展望了未来的发展趋势与机遇。基于当前冰雪产业发展的实际情况，分析了现代体育物流在提高产业运营效率、优化资源配置、促进产业融合等方面的作用与成效。本书还考虑了技术进步、市场需求变化、政策环境调整等外部因素，对冰雪产业的未来发展进行了预测。进而提出了一套策略体系，旨在指导未来冰雪产业的高质量发展，为决策者、从业者及投资者提供参考与指导。这套策略体系基于对当前冰雪产业的深入分析，并结合了技术发展、市场需求和政策环境等外部因素，以期为冰雪产业的未来发展提供清晰的方向和重点。

本书聚焦于中国冰雪产业发展的关键区域与环节，在地理、行业和时间范围上均进行了明确的界定。结合国际先进经验与本土实际情况，通过综合的研究视角，期望能够为冰雪产业的长远发展提供有价值的见解和策略。研究不仅关注于当前的挑战和机遇，而且着眼于未来，旨在通过提出创新的策略和解决方案，推动冰雪产业实现更加可持续和高质量的发展。这种前瞻性的研究方法，有助于决策者和从业者更好地理解冰雪产业的发展趋势，把握机遇，应对挑战，从而促进整个产业的繁荣和进步。

第三节 研究方法与资料来源

本节聚焦于研究方法的探讨与资料来源的阐述，旨在为后续冰雪产业高质量发展与现代体育物流视角下创新人才培养的研究奠定方法论基础。通过深入分析案例研究的重要性，凸显其在揭示复杂现象、强化理论与实践结合及推广成功经验方面的独特价值。同时，详细阐述了一手数据收集、二手文献梳理及专家访谈等多元化数据收集与分析方法，这些方法不仅确保了研究的全面性和深入性，也为揭示冰雪产业高质量发展的内在逻辑与关键要素提供了坚实的数据支撑。

一、案例研究的重要性

在探讨冰雪产业高质量发展与现代体育物流视角下的创新人才培养这一主题时，案例研究具有不可替代的重要性。作为一种实证研究方法，案例研究通过深入分析特定情境下的实际案例，能够揭示出复杂社会现象背后的内在规律与因果关系，为理论构建和策略制定提供坚实的事实基础。

案例研究在冰雪产业高质量发展的探索中扮演着关键角色。冰雪产业是一个多维度的领域，它不仅包括赛事运营、旅游开发和装备制造等核心部分，而且其发展受到政策环境、市场需求和技术革新等多重因素的共同作用。通过案例研究，我们能够深入挖掘各个案例中的关键成功因素，展现冰雪产业高质量发展的多样化途径和策略选择。例如，通过深入分析北京冬奥会的物流保障，我们能够洞察现代体育物流在大型赛事中的核心作用，以及技术创新和管理优化在提高物流效率和服务质量方面的贡献。

案例研究进一步强化了理论与实践的结合。理论研究倾向于构建普适性的理论框架和模型，而实际应用场景则复杂多变。案例研究作为理论与实践之间的桥梁，通过对具体案例的深入分析，不仅能够验证理论模型，还能对其进行调整和优化，以提高其实用性。例如，在探讨冰雪产业创新人才培养时，通过分析国内外成功的人才培养案例，我们可以提炼出有效的人才培养模式和策略，为教育机构和企业提供实际的参考和借鉴。

案例研究还具有显著的推广价值和启示意义。成功的案例常常包含了可复制和可推广的经验和做法，因此能够为其他地区或行业的冰雪产业发展提供宝贵的参考。通过案例研究，我们可以总结出普遍适用的规律和原则，为冰雪产业的普及和可持续发展做出贡献。例如，通过分析冰雪旅游物流的创新实践，我们可以了解到如何利用智能化和个性化的物流服务来提升游客体验，从而推动冰雪旅游市场的扩展和升级。

综合来看，案例研究在冰雪产业高质量发展和现代体育物流视角下的创新人才培养研究中发挥着不可替代的作用。通过深入分析具体案例，我们能够揭示冰雪产业发展的内在规律和关键因素，为理论构建和实践指导提供坚实的支撑。同时，案例研究还促进了理论与实践的紧密结合，并推动了冰雪产业的普及和可持续发展。这种研究方法不仅有助于我们更好地理解冰雪产业的复杂性，而且为产业的未来发展提供了清晰的方向和策略。随着案例研究的不断深入，我们期待能够为冰雪产业的持续繁荣和创新提供更多的洞见和解决方案。

二、一手数据收集、二手文献梳理、专家访谈

在研究冰雪产业高质量发展与现代体育物流视角下的创新人才培养过程中，采用多元化的数据收集与分析方法至关重要。这些方法主要包括一手数据的收集、二手文献的梳理以及专家访谈，它们共同构成了本研究坚实的数据基础。

（一）一手数据的收集是本研究的核心环节之一

通过实地调研、问卷调查、参与式观察等方式，我们直接获取了关于冰雪产业物流现状、创新人才培养实践以及产业发展"瓶颈"的一手资料。特别是在冰雪赛事物流、冰雪旅游物流以及冰雪装备制造企业的现场调研中，我们详细记录了物流作业流程、技术应用情况、人员配置与培训状况等关键信息。此外，通过对冰雪爱好者的消费行为和需求偏好进行问卷调查，我们进一步了解了市场需求变化对冰雪产业高质量发展的影响。

（二）二手文献的梳理则为研究提供了丰富的背景信息和理论支撑

我们广泛查阅了国内外关于冰雪产业、现代体育物流、创新人才培养等方面的学术论文、行业报告、政策文件及新闻报道等文献资料。通过对这些文献的系统性回顾与分析，我们梳理了冰雪产业的发展历程、现状特点以及未来趋势，明确了现代体育物流在冰雪产业中的应用现状及其重要性。同时，我们借鉴了相关领域的研究成果和理论框架，为本研究提供了坚实的理论基础。

（三）专家访谈则是获取深入见解和专业知识的重要途径

我们邀请了多位在冰雪产业、物流管理、人才培养等领域具有丰富经验和深厚造诣的专家进行深度访谈。通过面对面的交流，我们获得了关于冰雪产业高质量发展的深层次见解、现代体育物流的创新实践以及创新人才培养的具体策略等宝贵信息。专家们不仅分享了自己的研究成果和实践经验，还针对书中遇到的问题提出了宝贵的意见和建议，为本书的深入开展提供了有力支持。

总之，一手数据收集、二手文献梳理以及专家访谈共同构成了本书多元化的数据来源。这些数据的有机结合与深入分析，为我们揭示了冰雪产业高质量发展的内在规律与关键要素，为现代体育物流视角下的创新人才培养提供了有力支持。

第四节　冰雪产业与现代体育物流结合的重要性

冰雪产业与现代体育物流的深度融合，正引领着体育与物流两大领域的创新变革。本节将深入探讨冰雪产业发展趋势与现代体育物流的紧密关联，阐述物流管理在提高冰雪产业效率、促进跨界融合与产业升级中的核心作用。同时，我们也将关注创新人才培养的重要性，揭示人才在推动冰雪产业与现代体育物流融合中的关键作用。通过本节内容的阐述，期待能为冰雪产业的高质量发展提供新的视角与思路。

一、冰雪产业发展趋势与现代体育物流的支撑

在全球气候变化和人们生活方式转变的背景下，冰雪产业正迎来前所未有的发展机遇，并呈现出多元化、高端化和智能化的发展趋势。这一趋势不仅体现在冰雪运动的普及、冰雪旅游的兴盛，还反映在冰雪装备制造的技术革新和

市场拓展上。现代体育物流作为冰雪产业发展的重要支撑力量，其在推动冰雪产业高质量发展中发挥着不可替代的作用。

（一）冰雪运动普及化与赛事专业化

随着冰雪运动的逐渐普及，越来越多的人参与到冰雪运动中，这不仅促进了冰雪运动市场的扩大，也对赛事组织提出了更高的要求。现代体育物流通过提供高效、精准的物资配送服务，确保了冰雪赛事的顺利进行。从赛事装备的采购、存储、配送到现场安装、调试，每一个环节都离不开现代体育物流的支持。这种专业化的物流服务不仅提高了赛事组织的效率，也保障了参赛选手和观众的体验。

（二）冰雪旅游的兴起与个性化需求

冰雪旅游作为冰雪产业的重要组成部分，正吸引着越来越多的游客。游客对冰雪旅游的体验要求日益提高，不仅追求滑雪、滑冰等传统冰雪项目，还期待更多元化的旅游产品和个性化的服务。现代体育物流通过引入智能化仓储和配送系统，能够根据游客的需求快速响应，提供个性化的旅游产品和服务。例如，为游客提供定制化的滑雪装备租赁、特色餐饮配送等服务，极大地提升了游客的满意度和忠诚度。

（三）冰雪装备制造的技术革新

随着科技的持续进步，冰雪装备制造业正迎来一场技术革新的浪潮。这一变革推动了新材料和新技术的应用，使得冰雪装备在轻便性、耐用性和智能化方面实现了显著提升。然而，这些高科技装备的生产与运输对物流系统提出了更为严格的要求。现代体育物流通过整合物联网、大数据、人工智能等前沿技术，实现对冰雪装备从原材料采购到成品出厂的全链条管理。这一流程的优化不仅提高了生产效率，降低了成本，同时确保了装备的质量和安全性。

总之，冰雪产业的发展趋势离不开现代体育物流的强有力支撑。现代体育物流通过提供高效、精准的物流服务，满足了冰雪产业多元化、高端化和智能化的发展需求，推动了冰雪产业的高质量发展。未来，随着冰雪产业的持续壮大，现代体育物流的重要性日益凸显，有望成为推动冰雪产业向更高水平迈进的关键力量。

二、物流管理的具体应用与效率提高

在现代体育物流的支持下，冰雪产业在多个关键环节实现了物流管理的精细化和效率化，显著提升了整体运营效能。笔者从以下四个具体应用方面探讨物流管理对冰雪产业效率提高的显著贡献。

（一）赛事物资管理的优化

冰雪赛事对物资的需求极为特殊且复杂，包括大量的装备、器材以及临时设施等。现代体育物流通过引入先进的仓储管理系统和智能化的配送网络，实现了对赛事物资从采购、存储到配送的全过程优化。例如，利用RFID技术和条形码管理系统，能够实时追踪每一件物资的位置和状态，确保物资在比赛期间的及时供应。同时，通过大数据分析预测物资需求，提前进行库存调配，避免了物资短缺或过剩情况的发生，提高了物资管理的效率和精准度。

（二）冷链物流技术的应用

冰雪赛事和冰雪旅游对物资的保存环境有着严格要求，尤其是食品、饮料等易腐商品。现代体育物流通过应用冷链物流技术，有效延长了物资的保质期，并确保了物资在运输过程中的新鲜度和安全性。通过温度控制、湿度调节以及快速配送等措施，冷链物流技术在冰雪产业中发挥了至关重要的作用，从而保障了赛事参与者和游客的饮食安全和健康。

（三）智能调度与路径优化

针对冰雪赛事和冰雪旅游中物流运输的复杂性和多变性，现代体育物流采用智能调度系统和路径优化算法，实现了运输车辆的高效调度和路线规划。通过对交通状况、天气条件、道路限制等多种因素的实时分析，智能调度系统能够自动调整运输计划，减少等待时间和交通拥堵，确保物资能够准时、安全地送达目的地。这种智能化的物流管理方式不仅提高了运输效率，还降低了运输成本，为冰雪产业带来了显著的经济效益。

（四）应急物流的快速响应

冰雪赛事和旅游活动因其特殊性，面临诸多不可预测的突发事件，例如天气的突变或设备的故障。现代体育物流通过构建应急物流响应机制，确保在面对这些紧急情况时，能够迅速地调配资源进行应对。通过设立应急物资储备库和紧急配送网络，现代体育物流能够保障在突发事件发生时所需物资被快速调拨，从而确保赛事和旅游活动的连续性和完整性。这种应急物流的快速响应能力，不仅增强了冰雪产业面对不确定性的韧性，而且在公众心中树立了冰雪产业的积极形象和信誉。

整体来看，物流管理在冰雪产业中的应用，通过提高赛事和旅游的运营效率，确保了物资的安全性和及时性。通过采纳智能化和精细化的物流管理策略，冰雪产业能够更加有效地应对运营环境中的复杂性和多变性，推动产业向更高质量的发展方向前进。

三、跨界融合与产业升级对物流管理的推动

冰雪产业与现代体育物流的深度融合，不仅优化了物流管理流程，还促进了跨界融合与产业升级，为冰雪产业的持续发展注入了新的活力。这种融合与升级在多个层面上对物流管理产生了深远的影响。

（一）技术创新与产业升级的联动

随着冰雪产业的快速发展，技术创新成为推动产业升级的关键力量。物联网、大数据和人工智能等先进技术的引入，不仅提升了物流管理的智能化水平，还促进了冰雪产业与其他行业的跨界融合。例如，通过与智能制造、电子商务等行业的合作，冰雪产业能够利用先进的生产技术优化装备制造流程，同时借助电子商务平台拓宽销售渠道，实现精准营销。这种跨界融合不仅丰富了冰雪产业的内涵，而且提升了物流管理的综合效能，使得物资调配更加灵活高效。

（二）新业态与商业模式的创新

冰雪产业与现代体育物流的融合孕育了众多创新的业态和商业模式。例如，冰雪旅游度假区利用物流数据分析，能够设计并推出个性化的旅游套餐。这些套餐根据游客的具体偏好和需求，提供定制化的服务，涵盖住宿、餐饮、娱乐等各个方面。这种服务模式不仅提高了游客的满意度，还推动了冰雪旅游市场的细分化和差异化发展。同时，物联网技术在冰雪装备制造企业中的应用，使得企业能够进行远程监控和维护，从而提升企业售后服务的质量，并巩固其在市场中的地位。这些创新的业态和商业模式，为物流管理带来了新的应用场景和更高标准的要求，激励物流管理向智能化和精细化的方向发展，以满足不断变化的市场需求和提高服务效率。

（三）政策引导与市场需求的双重驱动

政府政策的引导和市场需求的增长是促进冰雪产业与现代体育物流结合的关键外部动力。随着冰雪运动的普及和冰雪旅游市场的蓬勃发展，各级政府已经出台了一系列扶持政策，以激励冰雪产业的持续发展。这些政策不仅提供了资金和土地等关键资源的支持，还促进了物流管理等核心环节的优化与升级。同时，市场需求的增长也给物流管理带来了新的挑战和机遇。随着冰雪爱好者数量的增加和消费水平的提升，他们对物流服务的质量和效率有了更高的期望。为了满足这些日益增长的需求，物流企业必须加强技术创新和管理优化，以提高自身的服务水平和市场竞争力。通过这种方式，物流企业能够更好地服务于冰雪产业，进而推动整个行业的高质量发展。

跨界融合与产业升级在冰雪产业物流管理中发挥了多方面的推动作用。技术创新与产业升级的相互作用，推动了物流管理向更高水平的智能化发展。同时，新业态和商业模式的创新为物流管理开拓了新的应用场景，提出了新的要求。政策的引导和市场需求的增长，这两个因素的双重作用，进一步加快了物流管理的优化和升级步伐。这些因素的综合影响，促使冰雪产业物流管理在跨界融合与产业升级的大背景下，持续攀登新的发展高度。它们不仅提升了物流管理的效率和质量，还为冰雪产业的长期发展提供了坚实的支撑。通过不断的技术创新、模式创新和政策支持，冰雪产业物流管理正逐步形成更加高效、智能、可持续的发展模式，以期为整个产业的繁荣贡献力量。

四、创新人才培养的重要性

在冰雪产业与现代体育物流深度融合的背景下，创新人才培养的重要性越发凸显。这一领域不仅需要具备扎实专业知识的人才，更渴求能够引领技术创新、管理升级的新时代复合型人才。笔者从以下四个方面阐述创新人才培养的重要性。

（一）技术创新的核心驱动力

技术创新是推动冰雪产业与现代体育物流融合发展的关键。而创新人才的培养则是这一过程中不可或缺的核心驱动力。他们不仅精通冰雪运动、物流管理等相关领域的专业知识，还具备敏锐的洞察力、创新思维和解决问题的能力。这些人才能够迅速掌握新技术、新理念，并将其应用于冰雪产业物流管理的实践中，推动物流体系的智能化、高效化改造。例如，在物流路径规划、库存管理系统开发、智能仓储设备应用等方面，创新人才的作用显得尤为关键。

（二）产业升级与结构调整的支撑

冰雪产业的产业升级与结构调整是一个持续的过程，因此需要不断引入新技术、新模式以适应市场变化。在这一过程中，创新人才不仅是技术的引领者，更是产业升级的重要支撑。他们能够洞察市场趋势，把握产业升级的方向，提出切实可行的解决方案。通过参与项目研发、管理优化等工作，创新人才不断推动冰雪产业与现代体育物流的融合向更深层次发展，以促进产业结构的优化升级。

（三）提升产业竞争力的关键

在全球化的市场竞争中，冰雪产业的竞争力不仅取决于硬件设施和资金投入，更在于人才队伍的素质和创新能力。具备高度创新能力的人才能够为企业带来独特的竞争优势，帮助企业在激烈的市场竞争中脱颖而出。通过培养创新人才，冰雪产业企业能够不断提升自身的技术水平、管理效率和服务质量，满足消费者日益增长的多元化、个性化需求，从而增强市场竞争力。

（四）实现可持续发展的保障

冰雪产业的可持续发展需要综合考虑技术创新、管理优化和环境保护等多个要素。在这个过程中，创新人才扮演着核心角色。他们不仅致力于提升短期效益，更重视产业的长期发展和生态平衡的维护。通过积极推动绿色物流和低碳技术等环保理念的实施，创新人才为冰雪产业的可持续发展提供了坚实的支撑。此外，创新人才还能灵活应对市场变化和技术革新带来的挑战，为产业的持续繁荣贡献自己的智慧和力量。他们的专业知识和创新思维，有助于在不断变化的市场环境中寻找新的增长点，推动冰雪产业实现更加可持续的发展路径。通过这些人才的努力，冰雪产业能够在保障经济效益的同时，也注重环境保护和社会责任，实现真正意义上的可持续发展。

总之，创新人才培养在冰雪产业与现代体育物流的融合中扮演着关键角色。强化创新人才的培育，冰雪产业将能够得以实现技术革新、产业升级，并增强其整体竞争力。此外，这也为产业的持续发展打下了坚实的基础。因此，社会各界需对创新人才的培养给予高度关注，确保为冰雪产业的繁荣发展提供必要的人才支撑和智力资源。

第二章

冰雪产业发展概况

第一节　冰雪产业的定义与历史

冰雪产业融合了体育、旅游与文化多种元素，作为一个综合性领域，正在全球范围内以前所未有的速度蓬勃发展。从远古时期人类与冰雪环境的初步互动，到现代冰雪运动的广泛普及和冰雪旅游的兴起，经历了漫长而丰富的历史积淀与蜕变。本节将深入剖析冰雪产业的起源、发展历程及国内外历史沿革，同时探讨现代体育物流在其中的关键作用，共同见证冰雪产业在全球化背景下的无限活力与广阔前景。

一、起源与发展

冰雪产业这一充满魅力的领域，其根源可追溯至远古时期人类与冰雪环境的相互适应与利用。那时，冰雪不仅是严酷自然的象征，更是人类生存与发展的重要资源。

（一）远古至中世纪的冰雪利用

在人类历史的早期阶段，冰雪环境对生存构成了巨大挑战，但同时孕育了人类智慧的火花。极寒地区的居民利用冰雪建造房屋以抵御严寒，储存食物以防饥荒，甚至发明了雪橇等交通工具，在雪地中穿梭自如。这些原始的冰雪利用方式，虽然技术简陋，却蕴含着对自然的深刻理解和巧妙应对，为后世冰雪产业的发展奠定了坚实的基础。

随着社会的进步，一些地区开始尝试将冰雪活动与娱乐相结合。特别是在北欧国家，如挪威、瑞典等，得天独厚的地理位置和气候条件孕育了悠久的滑雪传统。当地居民不仅将滑雪作为冬季出行的必要手段，还逐渐将其发展为一种充满乐趣和挑战的娱乐活动。小型滑雪比赛的举办，吸引了周边地区居民的参与，激发了人们对冰雪运动的热爱与追求。

（二）近代冰雪运动的兴起

进入近代，随着工业革命的到来和科学技术的飞速发展，冰雪运动迎来了前所未有的发展机遇。19世纪末至20世纪初，滑雪板、滑冰鞋等运动装备的改进，极大地提升了冰雪运动的便捷性和安全性，使得更多人能够参与到这项充满激情与挑战的运动中来。同时，国际滑雪联合会（FIS）等权威组织的成立，为冰雪运动的规范化、专业化发展提供了有力保障。

在这一时期，冰雪运动不再局限于地区性活动，而是逐渐走向国际舞台。大型冰雪赛事，如冬季奥林匹克运动会、世界滑雪锦标赛等的成功举办，不仅吸引了全球顶尖冰雪运动员的参与和竞争，也极大地推动了冰雪运动的普及和全球化发展。冰雪运动成为连接不同国家和地区、展示人类勇气与智慧的桥梁。

（三）现代冰雪产业的形成与发展

进入20世纪中后期，随着全球经济的快速发展和人们生活水平的显著提升，冰雪旅游逐渐兴起并蓬勃发展。滑雪场、冰雪乐园等旅游设施如雨后春笋般涌现出来，吸引了大量游客前来体验冰雪运动的独特魅力。同时，冰雪装备制造业也迎来了前所未有的发展机遇，各种高科技、高性能的冰雪装备不断涌现，满足了不同层次消费者的多元化需求。

冰雪产业链的延伸和拓展，使得冰雪产业成为推动地方经济发展的重要力量。从冰雪装备制造到赛事运营、旅游服务等多个环节，冰雪产业形成了完整的产业链条和生态系统。在一些冰雪资源丰富的国家和地区，冰雪产业更是成为当地的支柱产业之一，为当地经济的发展注入了强劲的动力。

进入21世纪后，随着数字化、智能化技术的广泛应用和普及，冰雪产业迎来了更加广阔的发展前景。物联网、大数据、人工智能等先进技术的应用，不仅提高了冰雪赛事的组织效率和运营水平，还推动了冰雪旅游服务的个性化和智能化发展。同时，新能源汽车的兴起和普及也为冰雪产业物流带来了绿色、低碳的解决方案，进一步促进了冰雪产业的可持续发展。

在全球范围内，冰雪产业正逐步形成以冰雪旅游为核心，同时涵盖冰雪赛事、冰雪装备制造、冰雪教育培训等多个领域的完整产业链。未来，随着科技的不断进步和消费者需求的日益多元化、个性化发展，冰雪产业将继续保持快速发展的态势，为全球经济社会的可持续发展贡献新的力量。

二、国内外历史沿革

冰雪产业作为全球性的产业，其发展历程在各国呈现出不同的特点和轨迹。从国际视角来看，冰雪产业起源于欧洲，并随着全球化进程的推进，逐渐扩展到全球各地；而在国内，冰雪产业则在新时代背景下迎来了快速发展期。

（一）国际冰雪产业发展历程

1. 欧洲冰雪产业的萌芽与成长

欧洲作为冰雪运动的发源地之一，其冰雪产业的发展历史悠久且底蕴深厚。北欧国家挪威、瑞典等，凭借其得天独厚的自然条件和文化传统，在冰雪产业的萌芽与成长过程中发挥了重要作用。从原始的冰雪利用方式到近现代的冰雪运动兴起再到冰雪旅游的蓬勃发展，欧洲冰雪产业经历了从简单到复杂、从局部到全球的蜕变过程。在这一过程中，欧洲的冰雪装备制造、赛事运营、旅游服务等环节不断完善和提升，为全球冰雪产业的发展树立了标杆和典范。

随着工业化和城市化进程的加快，欧洲的冰雪运动逐渐从民间娱乐走向商业化运作。滑雪场、冰雪度假村等旅游设施如雨后春笋般涌现出来，并吸引了国内外大量游客前来体验和观光旅游。同时，欧洲的冰雪装备制造业也取得了长足进步和发展，技术水平不断提高且产品种类日益丰富多样。这些成就不仅推动了欧洲冰雪产业的快速发展，还为全球冰雪产业的繁荣做出了重要贡献。

2. 北美冰雪产业的崛起

北美地区特别是美国和加拿大，凭借其广阔的国土和丰富的冰雪资源迅速成为全球冰雪产业的重要一支。自 20 世纪中叶以来，随着冬季奥林匹克运动会的成功举办和冰雪运动的普及，北美冰雪产业迎来了爆发式增长期。滑雪场、冰球馆等体育设施遍地开花且规模不断扩大，设施和服务水平也不断提高和完善。这不仅满足了当地居民的需求，而且吸引了全球范围内的冰雪爱好者前来体验和挑战自我。

在冰雪装备制造业方面，北美地区也涌现出了一批具有国际竞争力的优秀企业。这些企业通过不断创新和技术升级提高了产品的性能和质量，赢得了市场的广泛认可和好评。同时北美地区还积极加强与国际市场的交流与合作，共同推动全球冰雪产业的繁荣与发展。

3. 国际冰雪产业的全球化拓展

进入 21 世纪以来，随着全球化的深入发展和国际交流的日益频繁，冰雪产业开始在全球范围内迅速拓展并形成了多元化、国际化的产业格局。亚洲、南美、非洲等地区纷纷加入到冰雪产业的发展行列中，积极举办各类冰雪赛事和推广冰雪旅游项目，以吸引更多游客的关注和参与。同时，各国政府和企业加大对冰雪产业的投入和支持力度，推动其创新发展和转型升级，以适应市场需求的变化和升级。

在全球化拓展的过程中，国际的合作与交流变得尤为重要。各国政府和企业通过签署合作协议、举办联合赛事等方式，加强彼此之间的联系和互动，共同推动全球冰雪产业的繁荣与发展。同时，国际组织也发挥了重要作用，其通过制定行业标准和推广最佳实践等方式，促进全球冰雪产业的规范化、专业化发展。

（二）国内冰雪产业发展历程

1. 早期探索与起步阶段

在中国，冰雪产业的发展相较于国际先进国家而言起步较晚，但其发展速度却令人瞩目。早期，受限于自然条件、经济发展水平以及基础设施建设的滞后，中国的冰雪产业主要集中在东北地区，特别是黑龙江、吉林和辽宁三省。这些地区得天独厚的冰雪资源和悠久的冰雪运动传统，为冰雪产业的发展提供了坚实的基础。

（1）自然条件与资源优势：东北地区冬季漫长，降雪量大，雪质优良，为冰雪运动提供了天然的舞台。长白山、亚布力等著名滑雪胜地凭借其得天独厚的自然条件，吸引了众多滑雪爱好者和专业运动员前来体验。同时，这些地区还依托丰富的冰雪资源，逐步发展起了冰雪旅游项目，如冰灯展、雪雕艺术节等，进一步丰富了冰雪产业的内涵。

（2）基础设施建设与初步发展：在这一阶段，尽管面临着资金、技术和人才等多方面的挑战，但地方政府和企业仍然积极投入，努力完善基础设施建设。滑雪场、滑冰馆等冰雪运动设施相继建成，虽然规模相对较小，设施相对简陋，但为冰雪运动的普及和发展奠定了基础。同时，随着冰雪旅游的兴起，相关配套服务，如住宿、餐饮、交通等也逐渐完善，为游客提供了更加便捷和舒适的体验。

（3）挑战与机遇并存：尽管早期探索阶段取得了初步成果，但中国的冰雪产业仍面临着诸多挑战。一方面，基础设施不完善、技术水平落后限制了产业的发展速度和规模；另一方面，市场需求相对有限，消费者对冰雪运动的认知度和参与度不高。然而，这一阶段的探索也为后续发展积累了宝贵经验，为冰雪产业的快速发展奠定了基础。

2. 快速发展与转型升级阶段

进入新时代以来，随着中国经济的快速增长和人民生活水平的不断提高，冰雪运动逐渐成为大众休闲娱乐的新选择。政府和社会各界对冰雪产业的重视程度不断提高，出台了一系列政策措施支持冰雪产业的发展。

（1）政策引导与支持：为推动冰雪产业的快速发展，国家体育总局、文化和旅游部等部门相继出台了多项政策措施。这些政策涵盖了基础设施建设、资金投入、人才培养、赛事组织等多个方面，为冰雪产业提供了全方位的支持和保障。地方政府也纷纷响应国家政策号召，制定出台了一系列地方性法规和政策措施，进一步加大了对冰雪产业的投入和支持力度。

（2）冰雪旅游设施升级与服务提升：在这一阶段，冰雪旅游设施得到了显著升级和完善。滑雪场数量大幅增加，设施更加先进和完善；滑冰馆、冰雪乐园等多元化冰雪运动场所也不断涌现。服务质量得到了显著提升，游客体验更加舒适和便捷。住宿、餐饮、交通等配套服务也更加完善，满足了不同游客的需求。

（3）冰雪装备制造业的进步与创新：冰雪装备制造业在这一阶段也取得了长足进步。国内企业加大了技术研发和创新力度，不断提升产品质量和性能；同时积极引进国外先进技术和管理经验，推动产业升级和转型。一些企业还通过并购重组等方式扩大规模和市场份额，提升了品牌影响力和市场竞争力。

（4）冰雪赛事与文化的多元化发展：随着冰雪产业的快速发展，冰雪赛事和文化活动也日益丰富多彩。国内各大滑雪场纷纷举办各类冰雪赛事和活动，吸引了众多运动员和游客参与；同时还积极开展冰雪文化交流活动，推广冰雪文化和冰雪运动知识。这些活动不仅提升了冰雪产业的知名度和影响力，还激发了更多人对冰雪运动的热情和兴趣。

3. 面向未来的展望与挑战

展望未来，中国的冰雪产业面临着更加广阔的发展空间和机遇。同时应该清醒地认识到，随着市场竞争的加剧和消费者需求的多元化发展，冰雪产业也需要不断创新产品和服务模式以满足市场需求。

（1）市场竞争与品牌塑造：随着冰雪产业的快速发展，市场竞争也日益激烈。国内企业需要不断提升产品质量和服务水平，打造具有核心竞争力的品牌和产品；同时积极开拓国际市场，提升品牌知名度和影响力。通过与国际知名企业的合作与交流，引入先进的技术和管理经验，推动产业升级和转型。

（2）消费者需求与产品创新：随着消费者对冰雪运动的认识和兴趣的不断提升，他们对冰雪产品和服务的需求也日益多元化和个性化。冰雪产业需要不断创新产品和服务模式以满足消费者需求。例如，开发多样化的冰雪旅游线路和产品，提供更加个性化的定制服务等；同时加强市场营销和推广力度，吸引更多消费者关注和参与冰雪运动。

（3）环境保护与可持续发展：在推动冰雪产业快速发展的同时，也需要关注环境保护和可持续发展问题。冰雪产业对自然环境的依赖度较高，因此需要采取有效措施减少对环境的影响和破坏。例如，推广绿色滑雪、使用环保材料建设设施等；同时加强生态修复和环境保护工作，以确保冰雪产业的可持续发展。

（4）国际交流与合作：加强与国际市场的交流与合作也是推动中国冰雪产业发展的重要途径之一。通过与国际知名冰雪产业组织、企业和专家的交流与合作，引入先进技术和管理经验；同时积极参与国际冰雪赛事和活动，提升中国冰雪产业的国际影响力和竞争力。这些努力将有助于推动中国冰雪产业向更高水平发展并为全球冰雪产业的繁荣做出贡献。

由此可以看到，国内冰雪产业在经历了早期探索与起步、快速发展与转型升级等阶段后正迎来更加广阔的发展前景和机遇。面对未来的挑战和机遇，需要政府、企业和社会各界共同努力推动冰雪产业的持续健康发展，并为全球冰雪产业的繁荣做出贡献。

三、现代体育物流的促进作用

在现代冰雪产业的发展历程中，现代体育物流作为关键支撑力量，发挥了不可替代的作用。随着冰雪运动的普及和冰雪赛事的增多，对高效、精准的物资配送和服务保障提出了更高要求。现代体育物流凭借其先进的管理理念和技术手段，有效推动了冰雪产业的快速发展，提高了整体运营效率和服务质量。

（一）优化赛事物流保障

冰雪赛事的成功举办离不开高效的物流保障。现代体育物流通过构建完善的供应链体系，实现了赛事装备、器材和物资的快速、准确配送。在大型冰雪赛事，如冬季奥林匹克运动会、世界花样滑冰锦标赛等活动中，物流团队需面对种类繁多、数量庞大的物资需求，同时确保所有物资在规定的时间内送达指定地点。现代体育物流运用物联网、大数据等先进技术，实现物资运输的全程可视化和智能调度，有效提高了物流效率，降低了物流成本。赛事物流保障的优化具体体现在以下三个方面。

1. 智能化仓储管理

针对冰雪装备体积大、重量重、储存条件特殊等特点，现代体育物流引入了智能化仓储管理系统。通过 RFID 标签、传感器等物联网设备，实现对库存的实时监控和精准管理。系统能够自动记录物资的入库、出库信息，对库存状态进行智能分析，及时发出补货或调拨指令，确保物资供应的连续性和稳定性。

2. 精准物资配送

现代体育物流通过大数据分析预测赛事期间的物资需求趋势，制订科学合理的配送计划。结合 GIS（地理信息系统）和 GPS（全球定位系统）技术，物流团队能够实时监控运输车辆的位置和状态，及时调整配送路线和时间，确保物资准时、安全地送达赛场。此外，无人机、无人车等新型配送工具的应用，也进一步提高了配送效率和灵活性。

3. 应急物流响应

在赛事期间，可能会遇到突发天气变化、交通事故等不可预见因素。现代体育物流通过建立应急响应机制，能够迅速调配资源、制定应急方案，确保物流服务的连续性和稳定性。例如，在极端天气条件下，物流团队可以启动备用运输方案，通过水路或铁路运输等方式，确保物资及时送达。

（二）提升冰雪旅游服务体验

冰雪旅游作为冰雪产业的重要组成部分，对物流服务的依赖性同样很高。现代体育物流通过创新服务模式，为冰雪旅游者提供了更加便捷、个性化的服务体验。从住宿预订、餐饮安排到滑雪装备租赁、观光游览等多个环节，现代体育物流都发挥了重要作用。

1. "一站式"旅游服务

通过与多家知名旅游企业合作，现代体育物流构建了覆盖住宿、餐饮、娱乐等多个环节的旅游服务链。游客只需通过手机 App 或在线平台下单，即可享受从出发到返回的"一站式"服务。物流团队根据游客需求，提供个性化的旅游方案，包括特色餐饮推荐、定制旅游路线规划等，让游客充分体验冰雪旅游的乐趣。

2. 智能滑雪装备租赁

对于滑雪爱好者而言，滑雪装备的租赁是一个重要环节。现代体育物流通过引入智能租赁系统，实现了滑雪装备的自动化租赁和归还流程。游客只需扫描二维码即可完成租赁手续，系统会根据游客的身高、体重等信息推荐合适的装备型号。租赁期间，系统会实时监控装备的使用状态和维护情况，确保装备始终处于良好状态。归还时，游客同样只需通过扫码操作即可完成归还手续，大大节省了时间和精力。

3. 快速响应游客需求

在冰雪旅游旺季，游客数量激增对旅游服务提出了更高要求。现代体育物流通过建立快速响应机制，能够迅速响应游客需求并提供相应服务。例如，在游客遇到紧急情况时，物流团队可以迅速调配资源提供援助；在游客需要临时调整旅游计划时，物流团队也能根据实际情况快速调整服务方案，确保游客的行程不受影响。

（三）推动冰雪装备制造业升级

冰雪装备制造业作为冰雪产业的上游环节，其发展水平直接影响着整个产业的竞争力。现代体育物流通过优化供应链管理、促进技术创新等方式，推动了冰雪装备制造业的升级和发展。

1. 全球化供应链管理

现代体育物流通过构建全球化的供应链体系，实现了原材料采购、生产加工、产品销售等环节的高效协同。在采购环节，物流团队利用大数据和人工智能技术精准预测市场需求变化趋势，指导企业合理采购原材料；在生产环节，引入智能制造技术提高生产效率和产品质量；在销售环节，则通过电子商务平台实现产品的快速销售和精准配送。这种全球化的供应链管理模式有效降低了企业运营成本，提高了市场竞争力。

2. 促进技术创新与产品升级

现代体育物流在推动冰雪装备制造业升级的过程中还发挥了促进技术创新的作用。通过与科研机构、高校等合作，建立创新平台，共享研发资源和技术成果；同时鼓励企业加大研发投入，引进先进技术和设备，提高产品技术含量和附加值。在物流服务的支持下，企业能够更快地将新产品推向市场，满足消费者日益增长的多元化、个性化需求，从而推动整个产业不断向前发展。

综合来看，现代体育物流在冰雪产业的多个关键领域扮演着至关重要的角色。它不仅优化了赛事的物流保障，提升了冰雪旅游的服务体验，还推动了冰雪装备制造业的技术升级。随着科技的持续进步和冰雪产业的不断发展，现代体育物流预期将继续利用其独特优势，为冰雪产业的高质量发展提供新的动力支持。

第二节 冰雪产业的经济与社会价值

冰雪产业作为体育与旅游深度融合的新兴领域，正以其独特的魅力在全球范围内迅速崛起。本节将深入探讨冰雪产业的经济与社会价值，揭示其对经济增长、就业创造、区域发展以及社会福祉的多重贡献。从门票收入、住宿餐饮到装备销售，冰雪产业不仅直接拉动了经济增长，还通过产业链的延伸与集群效应，促进了相关产业的协同发展。同时，冰雪产业在提升民众健康水平、促进就业以及推动数字化与智能化技术应用等方面，亦展现出深远的社会影响。

一、经济贡献

冰雪产业作为体育与旅游深度融合的璀璨明珠，不仅以其独特的魅力为参与者带来身心的极致愉悦与放松，更在经济版图上绘制出了一幅蓬勃发展的壮丽画卷。其经济贡献的深度与广度，远远超越了直观的娱乐体验，并深刻渗透至经济社会的多个层面，展现出不可估量的潜力与价值。冰雪产业不仅直接拉动经济增长，通过门票、住宿、餐饮及装备销售等多渠道创造显著的经济收益，更通过产业链的广泛延伸与集群效应的发挥，促进了上下游相关产业的协同发展，形成了良性、互动的经济生态系统。此外，它如同一股强劲的东风，吹拂着区域经济的每一个角落，不仅创造了大量的就业岗位，提升了居民收入水平，还推动了区域经济结构的优化升级，为地方经济的多元化发展注入了强劲动力。冰雪产业的繁荣，不仅是体育产业与旅游产业融合创新的典范，更是推动经济社会全面进步的重要力量。

（一）直接经济效应

冰雪产业作为体育产业与旅游业的深度融合体，其直接经济效应显著且多元，对地方经济发展起到了积极的推动作用。这些效应不仅体现在门票收入的稳步增长上，还涵盖了住宿餐饮、装备销售等多个方面，共同编织了一幅冰雪经济繁荣的图景。

1. 门票收入：冰雪热情点燃经济引擎

门票收入作为冰雪产业最直观的经济收益之一，其增长动力主要源自冰雪运动的广泛普及和民众健康意识的提升。随着冰雪运动的魅力逐渐被大众所认知，越来越多的人将参与冰雪运动视为追求健康生活方式的一部分，纷纷涌入各大冰雪景区和滑雪场，享受冰雪带来的速度与激情。这一现象直接导致了门票需求的激增，进而促进了门票收入的显著增长。特别是在大型冰雪赛事期间，如冬季奥林匹克运动会、世界杯滑雪赛等赛事的举办地更是成为全球关注的焦点，吸引了数以万计的观众和游客前来观赛、旅游，为当地带来了前所未有的门票销售收入高峰。

2. 住宿餐饮收入：冰雪之旅带动服务产业升级

冰雪旅游的蓬勃发展，不仅让游客们体验到了冰雪运动的乐趣，还极大地促进了周边住宿和餐饮业的繁荣。游客在享受完冰雪运动的刺激后，往往选择在当地留宿，品尝地道美食，这为冰雪旅游目的地的住宿餐饮业带来了广阔的发展空间。为了满足游客的多样化需求，冰雪景区周边纷纷涌现出高档酒店、民宿、度假村等多元化的住宿选择，从豪华套房到温馨小屋，应有尽有。同时，餐饮行业也紧跟潮流，推出了众多具有地方特色的美食佳肴，既有传统的家常菜肴，又有创新的融合菜品，让游客在品尝美食的同时，也能感受到浓厚的文化氛围。这种住宿餐饮业的全面升级，不仅提升了游客的旅行体验，更为当地经济注入了新的活力。

3. 装备销售收入：市场需求激发产业升级

冰雪运动的普及不仅让更多人参与到这项运动中，还极大地刺激了冰雪装备市场的消费需求。从专业的滑雪板、滑冰鞋到防寒服装、护具等，冰雪装备的种类繁多，且市场需求旺盛。随着冰雪运动爱好者的不断增加，冰雪装备制造商看到了巨大的市场潜力，纷纷加大研发和生产投入，致力于推出更多高品质、高性能的冰雪装备产品。这些产品不仅在功能上更加先进和完善，还在设计上融入了时尚元素和个性化定制服务，以满足不同消费者的需求。冰雪装备市场的繁荣发展不仅为制造商带来了可观的经济收益，而且推动了整个冰雪产业链的升级和转型。同时，随着电商平台的兴起和跨境电商的拓展，冰雪装备的销售渠道也日益多元化和便捷化，为消费者提供了更加丰富的购物选择和体验。

（二）产业链延伸与集群效应

冰雪产业作为一个综合性强、关联度高的新兴产业，其产业链条不仅覆盖了从冰雪装备制造到赛事运营、旅游服务的全方位环节，还通过广泛的产业关联和集群效应，促进了相关产业的协同发展，共同推动了地方经济结构的优化升级。

1. 上游产业链的深化与拓展

冰雪产业的上游产业链是整个产业体系的基础，它涵盖了冰雪装备制造、基础设施建设等多个关键领域。随着冰雪运动的普及和冰雪旅游的兴起，对高质量冰雪装备和先进基础设施的需求日益增长，这为上游产业提供了广阔的发展空间。

冰雪装备制造商在技术创新和产品升级方面不断取得突破，通过引入新材料、新工艺，生产出更加轻便、耐用、智能化的冰雪装备，如高性能滑雪板、智能穿戴设备等，以满足不同水平运动员和爱好者的需求。同时，冰雪装备制造商还加强与赛事组织者和旅游服务提供者的合作，根据市场需求反馈，定制化开发符合特定场景和用途的装备产品，进一步提升了市场竞争力。

在基础设施建设方面，冰雪场地建设和维护成为关键的一环。为了满足不同规模和级别的冰雪赛事需求，以及提升游客的旅游体验，基础设施建设公司致力于提升场地设施的专业性和安全性。从雪道设计、造雪制冰系统到安全防护设施，每一个细节都凝聚着专业团队的心血和智慧。同时，随着绿色环保理念的深入人心，基础设施建设还注重生态环保和可持续发展，采用环保材料和技术手段，减少对自然环境的影响。

2. 中游产业链的整合与提升

中游产业链作为冰雪产业的核心环节，涵盖了冰雪赛事运营、旅游服务提供等多个方面。通过整合各类资源、优化服务流程、提升服务质量，中游产业链有效提升了冰雪产业的附加值和竞争力。

冰雪赛事运营商在赛事策划、组织和执行方面发挥着关键作用。他们紧跟国际冰雪运动发展趋势，引入先进的管理理念和运作模式，不断提升赛事的专业性和观赏性。从赛事选址、场地布置、安全保障到宣传推广，每一个环节都力求完美无瑕。同时，他们还加强与政府、企业和社会各界的合作与交流，共同推动冰雪赛事的国际化、专业化发展。

旅游服务公司则致力于为游客提供全方位、个性化的旅游服务体验。从住宿预订、餐饮安排到导游讲解、交通接送等各个环节都力求做到周到细致。为了满足不同游客的需求和喜好，旅游服务公司还推出多样化的旅游产品组合和定制化服务方案。无论是家庭亲子游、情侣度假，还是团队拓展活动，都能在这里找到适合自己的旅游方案。此外，旅游服务公司还注重与当地文化和生态环境的融合与创新，开发出具有地方特色的冰雪旅游产品，进一步提升游客的旅游体验和文化认同感。

3. 下游产业链的拓展与延伸

下游产业链作为冰雪产业的拓展与延伸领域，涵盖了教育培训、媒体传播等多个方面。通过培养冰雪运动人才、传播冰雪文化精神以及提升冰雪产业的知名度和影响力，下游产业链为冰雪产业的可持续发展注入了新的动力。

冰雪教育培训作为提升冰雪运动水平和普及冰雪文化的重要途径之一，近年来得到了快速发展。从专业的冰雪运动学校到业余的冰雪运动俱乐部，各类培训机构如雨后春笋般涌现出来。他们针对不同年龄段和技能水平的学员，提供个性化的培训方案和科学的教学体系，致力于培养出一批批优秀的冰雪运动人才。同时，冰雪教育培训还注重与赛事运营和旅游服务的有机结合，通过组织各类比赛和活动为学员提供更多的实践机会和展示平台。

在媒体传播方面，冰雪赛事和冰雪旅游成为关注的焦点。各大媒体纷纷加大对冰雪产业的报道力度，通过电视、网络、社交媒体等，多种渠道传播冰雪运动的魅力和精彩瞬间。这不仅提升了冰雪产业的知名度和影响力，还吸引了更多潜在游客和投资者的关注和支持。同时，媒体还积极挖掘和传播冰雪文化精神，通过讲述冰雪运动员的励志故事和分享冰雪旅游的独特体验，进一步激发公众对冰雪运动的热爱和向往之情。

冰雪产业通过产业链延伸和集群效应，实现了与相关产业的深度融合和协同发展，共同推动了地方经济的繁荣与发展。未来，随着冰雪运动的普及和冰雪旅游的兴起，我们有理由相信，冰雪产业将继续保持强劲的发展势头，为经济社会的高质量发展做出更大贡献。

（三）就业创造与区域经济发展

冰雪产业的发展，其深远影响远远超出了产业本身，它不仅在创造就业机会上发挥了显著作用，还通过区域经济联动的效应，为周边地区带来了全面的经济提振与转型。

1. 就业创造的多元化与深度

冰雪产业的蓬勃兴起，直接带动了人力资源需求的急剧增长，为当地经济注入了新的活力。这一就业创造过程不仅体现在数量上的增加，更体现在质量与结构的优化上。具体而言，冰雪产业的发展催生了一系列新兴职业，如高级滑雪教练、专业赛事运营人员、智能物流管理人员等，这些职位往往要求从业者具备高度的专业技能和创新思维，从而推动了劳动力市场的技能升级。

对于当地居民而言，冰雪产业带来的就业机会不仅仅局限于冰雪场地内部。随着冰雪旅游的繁荣，酒店、餐饮、零售等相关配套产业也迎来了前所未有的发展机遇，为当地劳动力提供了更加多元化的选择。从基础服务人员到中高级管理人才，冰雪产业及其衍生产业为不同年龄段、不同技能水平的劳动力都提供了广阔的发展空间。这种多层次、全方位的就业创造模式，不仅缓解了当地就业压力，还促进了社会整体福祉的提升。

2. 区域经济发展的全面激活

冰雪产业对区域经济的激活作用，不仅仅局限于冰雪资源丰富的核心区域，通过产业链的延伸和辐射效应，还带动了周边乃至更广泛地区的经济发展。

首先，冰雪旅游和赛事活动的举办吸引了大量游客和投资者，为当地带来了可观的经济收益。这些资金流入不仅直接促进了旅游业和相关服务业的发展，还通过乘数效应带动了交通、住宿、餐饮等多个行业的繁荣。

其次，冰雪产业的发展促进了区域产业结构的优化升级。长期以来，一些冰雪资源丰富但经济相对欠发达的地区，往往依赖于单一的产业结构，经济发展动力不足。冰雪产业为这些地区提供了新的经济增长点，推动了区域经济的多元化发展。通过冰雪产业的带动，这些地区开始形成集旅游、文化、体育于一体的综合性产业体系，增强了区域经济的韧性和抗风险能力。

最后，冰雪产业的发展还促进了区域间的经济合作与交流。在全球化背景下，区域合作已成为推动经济发展的重要动力。冰雪产业以其独特的魅力和广泛的影响力，吸引了国内外众多地区的关注和参与。通过跨区域冰雪赛事和旅游推广活动的举办，不同地区之间建立了紧密的经济联系和合作机制，实现了资源共享和优势互补。这种区域间的合作不仅促进了冰雪产业的共同发展，还为区域经济的整体繁荣奠定了坚实的基础。

冰雪产业在创造就业机会和推动区域经济发展方面发挥了不可替代的作用。它不仅为当地居民提供了丰富的就业选择和广阔的发展空间，还通过产业联动效应激活了区域经济活力，促进了产业结构的优化升级和区域间的经济合作与交流。

冰雪产业在经济领域具有显著的贡献和巨大的潜力。它直接推动了经济增长，途径包括门票销售、提供住宿餐饮服务以及装备销售等。冰雪产业通过产业链的延伸和集群效应，带动了相关产业的发展。同时，它还创造了大量的就业机会，促进了区域经济的多元化发展。随着冰雪运动的普及和冰雪旅游的热潮，冰雪产业对经济的贡献预计将变得更加显著和深远。

二、社会影响

冰雪产业广泛影响社会多个层面，不仅显著促进就业、提升居民生活质量，人们还可以通过冰雪运动强健体魄、促进健康。数字化与智能化技术的融入，可以优化资源配置，提高运营效率，增强安全保障与环保能力。绿色物流与新能源车辆的应用，则展现了产业可持续发展潜力，平衡经济发展与环境保护。

（一）促进就业

冰雪产业的蓬勃兴起，不仅丰富了人们的休闲娱乐选择，更在无形中为社会创造了庞大的就业机会，成为推动经济发展的重要力量。这一产业以其独特的魅力和广泛的产业链，直接或间接地促进了劳动力市场的繁荣，为社会各界带来了福祉。

1. 直接就业机会的创造

冰雪景区、滑雪场等直接运营机构是冰雪产业就业岗位的主要提供者。这些机构为了维护设施、提供优质服务并确保游客安全，需要大量专业人员的加入。从滑雪教练到场地维护人员，从售票员到客服代表，每一个岗位都承载着冰雪产业发展的重任，也为社会创造了实实在在的就业岗位。这些就业岗位不仅解决了大量劳动力的就业问题，还提升了相关人员的专业技能和服务水平，为冰雪产业的可持续发展奠定了坚实的基础。

2. 间接就业机会的拓展

冰雪产业的繁荣不仅仅局限于运动和旅游本身，它还带动了装备制造、基础设施建设、赛事运营、旅游服务等多个上下游产业的协同发展。这些产业链的延伸，进一步扩大了冰雪产业对劳动力市场的贡献。例如，冰雪装备制造企业需要吸纳工程师、设计师、生产工人等专业人才，以推动技术创新和产品升级；基础设施建设公司则需要项目经理、施工人员等力量，确保冰雪设施的安全与高效；旅游服务公司则依赖导游、司机、餐饮服务人员等团队的协作，为游客提供全方位的服务体验。这些间接就业机会不仅丰富了劳动力市场的多样性，还促进了不同行业之间的交流与融合，为冰雪产业的全面发展注入了新活力。

3. 季节性就业的特色与挑战

冰雪产业因其独特的季节性特征，对劳动力市场产生了别具一格的影响。冬季是冰雪产业的高峰期，却也是就业淡季，但这一季节性特点并未限制就业机会的增长。相反，它促使了灵活用工制度的兴起和发展。在冰雪旺季，大量兼职、临时工作机会应运而生，满足了产业对劳动力的旺盛需求。这些工作机会不仅为当地居民提供了额外的收入来源，还促进了地方经济的多元化发展。同时，冰雪产业也在不断探索和创新用工模式，通过加强职业培训、提高福利待遇等措施，吸引和留住更多优秀人才，为产业的持续发展提供有力支撑。

4. 社会稳定与发展的积极贡献

冰雪产业在促进就业方面的显著成效，为社会的稳定和发展做出了积极贡献。通过创造大量就业机会，冰雪产业有效缓解了社会就业压力，降低了失业率，提高了居民的收入水平和生活质量。同时，这一产业的发展还促进了不同行业之间的交流与合作，推动了区域经济的协同发展。随着冰雪产业的不断壮大和完善，其对劳动力市场的积极影响将持续扩大，为社会的长期繁荣奠定坚实的基础。

（二）提升健康水平

冰雪运动是一种融合自然之美与体育精神的全身性有氧运动，其在提升公众健康水平方面的作用不容忽视。这一独特的运动形式，不仅通过高强度的身体锻炼塑造强健体魄，更在心灵层面带来深刻的滋养与放松，对促进个人全面健康发展具有深远意义。

1. 强化身体素质：全面塑造强健体魄

冰雪运动以其独特的运动特性，对参与者的身体素质提出了严格要求。滑雪、滑冰等项目要求运动者具备良好的身体协调性和平衡能力，通过不断地调整身体姿势、控制速度和方向，这些运动全面锻炼了参与者的肌肉力量、柔韧性和耐力。在滑雪过程中，大腿、小腿及核心肌群的持续工作，可以有效增强全身肌肉的力量；而在滑冰时，身体的平衡控制则极大地提升了身体的协调性和稳定性。长期坚持冰雪运动，不仅能够塑造出线条优美的身材，更能显著提升身体的整体素质，增强身体抵抗力，为健康生活奠定坚实基础。

2. 改善心理状态：心灵的疗愈之旅

冰雪运动不仅仅是对身体的挑战，更是一场心灵的洗礼。在银装素裹的冰雪世界中驰骋，参与者能够暂时忘却尘世的烦恼，全身心地投入运动带来的快乐中。这种身心的释放，有助于缓解紧张情绪、减轻压力，从而达到放松心情、舒缓压力的效果。同时，冰雪运动的刺激性和挑战性激发了人们的冒险精神和探索欲望，每一次成功完成动作或攻克难关，都能带来难以言喻的成就感和自信心。这种积极的心理体验，对于提升个人心理韧性、增强抗压能力具有重要意义，并能为心理健康筑起一道坚实的防线。

3. 促进社交互动：构建和谐社会关系

冰雪运动往往以团队或集体的形式展开，这种运动形式天然地促进了人与人之间的交流与互动。在共同的训练、比赛或休闲活动中，人们能够有机会结识新朋友、拓展社交圈子，增强社会联系和归属感。通过相互鼓励、支持与协作，参与者在享受运动乐趣的同时，也收获珍贵的友谊和团队精神。这种积极的社交互动，不仅丰富了人们的生活体验，还促进了人际关系的和谐与融洽，为个人心理健康和社会适应能力的提升提供了有力支持。

冰雪运动以其独特的魅力和全面的身心益处，正在成为提升公众健康水平的重要途径。通过强化身体素质、改善心理状态和促进社交互动等多方面的积极作用，冰雪运动不仅为个人全面发展奠定了坚实基础，更为社会注入了积极向上的正能量和活力源泉。

（三）数字化与智能化技术对社会价值的增强

随着数字化与智能化技术的快速发展和广泛应用，冰雪产业在提升社会价值方面也展现出了新的面貌和潜力。这些技术不仅提高了冰雪产业的运营效率和服务质量，还进一步增强了其社会价值和影响力。

1. 优化资源配置

数字化与智能化技术通过对大数据的分析和处理能力，帮助冰雪产业实现了资源的优化配置。例如，在赛事运营方面，通过智能调度系统和数据分析平台的应用可以精准预测人流分布、合理安排场馆资源和赛程安排；在旅游服务方面，则可以通过在线预订系统和智能导览设备提供个性化的旅游体验和服务方案。这些优化措施不仅提高了资源利用效率和服务质量，还降低了运营成本和市场风险。

2. 提升安全保障

冰雪运动具有一定的危险性和挑战性，因此需要高度的安全保障措施来保障参与者的安全。数字化与智能化技术的应用可以通过智能监控系统、紧急救援系统等手段实现对冰雪场地的实时监控和快速响应；同时可以通过数据分析技术预测潜在的安全隐患和风险点，以便提前采取措施进行防范和应对。这些安全保障措施不仅提高了冰雪运动的安全性，还增强了参与者的信心和满意度。

3. 推动可持续发展

冰雪产业的可持续发展离不开数字化与智能化技术的支持。通过绿色物流、环保包装材料的应用以及新能源车辆的使用等措施可以降低冰雪产业的碳排放和环境污染；同时可以通过智能化管理系统实现对资源的高效利用和循环利用。这些可持续发展措施不仅符合全球环保趋势和社会责任要求，还有助于提升冰雪产业的社会形象和品牌价值。通过数字化与智能化技术的应用，冰雪产业不仅能够提升自身价值和竞争力，还能够为社会带来更加积极和深远的影响。

三、河北省冰雪产业现状与挑战

在深入探讨河北省冰雪产业的现状与未来之前，我们有必要先对该领域的整体概况进行一番梳理。河北省依托其得天独厚的自然条件与政策支持，冰雪产业近年来实现了跨越式发展，不仅丰富了民众的休闲生活，更成为推动地方经济转型的重要引擎。随着国际视野的拓宽与自身实力的增强，河北省冰雪产业正站在一个新的历史起点上，既展现出了蓬勃的发展活力，也面临着前所未有的机遇与挑战。接下来，我们将详细剖析河北省冰雪产业当前的发展成就，并深入剖析其所面临的挑战与潜在的成长机遇，以期为这一领域的持续繁荣提供有益的参考与洞见。

（一）发展现状

河北省作为中国北方的重要省份，凭借其得天独厚的地理条件和气候条件，近年来在冰雪产业方面取得了显著的发展成就。随着北京冬季奥林匹克运动会的成功举办，河北省冰雪产业迎来了前所未有的发展机遇，不仅在基础设施建设、赛事运营、旅游服务等方面取得了长足进步，还带动了相关产业链的延伸和拓展。

1. 基础设施建设

河北省加大了对冰雪场馆和设施的投资力度，建设了一批高水平的滑雪场和滑冰馆。这些场馆不仅满足了专业训练和比赛的需求，还为广大冰雪运动爱好者提供了优质的休闲娱乐场所。特别是在张家口市崇礼区，已经形成了集滑雪、滑冰、温泉度假等多功能于一体的冰雪旅游综合体，吸引了大量国内外游客前来体验。

2.赛事运营

河北省积极承办国内外各类冰雪赛事,通过举办高水平的冰雪比赛,不仅提升了河北省冰雪运动的竞技水平,还提高了河北省在国内外冰雪领域的知名度和影响力。例如,崇礼区成功举办了多届国际雪联自由式滑雪和单板滑雪世界杯等赛事,吸引了众多国际顶尖选手前来参赛,极大地促进了冰雪运动的普及和发展。

3.旅游服务

冰雪旅游已成为河北省旅游业的重要组成部分。河北省依托丰富的冰雪资源,开发了多条冰雪旅游线路,为游客提供了多样化的冰雪旅游产品和服务。从滑雪体验、温泉度假到冰雪文化体验等,满足了不同游客的需求。同时,河北省还注重提升旅游服务质量,加强旅游从业人员的培训和管理,在很大程度上提高了游客的满意度和忠诚度。

4.产业链的延伸和拓展

河北省冰雪产业的发展不仅局限于冰雪运动和旅游本身,还带动了相关产业链的延伸和拓展。冰雪装备制造业、冰雪教育培训业、冰雪媒体传播业等相关产业蓬勃发展,为河北省冰雪产业的持续健康发展提供了有力支撑。特别是在冰雪装备制造业方面,河北省涌现出一批具有竞争力的企业,致力于研发和生产高品质的冰雪装备,满足了国内外市场的需求。

(二)主要挑战与机遇

尽管河北省冰雪产业取得了显著的发展成就,但仍面临着诸多挑战和机遇。正确认识和应对这些挑战,把握机遇,对于推动河北省冰雪产业的高质量发展具有重要意义。

1.基础设施不足

尽管河北省在冰雪基础设施建设方面取得了一定成果,但与发达国家相比仍存在差距。部分滑雪场和滑冰馆在设施完善度、服务质量等方面仍有待提升。此外,随着冰雪运动的普及和游客数量的增加,现有基础设施难以满足日益增长的需求。因此,加大基础设施建设力度、提升设施品质和服务水平是河北省冰雪产业面临的重要挑战之一。

2. 市场竞争加剧

随着冰雪产业的快速发展，国内外市场竞争日益激烈。国内外众多滑雪场和冰雪旅游度假区纷纷加大投资力度、提升服务质量以吸引游客。河北省冰雪产业在市场竞争中既要面对国内同行的竞争压力，又要应对国际市场的挑战。如何在激烈的市场竞争中脱颖而出成为河北省冰雪产业必须面对的问题之一。

3. 专业人才短缺

冰雪产业是一个高度专业化的领域，需要大量具备专业技能和管理经验的人才来支撑。然而，目前河北省在冰雪产业专业人才方面存在明显的短缺现象。特别是在赛事组织、运营管理、装备研发等方面缺乏高素质的专业人才。因此，加强专业人才培养和引进工作是河北省冰雪产业发展的重要任务之一。

4. 新能源汽车在物流中的应用机遇

随着全球对环境保护和可持续发展的重视日益增强，新能源汽车在物流领域的应用前景广阔。对于河北省冰雪产业而言，新能源汽车的应用不仅能够降低物流成本和减少环境污染，还能提高物流效率和服务质量。因此，积极推广新能源汽车在冰雪产业物流中的应用是河北省冰雪产业发展的重要机遇之一。政府和企业应加大政策支持和资金投入力度，以推动新能源汽车在冰雪产业物流中的广泛应用和普及。

5. 数字化与智能化技术的推广与应用

随着科技的飞速发展，数字化与智能化技术正深刻改变着各行各业的发展模式。对于河北省冰雪产业而言，数字化与智能化技术的应用不仅能够提高运营效率和服务质量，还能推动产业升级和转型。例如，通过物联网、大数据、人工智能等技术的应用可以实现冰雪场馆的智能化管理和运营，提升游客体验和服务质量；通过数字化营销手段可以拓宽市场渠道和增加客户黏性等。因此，加强数字化与智能化技术的推广与应用是河北省冰雪产业高质量发展的必然趋势和重要方向之一。

由此可以看到，河北省冰雪产业在迅速发展进程中，面临着不少挑战与机遇。准确识别这些挑战并把握机遇，以推动冰雪产业的高质量发展，是河北省面向未来发展的关键抉择。通过一系列措施，如加强基础设施的建设、提高服务质量、强化专业人才的培养与引进,以及积极推广新能源汽车和数字化、智能化技术的应用,河北省冰雪产业有望实现更高层次的发展,并为经济社会的全面发展做出更显著的贡献。

第三章

现代体育物流基础

第一节　物流与供应链管理理论

在冰雪产业高质量发展的背景下,现代体育物流的创新与人才培养成为推动产业升级的关键要素。而物流与供应链管理理论,作为支撑这一进程的理论基石,其重要性不言而喻。本节将深入剖析物流管理的基本原理与供应链管理的现代理念,探讨其在体育物流中的具体应用,特别是针对赛事装备供应链的管理与协调。通过理论结合实践,旨在为冰雪产业提供一套科学、高效的物流管理体系,促进产业的持续繁荣与创新发展。

一、物流管理的基本原理

物流管理作为现代企业管理体系中的核心组成部分,不仅关乎企业的运营效率与成本控制,更会直接影响企业的市场竞争力。其核心在于通过高效的计划、执行和控制活动,确保物料、产品和服务从供应地到接收地的顺畅流动与合理存储,以最大化满足客户需求。

(一)物流管理的核心要素

1. 计划性

物流管理包括需求预测、库存规划、运输路线设计等内容,通过计划性确保资源在时间和空间上的合理配置。在体育物流中,赛事装备的需求预测是物流管理计划性的重要体现,直接关系到装备供应的及时性和准确性。

2. 执行效率

运输、仓储、包装、装卸等多个环节的紧密衔接和高效协同,是确保物流管理高效执行的关键。高效的物流执行能确保装备准时、安全地送达体育比赛赛场，避免影响赛事进程。

3. 控制机制

物流管理中的控制机制可以确保有效执行计划，并对出现的问题进行及时纠正。通过信息化手段，物流管理者可以实时监控物流状态，调整物流策略，以应对各种突发情况。

（二）现代物流管理的发展趋势

随着科技的不断进步，现代物流管理呈现出以下几个明显的发展趋势。

1. 信息化与智能化

借助物联网、大数据、人工智能等先进技术，物流管理实现了全程可视化、可追溯和智能化管理。利用现代化技术，通过 RFID 标签和 GPS 追踪系统，可以实时获取货物位置信息，保证物流作业的透明度和准确性。

2. 绿色物流

随着人们环保意识的增强，绿色物流成为现代物流管理的重要方向。通过使用环保包装材料、优化运输路线减少碳排放、推广电动或氢能物流车辆等手段，可以保证体育绿色物流符合可持续发展理念，同时更能有效提升企业的品牌形象和社会责任感。

3. 供应链协同

供应链协同是现代物流管理的高级阶段，强调供应链上各环节的紧密合作与信息共享。构建供应链协同平台，可以有效地实现信息的高效传递和资源的优化配置，进而提升物流供应链的响应速度和灵活性。

（三）供应链管理的现代理念

供应链管理的现代理念以顾客为中心，通过整合和优化供应链上的所有环节，实现成本最小化、效率最大化和服务最优化。在体育物流领域，供应链管理理念的应用尤为关键。

1. 协同合作

协同合作是供应链管理理念的核心之一。为确保体育赛事的顺利进行，供应链上的各个环节需要紧密配合。例如，赛事主办方与物流服务商、装备供应商之间的协同合作至关重要。主办方需要明确赛事需求，物流服务商则根据需求制定详细的物流方案，并与装备供应商紧密沟通，确保装备能够及时、准确地送达赛场。

供应链上的各方建立互信关系，共同制定合作规则和流程，是实现协同合作的前提。通过定期沟通会议、信息共享平台等方式，各方可以及时了解供应链的运行状况，共同应对市场变化和潜在风险。

2. 信息共享

信息共享是现代供应链管理的基础。赛事主办方、物流服务商和装备供应商之间需要实现信息的实时传递和共享。通过构建体育物流信息共享平台，物流服务商可以实时获取赛事需求、库存状态、运输进度等信息，从而制订更加精准的物流计划。

信息共享平台通常包括以下几个方面。

（1）需求预测系统：基于历史数据和赛事规模等因素，对赛事装备需求进行精准预测，为采购和生产计划提供依据。

（2）库存管理系统：实时监控各级库存状态，包括临时仓库、中心仓库和供应商库存等，确保装备的充足供应和快速响应。

（3）运输追踪系统：通过 GPS 追踪和 RFID 标签等技术手段，实时获取货物运输状态和位置信息，及时调整运输方案。

（4）通过信息共享平台，供应链上的各方可以更加清晰地了解整个供应链的运行状况，及时发现问题并采取有效措施加以解决。

3. 风险管理

在体育赛事中，天气变化、交通拥堵、设备损坏等因素是物流过程中可能发生的主要风险。为了降低这些风险对赛事的影响，供应链管理需要建立完善的风险管理机制，通常包括以下步骤。

（1）风险识别：通过定期的风险评估和风险审查会议，识别供应链上可能存在的风险点。

（2）风险评估：对识别出的风险进行评估，分析其发生的可能性和影响程度。

（3）风险应对：根据风险评估结果制定相应的应对措施和预案。如通过制定备选运输路线或增加运输频次等措施，以应对天气变化导致的运输延误风险。

（4）风险监控：在赛事期间，实时监控风险状态并采取必要的干预措施，以减少风险对赛事的影响。

通过完善的风险管理机制，供应链上的各方可以更加从容地应对各种突发情况，从而确保赛事顺利进行。

（四）赛事装备供应链管理与协调

体育物流中的关键环节之一是对赛事装备供应链的管理。它涉及装备采购、生产、配送和回收等多个环节，需要高效的供应链管理与协调以确保赛事的顺利进行。

1. 需求预测与计划

需求预测与计划是赛事装备供应链管理的起点。对赛事装备需求进行精准预测，对赛事规模、参赛人数、装备种类等因素制订详细的采购和生产计划，可有效避免库存积压或缺货现象的发生，提高资源利用效率。

需求预测通常采用定量分析和定性分析相结合的方法。定量分析主要依赖历史数据和统计分析模型来预测未来需求；定性分析则通过专家访谈、市场调研等方式获取更多主观信息和经验判断。两者相结合可以更加准确地把握赛事装备需求趋势。

采购周期、生产周期和运输周期也是在计划制订过程中需要考虑的因素。通过合理的计划安排可以确保装备在赛事前准时交付并满足赛事需求。

2. 多级库存管理

多级库存管理是实现赛事装备快速响应和高效配送的重要手段之一。在供应链上设置多级库存节点，则可以实现装备的分散存储和快速补充。

（1）中心仓库：作为供应链的核心节点之一，中心仓库负责存储大量赛事装备以应对突发需求或大型赛事。通过信息化手段实现中心仓库与各级库存节点的信息共享和协同管理，可以提高整体库存周转率并降低库存成本。

（2）临时仓库：在赛事举办地附近设立临时仓库可以缩短配送距离并加快配送速度。根据赛事规模和时间安排，提前对临时仓库进行装备布局和调配，以确保快速响应需求变化。

（3）现场仓库：在赛事现场设立现场仓库，可进一步缩短装备到达使用时间，并提供更加便捷的取用服务。通常由物流服务商负责管理和维护现场仓库，以确保装备的安全性和可用性。

通过多级库存管理可以实现装备的分级存储和协同调配，从而提高整体供应链的响应速度和灵活性。

3. 配送与回收

配送与回收是赛事装备供应链管理的关键环节之一。制定合理的配送方案，是确保装备在赛事前准时送达指定地点，并在赛事结束后及时进行回收和处理的关键。

（1）配送方案制定：根据赛事地点、时间要求和装备种类等因素制定详细的配送方案，包括运输方式选择（如陆运、空运或海运）、运输路线规划以及应急预案制定等。通过优化配送方案可以降低物流成本并提高配送效率。

（2）实时跟踪与监控：利用物联网技术实现装备运输过程中的实时跟踪与监控，可以及时发现并解决潜在问题，如运输延误或装备损坏等，从而确保装备按时到达指定地点并满足赛事需求。

（3）回收与处理：在赛事结束后需要及时对装备进行回收和处理，可以减少资源浪费并保护环境。对回收后的装备进行清洗、维修或重新包装后，可以再次投入使用以避免浪费；对无法再次使用的装备，则需要进行妥善处理，以避免对环境造成污染或安全隐患。

4. 供应商管理

优质的装备供应商是确保赛事装备质量和供应链稳定性的重要保障之一。与优质的装备供应商建立长期稳定的合作关系，并通过信息共享和协同规划提高供应链整体效能至关重要。

（1）供应商评估与选择：根据供应商资质、产品质量、交货期和服务水平等因素，对潜在供应商进行全面评估并选择符合要求的优质供应商建立合作关系。在选择过程中，还需要考虑供应商的地理位置和运输能力，确保装备能够及时送达，以满足赛事的需求。

（2）信息共享与协同规划：与供应商建立信息共享平台实现信息实时传递

和共享。通过协同规划可以共同制订采购计划、生产计划和配送计划等提高供应链的响应速度和灵活性，并确保装备供应的连续性和稳定性。

（3）定期评估与考核：对供应商进行定期评估和考核以确保其提供的装备质量和服务水平满足赛事要求。评估内容通常包括产品质量合格率、交货期准时率、服务水平满意度等方面，根据评估结果采取相应的奖惩措施，激励供应商持续提高服务水平。

综合分析，深入掌握并运用物流与供应链管理理论，尤其是现代供应链管理理念，对于实现现代体育物流的高效运作至关重要。针对赛事装备供应链的具体管理与协调措施，能够进一步促进物流服务的持续优化。这些做法确保了体育物流各环节的顺畅与效率，可以推动整个产业的持续进步和繁荣。

二、供应链管理的核心要素与策略

在冰雪产业高质量发展的背景下，现代体育物流的高效运作离不开供应链管理的精细规划与高效执行。深入理解供应链管理的核心要素与策略，对于优化物流流程、提高运营效率、降低成本及增强市场响应能力具有至关重要的意义。

（一）核心要素解析

1. 客户需求导向

客户需求导向是供应链管理的基石。在冰雪产业中，随着消费者对冰雪运动的热情不断升温，他们对冰雪装备、赛事体验、旅游服务的需求日益多样化、个性化。这就要求冰雪产业供应链上的各环节必须紧密围绕客户需求进行规划和执行。为了实现在产品设计、生产制造、物流配送等方面的精准对接，企业需通过市场调研、客户反馈等方式进行调研，以准确捕捉并理解客户的需求，确保产品和服务能够满足甚至超越客户的期望。

例如，为满足不同技术水平、不同体形和偏好的滑雪爱好者的市场需求，企业可以开发具有独特设计、高性能且符合人体工学的滑雪板、雪鞋等产品，提供定制化服务。并根据客户的具体需求调整装备尺寸、颜色等，进一步提升客户满意度。

2. 集成化管理

集成化管理强调企业内部的各部门以及供应链上的各节点企业之间的紧密合作与集成。从原材料采购、生产制造、仓储物流到终端销售的每一个环节，冰雪产业供应链都需要实现无缝对接，确保信息流通畅、资源共享和协同决策。通过集成化管理，企业能够更有效地利用资源、降低成本、提高响应速度，增强整体竞争力。

企业通过建立供应链协同平台，可以实现供应链各节点之间的信息共享和实时沟通，及时发现并解决供应链中生产延误、库存积压等问题，确保供应链的顺畅运行。企业通过协同决策机制，可以制定更加科学合理的供应链策略，综合考虑到各节点企业的利益和需求。

3. 流程优化

流程优化是提高供应链效率的重要手段。在冰雪产业供应链中，流程优化涉及从原材料采购到产品交付的全链条管理。企业使用精简流程环节、消除浪费、采用先进技术和管理方法等手段，可以显著提高供应链的反应速度和灵活性。

企业可以在仓储物流环节引入自动化仓储系统和智能分拣技术，减少人工操作错误和等待时间，提高作业效率。通过数据分析和预测模型优化库存策略，可以减少库存积压和缺货风险。与物流服务商建立长期合作关系，共同优化运输路线和配送计划，可以有效降低运输成本，提高客户满意度。

4. 风险管理

风险管理是供应链管理中不可或缺的一环。冰雪产业供应链面临着自然灾害、供应商破产、政策变动等多种潜在风险。这些风险一旦发生，将对供应链的稳定性造成严重影响。因此，企业应该通过识别、评估等手段，建立完善的风险管理机制，有效降低影响。

企业通过风险预警系统，可以实时监测供应链各环节的运行状况并及时发现潜在问题。同时制定应急预案和替代方案以应对突发事件的发生。在供应商管理方面，建立多源采购策略，降低对单一供应商的依赖；在物流配送方面，采用多种运输方式和备选路线，以应对交通拥堵或天气变化等不可预见因素。

（二）关键策略探讨

1. 战略采购与供应商管理

战略采购与供应商管理是供应链管理的关键环节之一。通过与供应商建立长期稳定的战略合作关系，企业可以获得更优惠的价格、更稳定的质量和更及时的交货期。在冰雪产业中，各企业寻找并培养一批具备高品质生产能力、良好信誉和快速响应能力的供应商作为合作伙伴是一个重要的前提。

企业可以采取建立完善的供应商评价体系和选择标准，通过与供应商共同制定产品标准和质量控制流程，加强信息共享和协同决策机制建设，通过对供应商绩效进行定期评估并根据结果进行动态调整和优化合作策略等方法，构建起一个高效、稳定且具有竞争力的供应链体系。

2. 库存管理与控制

库存管理与控制是供应链管理中的另一项重要任务。在冰雪产业中，由于产品种类繁多、季节性强且需求波动较大等特点，使得库存管理显得尤为重要。合理的库存水平既可以满足市场需求又可以降低库存成本和提高资金周转率。

企业为了实现库存管理与控制的目标，首先可以采用先进的库存管理系统和技术手段实现库存数据的实时监控和动态调整，并根据历史销售数据和市场需求预测制订合理的库存计划；其次通过实施JIT（准时制生产）策略减少在制品库存和成品库存，通过加强与供应商的协作关系实现JIT配送，减少安全库存；最后通过引入第三方物流服务商提供专业化的库存管理和配送服务策略，降低企业运营成本，有效提高服务质量。

3. 物流网络优化

物流网络优化是提高供应链整体效率的重要手段之一。在冰雪产业中，由于产品体积大、重量重且运输距离远等特点，使得物流网络的设计和优化显得尤为重要。通过合理规划物流网络布局和运输方式选择企业，可以降低运输成本并提高配送效率。

为了实现这一目标，企业可以采取以下策略：一是根据产品特性和市场需求合理规划仓储地点和配送中心布局，确保产品能够快速送达客户手中；二是采用多式联运方式结合公路运输、铁路运输和水路运输等多种运输方式，降低运输成本并提高灵活性；三是通过智能调度系统和路径优化算法实现运输路线的自动规划和动态调整，降低空驶率和等待时间，提高运输效率；四是加强与物流服务商的合作关系，共同优化物流网络和服务质量。

4. 信息技术应用

随着信息技术的飞速发展，其在供应链管理中的应用越来越广泛和深入。在冰雪产业中，通过充分利用物联网、大数据和人工智能等现代信息技术手段，企业可以实现供应链管理的智能化和自动化水平显著提升。

鉴于此，企业可以采取以下策略：一是建立供应链协同平台实现供应链各节点之间的信息共享和实时沟通；二是利用大数据分析技术深入挖掘供应链数据中的价值，并发现潜在问题和改进机会；三是引入人工智能技术，如机器学习、深度学习等优化库存策略、运输路线规划等环节，提高决策效率和准确性；四是采用物联网技术实现物流全程的可视化和可追溯，确保产品安全和质量控制；五是开发智能调度系统和自动化仓储系统，提高物流作业的自动化程度和效率，降低人力成本和时间成本。

5. 绿色供应链管理

随着全球对环境保护和可持续发展的重视程度不断提高，绿色供应链管理已成为现代企业的必然选择之一。在冰雪产业中，通过实施绿色供应链管理企业可以降低对环境的影响，提升企业形象并吸引更多注重环保的消费者。

企业可以采用环保材料和生产工艺减少废弃物的产生和排放，及时推广使用新能源物流车辆降低碳排放和污染物排放，通过优化运输路线、提高装载率等节能减排措施降低能耗和排放，加强对废旧物资的回收和再利用，提高资源利用效率，最后加强与供应商和客户的合作，共同推动绿色供应链的发展，从而形成良性互动和共赢的局面。

综合分析可知，企业通过深入理解供应链管理的核心要素与策略，并结合冰雪产业的实际特点，采取针对性的措施和策略，可以显著提升供应链管理的效率和竞争力，以确保企业在供应链的各个环节都能实现优化，并在激烈的市场竞争中占据优势，为冰雪产业的高质量发展提供有力支撑。

第二节　体育物流的特殊性与挑战

体育物流作为连接体育产业与物流服务的桥梁，其独特性和复杂性不言而喻。从时效性的严苛要求到物资种类的繁多，从高度的专业性到潜在的高风险，再到日益显著的国际化趋势，体育物流展现出不同于一般物流的鲜明特征。在考验着物流服务商的应对能力的同时，更影响着体育赛事的顺利进行。同时，体育物流还面临着多样化需求、复杂性管理、资源调配、成本控制以及信息技术应用与数据安全等多重挑战。本节将深入剖析体育物流的特殊性与面临的挑战，旨在为行业同仁提供有价值的参考与启示，共同推动体育物流行业的健康发展。

一、体育物流特点

体育物流作为物流领域中的一个特殊分支，其鲜明且复杂多样的特点不仅体现在物流活动的各个方面，更深刻影响着体育产业的发展和赛事的顺利进行。以下笔者将从时效性、多样性、专业性、高风险性及国际化五个方面详细阐述体育物流的独特性。

（一）时效性要求高

在体育赛事中，无论是装备、器材，还是其他必需品的配送，都必须严格遵循赛事的时间表，因此，时效性是体育物流最显著的特点之一。体育物流延误，会影响赛事的顺利进行。例如，在冬季奥运会等大型冰雪赛事中，冰刀、雪板等关键装备的及时送达与否，会直接关系到运动员的训练和比赛表现，将对参赛选手的状态和成绩产生非常大的影响。因此，体育物流必须建立高效的响应机制和灵活的配送体系，确保物资能够准时、准确地到达指定地点。

时效性要求高还体现在物流信息的即时传递和处理上。现代体育物流借助先进的信息技术手段，如物联网、大数据和人工智能等，实现物流信息的实时监控和智能分析，确保赛事组织者和参赛者能够随时掌握物流动态，及时调整计划和策略。

（二）物流种类繁多

体育物流涉及的物资种类繁多，包括但不限于运动器材、防护装备、比赛用品、观众服务设施等。这些物资在规格、尺寸、重量、存储条件等方面各不相同，对物流运作提出了更高要求。以冰雪赛事为例，物流过程中需要运输和存储的物资包括滑雪板、雪鞋、冰刀、护具、计时计分系统、观众座椅、医疗急救设备等。这些物资具有体积庞大、重量不一，需要特定的包装和保护措施的特点，因此需要注意在运输和存储过程中发生受损的情况。

随着体育产业的不断发展，新型体育项目和赛事的涌现，也对体育物流提出了更多挑战。电子竞技等新兴体育项目对物流的需求，与传统体育项目存在着显著差异，这也对物流服务商具备更广泛的业务能力和更灵活的服务模式提出了新的需求。

（三）专业性强

体育物流的专业性是多维度的。物流人员必须对体育赛事有深入的了解和丰富的经验，掌握不同体育项目的特性和需求，从而提供定制化的物流服务。例如，服务冰雪赛事时，物流人员在运输和存储时就需要熟悉滑雪板、雪鞋等装备的特定属性和使用方式，掌握专业的包装、装卸和运输技术，确保采取恰当的保护措施。体育物流还要求鉴于体育物资的多样性和特殊性，物流服务商需为不同物资定制专门的包装方案，保障物资在运输过程中的安全和完整。装卸和运输过程中需使用专业设备和工具，以提升作业效率和安全性。信息管理能力同样是体育物流专业性的重要组成部分。通过建立高效的物流信息系统，实现对物流过程的实时监控和智能分析，为赛事组织者和参赛者提供及时、准确的物流信息。这不仅提升了物流运作的效率和质量，也促进了赛事整体运营水平的提升。

由此可见，体育物流人员对体育赛事的深入理解、专业技能的运用以及信息管理的能力，均体现了其专业性，可以确保体育物流服务的高效和精准，为体育赛事的顺利进行提供坚实的物流保障。

（四）高风险性

体育物流的高风险性主要体现在以下四个方面。

1. 运输风险

由于体育物资通常体积庞大、重量不一且易受损，在运输过程中存在较大的风险。特别是在长途运输或跨国运输中，恶劣天气、道路状况不佳、交通事故等因素都可能对物资造成损害。

2. 存储风险

体育物资对存储条件有较高要求。某些特殊体育器材需要恒温、恒湿的环境来保持其性能和寿命，对于易受潮、易腐蚀的物资还需要特别的防潮措施。如果存储条件不当，可能导致物资损坏或变质。

3. 时间风险

体育物流的时效性要求高。物流服务商需要制定周密的运输计划和应急预案，以应对可能出现的各种突发情况，避免因物流延误对赛事造成的严重影响。

4. 安全风险

对于某些大型高级体育赛事，要求物流服务商具备专业的安全知识和技能，能够及时发现和排除安全隐患，必要时，需要承担现场物资管理和安全保障的职责。

物流服务商为了降低体育物流的风险，可以通过加强员工培训、提高技术水平、完善设备设施等措施来提高抗风险能力；加强与赛事组织者的沟通协调，确保信息的及时传递和处理；在运输、存储和现场管理等各个环节中加强安全监控和防范措施，建立完善的风险管理体系和应急预案，最大限度地降低风险的发生概率和影响程度。

（五）国际化趋势明显

随着全球化的深入发展和体育产业的迅猛增长，体育物流的国际化趋势越发显著。大型国际体育赛事汇聚了全球的运动员与观众，对物流服务提供商提出了更为严格的标准。它要求服务提供商必须具备跨国运输和协作的能力，确保能够在全球范围内提供高效率、便捷的物流服务。

在国际体育物流领域，服务提供商面临着不同国家与地区的法律法规、文化差异、交通状况等带来的挑战。这就要求他们不仅要掌握广泛的市场信息，还需具备跨文化沟通的技能，以更好地适应不同国家与地区的需求及其环境变化。同时，在国际体育物流过程中，还须重视环保和可持续发展议题，减少跨国运输过程中的碳排放和资源消耗。可以通过使用清洁能源、优化运输路线、提高装载效率等措施来减轻对环境的影响，并加强与国际组织及环保机构的合作，共同推进体育物流的可持续发展。

体育物流具有时效性要求高、物流种类繁多、专业性强、高风险性以及国际化趋势明显等特征。要求物流服务提供商需要不断提升自身的专业能力和服务水平，更好地适应体育产业的需求和发展趋势。

二、主要挑战

体育物流作为体育产业与现代物流深度融合的产物，源于体育活动的特殊性质，当前主要面临供应链管理、信息技术应用、资源调配等多个方面的诸多独特挑战。以下笔者将详细探讨体育物流面临的主要挑战及其具体表现。

（一）时间敏感性与紧急响应需求

体育物流对时间有着极高的敏感性。无论是大型体育赛事、群众体育活动，还是专业运动员的日常训练，都对物流服务的及时性和准确性提出了严格的标准。特别是在比赛期间，任何物资供应的延误都可能直接影响赛事的顺利进行，甚至影响运动员的竞技状态和比赛结果。因此，对于紧急救援物资的快速调配能力，是体育物流必须具备的重要能力之一。其具体表现概括如下。

1. 赛事期间的物流高峰

在大型体育赛事期间，对比赛器材、运动员装备、医疗急救设备等物流需求急剧增加，需要快速响应并准确配送各类物资。对物流系统的承载能力和响应速度提出了极高要求。

2. 突发事件应对

在体育活动过程中，可能会遇到运动员受伤、设备故障等各种突发情况，这就要求物流系统能够迅速作出反应，提供必要的紧急救援物资和服务。

（二）多样化与个性化需求

体育活动种类繁多，不同项目和赛事对物流的需求也各不相同。从大型国际赛事到小型社区活动，从专业运动员到业余爱好者，体育物流需要满足不同客户的多样化、个性化需求。这种需求差异不仅体现在物资种类和数量上，还体现在配送时间、地点、方式等多个方面。其具体表现概括如下。

1. 物资种类繁多

体育活动所需的物资，如比赛器材、运动员装备、观众用品、媒体设备等种类繁多，并且这些物资在规格、尺寸、重量等方面存在较大差异，对物流包装、运输和存储都提出了不同要求。

2. 个性化配送服务

随着体育产业的不断发展，消费者对物流服务的个性化需求日益增加。一些专业运动员可能需要根据个人习惯定制装备配送时间和方式，一些高端赛事可能需要提供定制化的物流解决方案以满足其个性化的需求。

（三）复杂性与不确定性

体育物流的复杂性主要体现在供应商选择、物资采购、仓储管理到运输配送等供应链管理的多个环节上。各个环节都需要紧密协作，任何一个环节的失误都可能影响整个物流系统的正常运行。体育活动中，如天气变化、交通拥堵、安全检查等因素的不可预测性，也增加了物流管理的难度，其具体表现概括如下。

1. 供应链管理的复杂性

体育物流的供应链管理涉及供应商、制造商、分销商、承运商等多个参与方和环节，参与方之间的信息沟通和协作对于物流效率至关重要。但是，在实际操作中，因信息不对称、利益冲突等一些原因，经常会导致物流效率低下和成本增加。

2. 不确定性因素多

体育活动经常会受到天气变化（如雨雪、台风等极端天气可能影响运输安全和时间）、交通状况（如道路拥堵、交通事故等可能导致运输延误）、安全检查（如大型赛事期间的安全检查可能增加运输时间和成本）等多种不确定性因素的影响，增加了体育物流的风险。

（四）资源调配与成本控制

体育物流在资源调配和成本控制方面，面临着体育活动对物流资源的需求具有季节性、集中性和突发性等特点，导致物流资源在不同时间和空间上的分配不均衡。同时，随着物流成本的不断上升和市场竞争的加剧，体育物流企业需要在保证服务质量的同时有效控制成本。其具体表现概括如下。

1. 季节性需求波动

体育活动具有明显的季节性特点，如冬季滑雪赛事、夏季足球世界杯等。季节性需求波动导致物流资源在不同时间段内的需求差异较大，增加了资源调配的难度和成本。

2. 成本控制压力大

随着油价、人工成本等物流成本的上升和市场竞争的加剧，体育物流企业在成本控制方面面临着巨大的压力。如何在保证服务质量的同时降低物流成本，成为体育物流企业面临的重要课题之一。

（五）信息技术应用与数据安全

信息技术在体育物流中的应用日益广泛，如物联网、大数据和人工智能等技术的应用为物流效率和服务质量的提升提供了有力支持，但同时也带来了数据安全方面的挑战。如何确保物流信息的安全传输和存储，成为体育物流企业必须面对的问题之一。其具体表现概括如下。

1. 信息技术依赖度高

现代体育物流高度依赖信息技术进行管理和运营。物联网技术用于实时跟踪和监控物流过程；大数据技术用于分析和预测物流需求；人工智能技术用于优化物流路径和库存管理等。但不可忽视的是，对信息技术的过度依赖也增加了系统风险和故障的可能性。

2. 数据安全风险

物流信息涉及客户隐私、商业机密等多个方面。随着黑客攻击和网络犯罪的增加，一旦发生泄露或丢失，可能会对客户和企业造成严重影响。确保物流信息在传输和存储过程中的安全性，对于物流信息的安全防护工作，已成为体育物流企业必须关注的问题之一。

第三节　现代体育物流的发展趋势

现代体育物流作为体育产业的重要支撑，正随着科技进步与环保意识的提升而迎来新的发展趋势。技术创新与可持续发展成为推动体育物流变革的两大核心驱动力。物联网、大数据、云计算等前沿技术的深度融合，不仅提升了物流效率与服务品质，更引领了体育物流向智能化、高效化转型。同时，绿色低碳与环保包装材料的应用，也为体育物流的可持续发展探索了新路径。本节将深入探讨现代体育物流的发展趋势，解析技术创新如何重塑物流体系，以及绿色物流理念如何引领行业未来，以期为体育物流的健康发展提供前瞻性的思考。

一、技术创新应用

在现代体育物流领域，技术创新是推动其持续发展的关键动力。随着物联网、大数据、云计算等先进技术的不断成熟和应用，体育物流正在经历深刻的变革。现代技术在体育物流领域的应用，有效提升了物流效率和服务质量，降低了运营成本，增强了物流系统的灵活性和适应性。以下笔者将从四个方面详细探讨技术创新在现代体育物流中的应用及其带来的变革。

（一）物联网技术的深度集成

物联网技术通过智能设备、传感器、RFID标签等手段，实现了物流全过程的实时监控和数据采集。在现代体育物流中，物联网技术的应用极大地提高了物流作业的可视化和智能化水平。

1. 实时追踪与监控

通过安装在包裹上的传感器或 RFID 标签等物联网技术的使用，使得每一件物流包裹都被赋予了唯一的身份标识，可实时追踪包裹的位置、状态以及环境参数（如温度、湿度）。对于确保赛事装备、运动员补给等关键物资的安全运输至关重要。特别是在跨国赛事或长距离运输中，物联网技术为赛事组织者提供了强有力的物资保障。

2. 智能仓储管理

物联网技术能够自动识别和记录库存物品的信息，实现在仓储环节对于库存的精准控制和动态调整。智能货架、自动分拣系统等设备的引入，不仅提高了仓储作业的效率，还减少了人为错误，降低了库存成本。通过物联网技术，仓库管理人员可以实时掌握库存状态，及时响应赛事或活动的物资需求变化。

（二）大数据分析的精准决策支持

大数据技术在现代体育物流中的应用，使得物流管理者能够基于海量数据进行分析和挖掘，发现物流运作中的规律和问题，从而做出更加科学合理的决策。

1. 需求预测与库存管理

物流管理者可以通过大数据分析精准预测赛事或活动的物资需求变化，为库存管理提供有力支持。基于历史数据和市场趋势，可以制订出科学合理的库存补货计划，避免库存积压或缺货现象的发生。利用大数据分析还能帮助企业识别潜在的库存风险，提前采取措施进行预防和应对。

2. 路径优化与成本控制

使用大数据技术可以对物流运输的数据进行分析，优化运输路径和配送方案，降低运输成本和时间成本。通过对不同运输方式的成本效益进行分析，可以选择出最经济、高效的运输方案。通过大数据分析，还能帮助企业发现运输过程中的"瓶颈"和浪费环节，并提出改进措施，以提高整体运营效率。

（三）云计算平台的资源共享与协同

云计算平台为现代体育物流提供了强大的计算能力和数据存储能力，使得物流资源可以在更大范围内实现共享和协同。

1. 资源高效利用

通过云计算平台，物流管理者可以实时共享仓库、运输车辆、人员等物流资源信息，使资源能够在不同赛事或活动之间灵活调配，显著提高了资源利用效率。此外，云计算平台强大的数据处理和分析能力，能够帮助并支持物流管理者快速响应市场变化和业务需求。

2. 协同作业与流程优化

在云计算平台的支持下，不同物流环节之间可以实现更加紧密的协同作业。通过实时数据交换和信息共享，不同部门和岗位之间可以形成无缝衔接的工作流程，提高了整体作业效率。同时，为了确保物流系统的稳定性和可靠性，云计算平台还支持多用户并发操作和数据备份恢复等功能。

（四）自动化与智能化设备的广泛应用

随着自动化与智能化技术的不断发展，越来越多的自动化设备和智能系统被应用于现代体育物流中。这些设备和系统的引入，对于提高物流作业的自动化程度和准确性，以及降低人力成本和时间成本提供了有效保障。

1. 自动化仓储系统

自动化仓储系统通过引入堆垛机、穿梭车等自动化设备，能够按照预设程序快速准确地完成货物的搬运和存储任务，实现了货物的自动存取和分拣，降低了人工操作的复杂性和错误率。此外，还可以根据库存状态和补货需求自动调整作业计划，提高仓储作业的效率和准确性。

2. 智能分拣系统

智能分拣系统通过引入高速相机、传感器等智能设备对包裹进行自动识别和分类，快速准确地识别包裹上的条码或 RFID 标签信息，按照预设规则将包裹分配到相应的运输线路上。这样不仅提高了分拣速度和准确性，更减少了人工分拣的错误率和劳动强度。

综上所述，技术创新在现代体育物流领域的应用正持续推动该行业向智能化和高效化转型。物联网、大数据、云计算等前沿技术的深度融合与应用，极大地提升了物流效率和服务质量，同时降低了运营成本，并增强了物流系统的灵活性与适应性。

二、可持续发展路径

随着全球对环境保护意识的日益增强，可持续发展已成为各行各业关注的焦点。现代体育物流作为连接体育产业链上下游的重要环节，同样需要积极探索和实践可持续发展的路径。以下笔者将从绿色低碳和环保包装材料的使用等方面，探讨现代体育物流的可持续发展策略。

（一）绿色低碳的物流运作

绿色低碳是现代体育物流可持续发展的核心要求之一。通过优化物流流程、提高能源利用效率、减少碳排放等措施，可以实现物流运作的绿色化转型。

1. 优化物流网络布局

合理规划物流中心、仓库和配送站点的布局，通过建立区域性的物流枢纽，集中处理多个赛事或活动的物资需求，减少分散运输带来的额外成本和环境负担。以达到减少运输距离和次数，降低能源消耗和排放的目的。

2. 推广节能减排运输工具

鼓励使用电动汽车、氢能源汽车等新能源物流车辆，减少对传统燃油车的依赖。同时对运输工具进行定期维护和保养，确保其处于良好的工作状态，减少能耗和排放。此外，探索使用公共交通工具、拼车等方式来降低单次运输的能耗也是新的思路。

3. 实施智能化调度与管理

利用物联网、大数据等技术手段，对物流运输过程进行智能化调度和管理。通过精准预测物资需求、优化配送路线、提高装载率等措施，可以减少无效运输和空驶现象，达到提高物流运作效率并降低能耗的目的。

（二）环保包装材料的使用

包装材料是物流过程中不可或缺的一部分，但其对环境的影响也不容忽视。推广使用环保包装材料，减少包装废弃物，是现代体育物流实现可持续发展的重要途径。

1. 可降解与可回收材料的应用

鼓励在进行赛事装备和补给品的包装时使用生物基材料、纸质材料、可降解塑料等能够自然降解或回收再利用的环保包装材料，用其替代传统的、难以降解的塑料包装，以减少对环境的污染。

2. 减少包装用量与优化包装设计

在保证包装强度的前提下，尽量减少包装材料的用量，避免过度包装。可以采用模块化包装设计，使得包装件能够灵活组合以适应不同尺寸和形状的物资。优化包装设计，提高包装的抗压性、防水性和抗震性，确保物资在运输过程中安全无损。

3. 建立包装回收体系

鼓励赛事组织者、物流公司以及消费者共同参与包装回收工作。通过建立完善的包装回收体系，设置回收站点、提供回收奖励等措施，提高包装回收率并降低废弃物产生量。加强与其他行业的合作与交流，共同探索包装废弃物的综合利用途径。

（三）构建绿色物流生态体系

实现现代体育物流的可持续发展，需要构建一个完整的绿色物流生态体系。这个体系包括政府、企业、消费者以及社会各界在内的多元主体共同参与和协作。

1. 政策支持与引导

政府应出台相关政策措施支持绿色物流的发展。例如，对使用新能源物流车辆、采用环保包装材料的企业给予税收优惠或补贴；制定严格的环保法规和标准约束物流行业的碳排放和废弃物产生量等，引导物流行业向绿色低碳方向发展。

2. 企业责任与担当

物流企业应承担起相应的社会责任和环保义务。通过技术创新和管理优化降低能耗和排放；积极采用环保包装材料减少废弃物的产生；加强员工环保意识教育，提高员工整体素质等举措，提升企业的社会形象和竞争力，推动整个行业的可持续发展。

3. 消费者参与与反馈

消费者的选择与反馈会对物流行业的可持续发展产生重要影响。通过宣传教育提高消费者的环保意识；鼓励消费者选择使用环保包装材料的商品和服务；建立消费者反馈机制，及时了解并改进物流过程中的环保问题等措施，将有助于形成全社会共同参与绿色物流发展的良好氛围。

由此可见，采用绿色低碳和环保包装材料是现代体育物流实现可持续发展的关键途径。通过优化物流网络布局、推广节能减排的运输工具、实施智能化调度与管理等策略，可以有效实现绿色低碳的物流运作。应用可降解与可回收材料、减少包装用量、优化包装设计，以及建立包装回收体系等措施，将进一步推动环保包装材料的普及和应用。同时，构建一个涵盖政府、企业、消费者等多方参与的绿色物流生态体系，能够为现代体育物流的可持续发展提供坚实的保障。这种生态体系的建立，不仅有助于提升物流行业的整体环保意识，还能够促进相关政策的制定和执行，激励企业采取更加环保的物流实践，引导消费者形成绿色消费习惯。通过实施这些综合措施，现代体育物流将在支持体育产业可持续发展的同时，并有望为环境保护作出积极贡献。

第四节　体育物流服务模式与切入策略

体育物流作为体育赛事成功举办的关键支撑，其服务模式与切入策略直接关乎赛事的顺利进行与整体效果。随着体育赛事规模的不断扩大和复杂性的提升，体育物流服务已不再局限于简单的物资配送，而是逐步向供应链优化、成本控制、风险管理及定制化解决方案等多元化方向发展。本节将深入探讨体育物流服务模式的构建与优化路径，通过案例分析与实践效果评估，揭示不同服务模式在实际应用中的成效与挑战，为体育物流行业的持续创新与发展提供有益借鉴。

一、服务模式构建与优化

在现代体育物流的广阔舞台上,服务模式的构建与优化不仅是确保物流作业高效流畅的关键,更是满足体育赛事多样化和个性化需求的重要途径。随着体育赛事规模的不断扩大和复杂性的提升,体育物流服务不再仅仅局限于简单的物资配送,而是逐渐演变为涵盖供应链优化、成本控制、风险管理及定制化解决方案在内的综合体系。根据王光军等人的深入研究,体育物流服务模式可细分为六种基本类型,每种类型均具备独特的运作机制和适用场景,为体育物流服务的精准实施提供了宝贵的参考框架。

(一)现有服务模式回顾与深化

1.链式体育物流服务模式

此模式强调物流服务的一体化与供应链管理的深度优化,并构建了一个高度集成且独立的物流服务系统。它不仅注重各环节的无缝对接,还能够充分利用信息技术实现信息流的快速传递与共享,确保体育赛事物资在采购、存储、配送等各个环节中的高效协同。链式服务模式通过减少中间环节提高了物流响应速度,为大型综合性体育赛事提供了坚实的物资保障。

2.网络组织体育物流服务模式

此模式通过整合多家物流企业的优势资源,逐步形成了一个跨企业的物流服务网络。其中,各物流企业基于共同的目标和利益进行合作,共享资源、分摊成本,实现了物流服务的规模效应和成本节约。通过这种灵活多样性,能够快速适应不同体育赛事的多样化需求,有效降低了单一企业运营的风险。

3.专业体育物流服务模式

此模式以高度的专业性和针对性,专注于某一特定体育项目或赛事的物流服务。该模式能够深入理解项目需求,提供定制化物流解决方案,如针对冬季运动的特殊装备运输、冷链管理等。专业体育物流服务商凭借其在特定领域的深厚积累,有效提升了物流服务的专业水平和客户满意度。

4.联盟体育物流服务模式

此模式克服了单一企业服务能力的局限性,通过多家专业物流公司之间的合作与资源共享，实现了物流资源的全面整合与高效利用。在这种模式下，各成员企业基于共同利益，协同作业，共同应对体育赛事物流中的复杂挑战，为赛事组织者提供了更为全面、可靠的物流支持。

5. 综合体育物流服务模式

此模式通过一系列作业的整合，为体育赛事提供全方位、多样化的物流服务。它不仅覆盖了物资采购、库存管理、配送等常规物流环节，还延伸至现场服务、赛后回收等多个方面。综合服务模式尤其适用于小型或专项体育赛事，通过提供"一站式"解决方案，显著提升了赛事组织的便捷性和效率。

6. 缝隙体育物流服务模式

此模式针对特定比赛活动，可以提供低成本、灵活多变的物流服务。但要求物流服务商具备敏锐的市场洞察力和高效的创新能力，且能够在赛事需求出现临时变动时迅速调整服务方案。缝隙服务模式虽然服务层次相对较低，但在应对突发事件和短期赛事需求时具有不可替代的作用。

（二）服务模式的探索与实践

在深入探讨当前体育物流服务模式的基础之上，其优化策略已成为提升物流效能与服务质量的核心议题，这一过程不仅关乎技术层面的革新，更触及服务理念与生态构建的根本性变革。具体而言，服务模式的优化方向可细化为以下三个层面，旨在全方位推动体育物流行业的转型升级。

1. 强化信息技术融合，引领物流智能化升级

在信息技术日新月异的今天，体育物流服务的优化其首要任务在于深度整合物联网、大数据、人工智能等前沿技术，构建智慧物流体系。这要求物流企业加大对信息技术的投资与应用力度，实现物流全链条的可视化监控与智能化管理。通过物联网技术，实现货物从起点到终点的实时追踪与状态监测，确保信息的准确无误与及时传递；借助大数据技术对海量物流数据进行深度挖掘与分析，预测物流需求趋势，优化资源配置，提升决策的科学性与前瞻性；而人工智能的融入，则能进一步推动物流作业的自动化与智能化，如智能分拣、无人驾驶物流车辆等，大幅提高了作业效率与精准度。

2. 动绿色物流服务，践行可持续发展理念

随着全球对环境保护意识的增强，体育物流服务模式的绿色化转型势在必行。这要求物流企业在保障物流效率与服务质量的同时，积极采取环保措施，减少物流活动对环境的影响。具体而言，建议推广使用可降解、可循环的环保包装材料，减少一次性塑料制品的使用；鼓励并采用电动物流车、氢能物流车等清洁能源运输工具，降低碳排放；同时，优化物流路径规划，减少空驶率与无效运输，提高能源利用效率。此外，物流企业还应加强绿色物流理念的宣传与教育，引导消费者形成绿色消费习惯，共同推动体育物流行业的可持续发展。

3. 深化跨领域合作，共创体育物流新生态

面对日益复杂多变的体育赛事物流需求，仅凭一己之力已难以应对，跨企业、跨领域的合作与交流成为必然选择。体育物流企业应积极寻求与体育赛事主办方、赞助商、媒体机构等多方合作，共同探索创新服务模式，如定制化物流解决方案、"一站式"物流服务等，以更好地满足体育赛事的多样化需求。同时，加强与行业协会、科研机构、高校等单位的合作，开展联合研发与人才培养，促进技术创新与成果转化，为体育物流服务模式的持续优化提供智力支持。通过构建体育物流生态圈，整合上下游资源，实现物流、信息流、资金流的深度融合等手段，提升整个产业链的竞争力与协同效应。

体育物流服务模式的优化是一个系统工程，需要从技术融合、绿色转型、跨领域合作等多个维度同步推进。通过持续构建与优化体育物流服务模式，不仅能够显著提升体育赛事的物流运作效率与服务质量，为体育赛事的成功举办提供坚实的保障，更将有力推动体育产业的健康发展与持续繁荣。

（三）服务模式的演进与创新

进入新时代以来，体育物流服务模式经历了前所未有的变革与创新，这一过程紧密伴随科技的飞速发展和市场需求的深刻变化。这一演进不仅重塑了体育物流的面貌，更为体育产业的高质量发展注入了新的活力。

1. 技术驱动的创新

随着现代信息技术特别是物联网、大数据和人工智能的飞速发展，体育物

流领域迎来了前所未有的技术革新。物联网技术凭借其强大的数据采集与处理能力，通过遍布物流网络中的传感器和 RFID 标签，实现了对物流包裹的全方位、实时追踪与监控。这不仅极大地提高了物流过程的透明度，还确保了赛事装备、运动员补给等关键物资在运输过程中的安全无误。在重大体育赛事中，这一技术的应用更为赛事的顺利进行提供了强有力的保障。

大数据技术同样在体育物流中扮演着至关重要的角色。通过对海量物流数据的收集、整理与分析，物流管理者能够深入挖掘数据背后的价值，发现物流运作中的潜在规律与问题，从而制定出更加科学合理的库存管理和运输路径优化策略。这不仅有助于降低库存成本，提高运输效率，还能在面对突发事件时迅速做出反应，确保物流系统的稳定运行。

2. 市场需求的适应

随着消费升级和消费观念的转变，消费者对体育物流服务的需求日益个性化、定制化。需要不断创新，力求提供更加灵活、多样的体育物流服务方案来满足市场需求。通过建立供应链协同平台，各供应链节点之间实现了信息的无缝对接与实时共享，有效解决了信息不对称的问题。这种协同机制不仅有助于及时发现并解决生产延误、库存积压等供应链"瓶颈"问题，还增强了供应链的弹性和响应速度，确保了物流服务的顺利进行。

3. 绿色物流的兴起

在全球环保意识日益增强的背景下，绿色物流理念逐渐深入人心，并成为体育物流服务模式创新的重要方向。在体育物流领域，通过推广使用环保包装材料、优化运输路线减少碳排放、鼓励使用电动或氢能物流车辆等措施，实现了物流活动的绿色转型。这些举措不仅有助于减少对环境的影响，提升企业的社会责任感，还符合可持续发展的长远目标，有效提升了体育产业的品牌形象和市场竞争力。

4. 跨界融合的趋势

近年来，体育物流开始与其他行业进行深度融合，如将体育赛事、娱乐等元素与旅游紧密结合，为游客提供更加丰富多样的旅游体验，形成了跨界合作的新模式。这种跨界融合不仅打破了传统行业的界限，还为体育物流带来了新的发展机遇。在这一过程中，体育物流作为重要的支撑环节，通过与旅游产业的深度合作，实现了服务模式的创新与升级。这种跨界融合不仅丰富了体育物流的内涵和外延，还推动了整个体育产业生态的繁荣发展。

综上所述，体育物流服务模式的演进与创新对推动体育产业高质量发展起到了关键作用。技术驱动的创新、对市场需求的适应、绿色物流的兴起以及跨界融合的趋势，这些因素共同促进了体育物流服务效率和质量的提升，并为体育产业的可持续发展打下了坚实的基础。展望未来，技术的持续进步和市场需求的多元化将为体育物流服务模式带来更广阔的发展空间和更丰富的创新实践机会。

（四）构建策略

在深入探讨如何构建高效的体育物流服务模式时，资源整合与技术创新的深度融合成为核心驱动力，它们相辅相成，共同推动了体育物流行业的升级与发展。这就要求物流企业要勇于突破传统运营模式的界限，在全球化、数字化的时代背景下，通过创新合作机制和技术应用，实现物流资源的最优化配置与高效利用。

1. 资源整合的深度探索

资源整合是体育物流服务模式创新的基础。在这一过程中，物流企业需积极寻求与赛事组织者、场馆运营方、装备制造商及其他物流服务提供商的紧密合作，通过战略联盟的形式，共享资源、互通有无，从而构建一个全面覆盖赛事筹备、执行到后续保障的全方位物流服务网络。在有效降低单个企业运营成本的同时，还能显著提升整体物流系统的响应速度和灵活性。具体而言，合作双方或多方可共同制定统一的物流标准和服务流程，确保各环节的无缝对接，同时利用各自的专长和资源优势，实现互补共赢。

2. 技术创新的深度应用

技术创新则是体育物流服务模式优化的灵魂。随着物联网、大数据分析、云计算和人工智能等现代信息技术的飞速发展，体育物流行业正迎来前所未有的变革机遇。这些先进技术不仅能够实现库存管理的智能化、物流状态的实时监控和需求预测的精准化，还能通过算法优化路径规划、提高分拣效率，降低人力成本。通过物联网技术的应用，每一件物流商品都能被精准追踪，有效降低了货物丢失或延误的风险。使用大数据对历史数据进行深入挖掘，可以发现潜在的物流"瓶颈"和需求增长点，为企业决策提供科学依据。

3. 策略构建的多元化考量

在构建高效的体育物流服务模式时，还需综合考虑客户需求、灵活性与适应性以及成本效益等多方面因素。以客户需求为导向，通过市场调研和用户反馈，深入理解不同体育赛事对物流服务的个性化需求，从而提供量身定制的服务方案。这包括但不限于赛事装备的定制化配送、现场紧急物资的即时补给等。在面对复杂多变的赛事环境和突发情况时，物流服务系统需要具备高度的灵活性和适应性，能够快速调整服务方案，确保赛事的顺利进行。成本效益分析是任何商业活动的基石，体育物流服务也不例外。在保证服务质量的前提下，通过优化物流网络布局、采用先进的物流技术和设备、提高资源利用率等手段，不断降低运营成本，实现经济效益和社会效益双赢。

4. 未来展望与持续创新

展望未来，随着全球体育产业的蓬勃发展和技术创新的不断加速，体育物流服务模式将面临更多挑战与机遇。一方面，随着消费者对赛事体验要求的日益提高，物流服务将更加注重个性化和精细化；另一方面，环境保护和可持续发展将成为行业发展的重要议题，绿色物流、低碳物流将成为未来的发展趋势。体育物流企业需要持续加大技术创新和资源整合力度，积极探索新的服务模式和应用场景，紧跟时代步伐，为体育产业的高质量发展贡献力量。

（五）优化实践

在体育物流领域，优化实践不仅是提升服务质量和效率的关键路径，更是推动整个冰雪产业高质量发展的核心动力。通过持续的流程改进、技术集成应用、客户反馈机制的建立和完善，可以构建成熟的体育物流服务模式，并实现从量变到质变的飞跃。以下是笔者对这一过程的深入剖析与扩展。

1. 持续的流程改进：从精益管理到智能优化

体育物流服务的持续优化要求物流企业具备高度的灵活性和前瞻性。引入精益物流理念，意味着不仅要减少浪费，更要追求流程的最优化和效率的极致提高。这包括但不限于对仓库布局、货物搬运路径、包装标准化等方面的精细化调整。随着物联网、大数据、人工智能等先进技术的不断发展，物流服务模式也需将智能算法融入流程优化中，通过预测分析技术预测赛事物资需求，提前规划物流方案，减少因信息不对称造成的资源浪费和延误，实现物流作业的自动化与智能化决策。

2. 技术集成应用：打造透明化、可追溯的物流体系

技术集成应用是现代体育物流服务模式的显著特征之一。将RFID、GPS、物联网等先进技术深度融合到物流作业中，不仅能够实现库存管理的实时化、精准化，还能大幅提升货物追踪能力，确保物流信息的透明度和可追溯性。例如，在每件物资上嵌入RFID标签，物流企业就可以实时掌握物资的位置、状态信息，有效防止丢失和误操作。同时，结合大数据分析，物流企业能够精准预测库存需求，优化库存结构，降低库存成本。这种技术集成应用的模式，不仅提高了物流作业的效率，也为赛事组织者提供了强有力的物资保障和支持。

3. 客户反馈机制：构建以客户为中心的服务体系

在体育物流服务中，客户反馈机制是连接物流服务提供者与赛事组织者的桥梁。一个有效的客户反馈系统能够及时收集并分析赛事组织者、观众等各方对物流服务的意见和建议，从而指导物流企业对服务策略进行动态调整。通过建立多渠道、多形式的反馈渠道，如在线调查、现场访谈、社交媒体互动等，物流企业能够更全面地了解客户需求，快速响应市场变化。在增强客户满意度和忠诚度的同时，也提升了物流企业的市场竞争力。

4. 深化跨界合作：共创体育物流新生态

物流企业需要积极拓展跨界合作，进一步提升体育物流服务模式的优化效果。与非物流行业的企业建立战略伙伴关系，共同探索新的服务模式和应用场景。例如，与体育赛事主办方合作，深入了解赛事特点和需求，定制化开发物流解决方案；与科技公司合作，引入更先进的物联网、人工智能等技术，提升物流作业的智能化水平；与新能源车企合作，推广绿色物流理念，实现低碳环保的物流运输。丰富物流企业的服务内涵和竞争力，为整个冰雪产业的绿色发展注入新的活力。

5. 应对挑战与持续优化

体育物流服务模式在持续优化中取得显著成效的同时，仍面临诸多挑战。

新兴技术的快速迭代要求物流企业不断提升员工的技术素养和创新能力；市场环境的复杂多变则需要物流企业建立更加灵敏的风险管理机制。物流企业需加强内部培训和技术支持体系建设，提升员工对新技术的掌握和应用能力，建立健全风险预警和应对机制，确保物流服务的稳定性和可持续性。持续推动跨界合作和创新实践，此是应对挑战、保持竞争力的关键所在。

体育物流服务模式的优化实践是一个系统工程，涉及流程改进、技术应用、客户反馈和跨界合作等多方面。通过不断深化这些方面的实践和经验的积累总结，体育物流服务将能够更好地适应市场变化、满足客户需求、提升整体服务质量，为冰雪产业的高质量发展贡献重要力量。

二、案例分析与实践效果

在深入探讨体育物流服务的实践效果与案例分析之前，有必要对案例研究的重要性及选取标准做一简要阐述。体育物流服务作为支撑大型体育赛事顺利进行的关键环节，其运作效率与服务质量直接关乎赛事的成败。通过剖析具有代表性的成功案例，可以直观感受到体育物流服务在实战中的卓越表现，并从中提炼出可复制、可推广的经验与教训。案例的选择需兼顾典型性、代表性和时效性，确保所分析的内容既具有普适价值，又能紧跟时代步伐，为当前及未来的体育物流服务提供有力指导。接下来，笔者将聚焦于几个精心挑选的案例，深入剖析其背景、服务模式、实践效果及面临的挑战，以期为我国体育物流服务的持续优化与创新提供宝贵借鉴。

（一）案例选择与背景介绍

在探讨体育物流服务的实际应用与成效时，选择具有代表性的案例至关重要。2008年，北京奥运会作为全球瞩目的体育盛事，其物流服务不仅规模宏大，复杂度高，而且对精准性、时效性和全面性有着极高的要求。

北京奥运会的物流服务涵盖了赛事装备的快速调配、运动员饮食起居的全面保障、观众服务的周到安排等多个方面，每一个环节都紧密相扣，共同支撑起这场体育盛宴的顺利进行。这场物流盛宴的成功举办，向世界展示了中国体育物流服务的顶尖水平，更为后续大型体育赛事的物流服务提供了宝贵的参考模板和实践经验。

（二）服务模式应用分析

北京奥运会的综合体育物流服务模式让全世界有目共睹。这一模式通过跨企业合作，有效整合了各类物流服务资源，形成了一个高效协同、灵活应变的物流服务网络。赛事组织者精心挑选并携手多家专业物流服务供应商，共同构建了覆盖赛事全周期的物流服务体系。

从服务模式的具体应用来看，北京奥运会物流服务团队在赛前进行了详尽的物资筹备工作，包括赛事所需装备的全球采购、本地化存储与预处理，以及定制化运输方案的制定等。在充分考验团队采购与供应链管理能力的同时，更彰显了我国物流服务的智能化和精细化水平。赛中，物流团队则依托先进的信息化管理系统，实现了物资的即时追踪与精准配送，确保了比赛现场各类物资的稳定供应和高效利用。

北京奥运会物流服务实施流程中融入了绿色、环保的理念。在赛后的物资回收与再利用环节，物流团队与环保部门紧密合作，对废旧物资进行了科学分类与妥善处理，既减少了资源浪费，又保护了生态环境。这一举措不仅体现了现代体育物流服务的全面性，也展现了其在可持续发展方面的积极贡献。

（三）实践效果与挑战应对

北京奥运会的物流服务案例，是体育物流服务模式在实际应用中的成功典范。该模式通过资源整合与协同作战，有效提升了物流服务的整体效率和响应速度，为赛事的顺利进行提供了坚实的保障。为了确保各项物流任务的精准执行和高效完成，团队在赛前、赛中和赛后的全流程管理中，物流服务均展现出高度的专业性和责任心。

然而，大型体育赛事的物流服务也面临着诸多挑战，面对物流需求的多样性和复杂性，物流服务团队必须具备强大的应变能力和创新能力。赛事期间可能出现的极端天气、交通拥堵等不可预见因素，也对物流服务的稳定性和安全性提出了更高要求。北京奥运会物流服务团队通过制定周密的应急预案、加强员工培训、引入先进科技手段等措施，有效提升了物流服务的抗风险能力和整体韧性。

（四）实践效果评估

在对体育物流服务模式的实践效果进行评估时，除了关注其对物流效率的直接提高，还需深入分析其对成本结构的影响，以及客户满意度的多维度变化等因素。这一评估过程需基于详尽的数据分析和用户反馈，以全面、客观地反映各服务模式的优劣。

1. 自营配送模式的实践效果

自营配送模式以其高度的自主性和灵活的配送能力，在大型国际体育赛事，如奥林匹克运动会、世界杯足球赛等体育赛事物流中占据重要地位，展现出了其强大的组织动员能力和高效的执行能力。通过整合自有资源和专业团队，该模式能确保赛事期间物流活动的顺畅进行，满足大量、紧急的物资需求。不可忽视的是，自营配送模式需要赛事组织者投入大量资金和人力资源，其建设和维护成本高昂。因此，如何平衡投入与产出，实现成本效益最大化，是该模式面临的重大挑战。

自营配送模式通过精细化的管理和调度，有效缩短了物资从仓库到赛场的运输时间，降低了延误风险。为适应赛事期间的复杂物流环境，可以根据赛事需求增加临时仓库、调整配送路线等进行灵活调整。但随着赛事规模的扩大和物流需求的增加，自营配送模式在资源调配、人员管理等方面的压力也显而易见，需要不断优化和完善。

2. 第三方配送模式的实践效果

相比之下，第三方配送模式以其开放性、平等性、法制性和竞争性在中小型体育赛事中表现出色。该模式利用市场机制引入多家物流企业参与竞争，通过优胜劣汰机制推动服务质量不断提升和技术持续改进。由于第三方物流企业专注于物流服务领域，具备丰富的经验和专业的技能，能够有效降低赛事组织者的物流风险和成本。

在实践中，第三方配送模式通过构建完善的物流网络和信息系统，实现了对物流过程的全程监控和管理。赛事组织者只需与第三方物流企业签订合作协议，即可享受到高效的物流服务和专业的技术支持。第三方物流企业为了满足赛事组织者的多样化需求，还能根据赛事需求提供定制化的物流解决方案。但不可回避的现实情况是，第三方物流企业在服务质量上存在参差不齐，赛事组织者需要评估其信誉、实力和经验，谨慎选择合作对象。

3. 自主共同配送模式的实践效果

自主共同配送模式通过资源整合和配置优化，结合自营配送和第三方配送的优点，提高配送的灵活性和效率。该模式鼓励多个赛事组织者或物流企业共同建立配送平台，共享资源、降低成本、提高效率。在实践中，自主共同配送模式通过集中采购、统一调度、共同配送等方式，实现了物流资源的最大化利用。

例如，在某地区的多项体育赛事中，主办方通过联合建立共同配送中心，实现了对赛事物资的集中管理和高效配送。各赛事组织者根据实际需求向配送中心提交订单，配送中心则根据订单信息统一采购、分拣、打包和配送物资。通过引入智能化技术和信息化手段，这种模式不仅降低了单个赛事的物流成本，还提高了整体物流效率，实现了对物流过程的实时监控和管理，确保物资安全和及时送达。

（五）问题与挑战

体育物流服务模式在实践中取得了一定的成效，这一点有目共睹，但仍存在不少问题和挑战。物流设备的不适应性是限制体育物流发展的关键问题之一。由于体育赛事对物流设备的特殊要求，现有设备往往难以满足这些高标准，导致物流企业在执行长距离、高安全要求的运输任务时面临困难。因此，加强物流设备的研发和升级显得尤为迫切。供需矛盾也是体育物流面临的重大挑战。在大型体育活动期间，物流需求的急剧增加与地方物流企业的服务能力和资源有限之间的矛盾，在可能影响赛事顺利进行的同时，还可能引发安全问题和社会矛盾。有效缓解这一矛盾，实现物流资源的优化配置，是当前亟须解决的问题。专业化人才的缺乏同样制约着体育物流的发展。体育物流因其特殊性和专业性，对从业人员的专业技能和素质有较高要求。目前，市场上缺乏具备相关经验和技能的物流人才，这直接影响了体育物流服务的质量和效率。因此，加强人才培养和引进是推动体育物流发展的关键措施。

物流结点的散乱和物流服务供给能力的滞后也是体育物流面临的问题。体育赛事的分散性和不确定性导致物流结点难以形成有效的网络体系，物流资源无法得到充分利用。同时，部分物流企业的服务能力有限，难以满足赛事的多样化需求，因此加剧了供需矛盾。加强物流结点建设和优化物流服务供给能力，是提升体育物流服务质量和效率的重要途径。同时我们应看到，信息化水平不足也是体育物流发展中不可忽视的一个问题。在现代物流中，信息技术的应用对于提高物流效率、降低成本、优化资源配置具有重要作用。体育物流在信息化建设方面的不足，限制了物流服务的智能化和自动化水平，更影响着物流服务的响应速度和准确性。环境和可持续性问题也是体育物流需要面对的挑战。随着全球对环境保护和可持续发展的重视，体育物流需要在运输、仓储、配送等各个环节中采取环保措施，减少对环境的影响。需要物流企业切实提高环保意识，在实际操作中采取使用环保材料、优化运输路线、提高能源利用效率等具体措施。

可以看到，体育物流在发展过程中面临着诸多的问题和挑战，需要行业内外通过技术创新、人才培养、信息化建设、环境保护等措施，共同努力和协作，推动体育物流服务模式的持续优化和发展。

（六）总结与启示

通过对体育物流服务模式的案例分析和实践效果评估，我们获得了一系列有价值的启示。体育赛事的类型多样，对物流服务的需求也各有差异，需综合赛事规模、物流量和安全要求等因素，选择最合适的物流服务模式。大致可以归纳如下：自营配送模式可能更加适宜大型国际体育赛事，而中小型体育赛事更倾向于第三方配送或自主共同配送模式。

物流基础设施的建设和人才培养是提升物流服务质量的基石。面对物流设备简陋和落后的问题，必须增加研发投入和推动技术创新，促进物流设备的现代化升级。通过加强对物流人才的培养和引进，建立完善的培训和教育机制，培养专业技能和素质兼备的物流人才等措施，为体育物流的发展提供坚实的支撑。

建立应急机制和优化物流配送流程对于应对突发事件和提高物流效率至关

重要。体育赛事期间可能遇到的各种突发事件对物流服务提出了更高要求。建立完善的应急机制，可以有效应对突发事件，并优化物流配送流程，努力提升物流效率和服务质量。利用智能化技术和信息化手段监控物流过程、预测物流需求、优化配送路线等措施，都将有助于提升物流服务的整体效能。

政策引导和支持对于推动体育物流发展同样重要。政府应出台财政补贴、税收优惠等激励措施，鼓励和支持体育物流的发展，加强对物流企业的监管和指导，确保物流服务质量和安全性的提升。政府、企业和社会各界的共同努力将推动体育物流向更加专业化、高效化的方向发展，并为现代体育赛事的成功举办提供有力保障。

此外，信息化建设是提高物流服务效率的关键。体育物流应加强信息技术的应用，通过构建先进的信息系统，实现物流过程的透明化和智能化，提高响应速度和准确性。在完善过程中，环境保护和可持续发展问题更是不容忽视。

体育物流服务模式的优化和发展，需要多方面的努力和创新。通过选择合适的服务模式、加强基础设施和人才培养、建立应急机制、优化配送流程、加强政策引导和支持，以及推动信息化建设和可持续发展，体育物流将能够更好地适应现代体育赛事的需求，并为体育产业的繁荣发展提供坚实的物流保障。

第四章

新质生产力与冰雪产业

第一节　新质生产力的内涵与特征

在快速迭代的科技浪潮中，新质生产力正逐渐成为推动各行各业转型升级的关键力量。它不仅是技术层面的革新，更是对传统生产模式、服务流程乃至整个产业生态的深刻重塑。冰雪产业作为融合体育、旅游、文化等多元素的综合性领域，正逐步展现出对新质生产力的迫切需求与无限期待。本节将深入探讨新质生产力的内涵与特征及其对冰雪产业的深远影响，旨在为未来冰雪产业的可持续发展提供理论支撑与实践指导。

一、定义与内涵

新质生产力作为一个融合了现代信息技术、智能技术及新兴管理理念的综合概念，其本质在于通过创新技术和高效管理模式，对传统生产力和服务流程进行根本性的改造与升级，从而创造出前所未有的生产效率与价值创造能力。在冰雪产业这一特定领域，新质生产力的引入不仅深刻改变了冰雪赛事的组织方式、冰雪旅游的服务体验，还极大地推动了冰雪装备制造的技术革新与市场拓展，为冰雪产业的高质量发展注入了强劲动力。新质生产力的内涵主要体现在以下四个方面。

（一）信息技术的深度融合

新质生产力的核心在于信息技术的广泛应用与深度融合。物联网、大数据、云计算、人工智能等先进技术的引入，使得冰雪产业中的各个环节实现了信息的实时传递与智能处理。这不仅大幅提高了数据处理的效率与准确性，还为企业决策提供了强有力的数据支持，促进了冰雪产业运营管理的精细化与智能化。

（二）智能设备的广泛应用

随着自动化、智能化技术的不断进步，各类智能设备在冰雪产业中得到了广泛应用。从智能穿戴设备到自动化仓储系统，从无人机物流配送到智能温控系统，这些智能设备的引入不仅提高了生产作业的自动化水平，还显著降低了人力成本，提高了整体运营效率。特别是在冰雪赛事的筹备与执行过程中，智能设备的应用确保了赛事装备的快速调配与精准送达，为赛事的顺利进行提供了坚实的保障。

（三）管理模式的创新升级

新质生产力的实现离不开管理模式的创新升级。传统的冰雪产业管理模式往往侧重于经验积累与人为判断，而新质生产力则强调数据驱动与科学管理。通过引入先进的供应链管理理念、精益生产模式以及敏捷管理方法，冰雪企业能够在复杂多变的市场环境中快速响应需求变化，实现资源的优化配置与高效利用。同时，这种管理模式的创新还有助于提升企业的组织灵活性与竞争力，为冰雪产业的长期发展奠定坚实的基础。

（四）跨界融合与协同创新

新质生产力的内涵还体现在跨界融合与协同创新方面。冰雪产业作为一个综合性产业，其发展离不开与其他行业的紧密合作与资源共享。通过与现代体育物流、智能制造、电子商务等行业的跨界融合，冰雪企业能够借助外部力量实现技术与市场的双重突破。同时，鼓励内部创新与外部合作相结合，从而形成协同创新的新格局，以有力推动冰雪产业的技术进步与产业升级。

可见，新质生产力在冰雪产业中的内涵是丰富的、多维度的。它不仅涵盖了信息技术的深度融合、智能设备的广泛应用以及管理模式的创新升级等多个方面，还强调了跨界融合与协同创新的重要性。这些内涵的共同作用，为冰雪产业的高质量发展提供了强有力的支撑与保障。在未来的发展过程中，冰雪产业应继续深化对新质生产力的认识与应用，不断推动技术创新与管理升级，以实现更加持续、稳健的发展目标。

二、新质生产力的特征及其对冰雪产业的潜在影响

新质生产力作为当代社会经济发展的重要驱动力，其内涵丰富且特征鲜明。它不仅代表了技术的革新与进步，更蕴含着生产组织方式、资源配置模式以及经济社会结构等多方面的深刻变革。对于冰雪产业而言，这些特征既带来了前所未有的发展机遇，也提出了新的挑战与要求。以下笔者将从技术先进性、创新驱动性、产业融合性、生态友好性、市场适应性以及社会影响性六个方面，详细阐述新质生产力的特征及其对冰雪产业的潜在影响。

（一）技术先进性：推动冰雪产业技术升级

1. 高精度模拟与仿真技术

技术概述：随着计算机技术的飞速发展，高精度模拟与仿真技术在冰雪产业中得到了广泛应用。通过构建虚拟环境，可以模拟不同气候条件下的冰雪运动场景，为运动员提供精准的训练数据和反馈，进而提高训练效果。

潜在影响：该技术有助于冰雪产业实现科学化、精准化训练，提升运动员竞技水平。同时，模拟技术还可用于赛事策划、场地设计等领域，为冰雪赛事的举办提供有力支持。

2. 智能化装备与器材

技术概述：智能化装备与器材是新质生产力在冰雪产业中的又一重要体现。通过集成传感器、物联网、大数据等先进技术，冰雪运动装备能够实现实时监测、数据分析等功能，为运动员提供更加个性化、智能化的服务。

潜在影响：智能化装备与器材的普及将极大地提升冰雪运动的体验感和安全性。同时，这些装备还能帮助运动员更好地了解自己的运动状态，优化训练计划，提高竞技表现。此外，智能化装备还将促进冰雪装备制造业的转型升级，推动相关产业链的协同发展。

（二）创新驱动性：激发冰雪产业创新活力

1. 创新主体多元化

现状分析：在新质生产力的推动下，冰雪产业的创新主体逐渐呈现出多元化的趋势。除了传统的冰雪运动俱乐部、赛事组织方，科技企业、高校、研究机构等也纷纷加入冰雪产业的创新行列中。

潜在影响：创新主体的多元化有利于形成协同创新、共享资源的良好氛围，推动冰雪产业在技术创新、模式创新、管理创新等方面取得突破。同时，多元化的创新主体还将为冰雪产业注入新的活力，促进产业结构的优化升级。

2. 创新模式多样化

模式探索：新质生产力的发展为冰雪产业提供了多样化的创新模式。例如，通过"互联网+冰雪"的模式，可以打造线上线下相结合的冰雪运动服务平台；通过"冰雪+旅游"的模式，可以推动冰雪旅游产业的融合发展；通过"冰雪+教育"的模式，可以培养更多优秀的冰雪运动人才。

潜在影响：多样化的创新模式有助于拓展冰雪产业的发展空间和市场边界，提升产业的竞争力和影响力。同时，这些创新模式还将促进冰雪产业与其他产业的深度融合，从而形成优势互补、互利共赢的发展格局。

（三）产业融合性：促进冰雪产业跨界融合

1. 冰雪产业与文化产业的融合

融合路径：新质生产力为冰雪产业与文化产业的融合提供了有力支持。通过挖掘冰雪文化的内涵和价值，可以打造具有地域特色的冰雪文化品牌和产品；通过举办冰雪文化节、冰雪艺术展览等活动，可以丰富冰雪产业的文化内涵和表现形式。

潜在影响：冰雪产业与文化产业的融合有助于提升冰雪产业的附加值和品牌影响力。同时，这种融合还将促进文化的传播和交流，增强民族文化的认同感和自豪感。

2. 冰雪产业与旅游产业的融合

融合实践：在新质生产力的推动下，冰雪产业与旅游产业的融合日益紧密。通过打造冰雪旅游目的地、开发冰雪旅游产品、提升旅游服务质量等措施，可以吸引更多游客参与冰雪旅游活动。

潜在影响：冰雪产业与旅游产业的融合将有力促进旅游业的转型升级和高质量发展。同时，这种融合还将带动相关产业的发展和就业的增加，为地方经济注入新的活力。

（四）生态友好性：引领冰雪产业绿色发展

1. 低碳环保理念的普及

理念推广：新质生产力的发展强调低碳环保和可持续发展理念。在冰雪产业的发展过程中，这一理念得到了广泛传播和实践。通过采用环保材料、节能技术等措施，可以降低冰雪产业的碳排放量和对环境的影响。

潜在影响：低碳环保理念的普及将引领冰雪产业向绿色、低碳、循环的方向发展。这不仅有助于保护生态环境和自然资源，还能提升冰雪产业的国际形象和社会竞争力。

2. 生态补偿机制的建立

机制构建：为了促进冰雪产业的绿色发展，需要建立健全生态补偿机制。通过政府引导、市场运作等方式，对在冰雪产业发展过程中受到影响的生态环境进行补偿和修复。

潜在影响：生态补偿机制的建立将有效保障生态环境的稳定和健康发展。同时，这一机制还将激励企业和个人积极参与生态环境保护和治理工作，从而形成全社会共同关注和参与的良好氛围。

（五）市场适应性：提升冰雪产业市场竞争力

1. 消费者需求多样化与个性化

市场趋势：随着新质生产力的不断发展，消费者的需求日益多样化和个性化。在冰雪产业中，这一趋势尤为明显。消费者不再满足于传统的冰雪运动体验，而是追求更加个性化、定制化的服务和产品。

潜在影响：为了满足消费者的多样化与个性化需求，冰雪产业必须不断创新和提升服务质量。通过引入新技术、新模式和新业态，冰雪产业可以开发出更多符合消费者需求的产品和服务，提升市场竞争力。同时，这也将促进冰雪产业内部的细分化和专业化发展，形成更加丰富的产业生态。

2. 市场全球化与竞争加剧

全球化趋势：在新质生产力的推动下，冰雪产业的市场逐渐呈现出全球化的趋势。越来越多的国家和地区开始重视冰雪产业的发展，通过举办大型冰雪赛事、建设冰雪旅游设施等方式吸引国际游客和投资者。

潜在影响：市场全球化不仅为冰雪产业带来了更广阔的发展空间，也加剧了市场竞争的激烈程度。为了在激烈的竞争中脱颖而出，冰雪产业必须不断提升自身的核心竞争力，包括技术水平、品牌影响力、服务质量等方面。同时，还需要加强国际合作与交流，共同推动冰雪产业的全球化发展。

（六）社会影响性：促进冰雪产业社会价值的实现

1. 提升民众健康水平

健康效应：冰雪运动作为一项全身性的有氧运动，对提升民众健康水平具有重要作用。通过参与冰雪运动，人们可以锻炼身体、增强体质、提高免疫力。

潜在影响：随着新质生产力的推动和冰雪产业的不断发展，将有更多的人有机会接触和参与到冰雪运动中来。这将有助于提升全民健康水平，促进健康中国的建设。

2. 增强社会凝聚力与文化认同感

社会功能：冰雪产业不仅是一项经济活动，还具有重要的社会功能。通过举办冰雪赛事、开展冰雪文化活动等方式，可以增强社会凝聚力和文化认同感。

潜在影响：在新质生产力的推动下，冰雪产业将更加注重社会价值的实现。通过打造具有地域特色的冰雪文化品牌和产品、举办高水平的冰雪赛事等活动，可以激发民众对冰雪文化的热爱和认同，增强社会凝聚力和文化自信心。同时，这些活动还将促进不同国家和地区之间的文化交流和互鉴，增进国际友谊与合作。

新质生产力通过推动技术升级、激发创新活力、促进产业融合、引领绿色发展、提升市场竞争力以及实现社会价值等多方面的努力，对冰雪产业产生了深远的影响，这也将必然不断推动冰雪产业向更高水平发展。未来，随着新质生产力的不断演进和冰雪产业的持续创新，我们有理由相信，冰雪产业将迎来更加广阔的发展前景和更加美好的明天。

第二节　新质生产力在冰雪产业中的应用

随着科技的飞速进步与产业结构的深刻调整，新质生产力正逐步成为推动各行各业转型升级的关键力量。在冰雪产业这一充满活力与潜力的领域，新质生产力的融入不仅为传统冰雪运动注入了新的活力，更引领着冰雪产业向智能化、高效化、多元化方向迈进。本节将深入探讨新质生产力在冰雪产业中的广泛应用及其带来的深远影响，揭示其在创新驱动、高效运营及跨界融合等方面所展现出的独特魅力与价值。

一、创新驱动性：新质生产力在冰雪产业中的核心引擎

在冰雪产业这一充满活力的领域，新质生产力的创新驱动性显得尤为重要。它不仅为冰雪产业带来了前所未有的技术革新，还深刻改变了产业的生产方式、服务模式和竞争格局。以下将从技术创新、模式创新、管理创新三个维度，详细探讨新质生产力在冰雪产业中的创新驱动性。

（一）技术创新：引领冰雪产业技术前沿

1. 数字化与智能化技术的深度融合

随着大数据、云计算、人工智能等技术的飞速发展，冰雪产业正经历着一场深刻的数字化与智能化变革。这些技术的应用不仅提高了冰雪运动的训练效率和竞技水平，还极大地丰富了冰雪旅游和冰雪娱乐的体验感。例如，通过智能穿戴设备实时监测运动员的身体状况和运动数据，为教练团队提供精准的反馈和科学的训练方案；利用虚拟现实（VR）和增强现实（AR）技术，为游客打造沉浸式冰雪旅游体验；通过物联网技术实现滑雪场地的智能化管理，提升运营效率和服务质量。

2. 新型材料与制造工艺的应用

新质生产力还推动了冰雪产业中新型材料和制造工艺的发展。在冰雪装备领域，轻量化、高强度、耐低温的新型材料被广泛应用于滑雪板、滑雪服、冰

刀等装备中，极大地提高了装备的舒适性和耐用性。同时，先进的制造工艺如3D打印、纳米技术等，也为冰雪装备的设计和生产带来了更多可能性，实现了个性化定制，满足了快速响应市场的需求。

3. 环保与可持续发展技术的探索

面对全球气候变化的挑战，冰雪产业也在积极探索环保与可持续发展技术。新质生产力为此提供了有力支持，包括清洁能源的应用、节能减排技术的研发以及冰雪资源的保护与再生利用等。例如，利用太阳能、风能等可再生能源为滑雪场供电供暖，通过优化制冷系统减少能源消耗和碳排放，开展冰雪融水回收利用和人工造雪技术研究等。

（二）模式创新：重塑冰雪产业生态体系

1. "互联网+冰雪"模式的兴起

新质生产力的发展推动了"互联网+冰雪"模式的兴起。通过互联网平台，冰雪产业可以实现线上线下融合发展，打破地域限制，拓展市场边界。例如，通过在线预订、票务销售、社交分享等方式，提升用户的体验感和参与度；通过大数据分析用户行为和偏好，精准推送个性化的产品和服务；通过构建冰雪运动社区和电商平台，促进产业链上下游的紧密合作和资源共享。

2. "冰雪+旅游"融合模式的深化

冰雪产业与旅游产业的深度融合是模式创新的又一重要体现。在新质生产力的支持下，冰雪旅游不再局限于单一的滑雪体验，而是向多元化、综合化的方向发展。通过打造冰雪小镇、冰雪度假村等旅游综合体，将冰雪运动、休闲娱乐、文化体验等多种元素融为一体；通过开发冰雪主题旅游产品，如冰雪音乐节、冰雪摄影展等，丰富旅游内涵和提升吸引力；通过加强与周边景区的联动合作，构建全域旅游格局和跨区域旅游线路。

3. "冰雪+教育"普及模式的推广

冰雪运动的普及和推广是冰雪产业持续发展的重要基础。新质生产力为"冰雪+教育"普及模式的推广提供了有力支持。通过引入智能教学系统、虚拟现实教学平台等先进技术手段，可以降低学习门槛和成本，提高教学效果和安全性；通过举办冰雪运动进校园活动、青少年冰雪赛事等方式，培养青少年对冰雪运动的兴趣和爱好；通过与高校、科研机构合作，开展冰雪运动科学研究和技术创新工作，推动冰雪运动教育和科研水平的不断提升。

（三）管理创新：提高冰雪产业运营效率

1. 精细化管理与智能化决策

新质生产力的发展使得冰雪产业的管理更加精细化和智能化。通过引入先进的信息管理系统和决策支持系统，可以实现对产业链各环节的实时监控和数据分析；通过运用人工智能算法进行数据挖掘和预测分析，为企业的战略规划和运营决策提供科学依据；通过优化资源配置和生产流程设计，提高资源利用效率和生产效益。

2. 灵活化组织与扁平化管理

新质生产力的出现也促进了冰雪产业组织结构的灵活化和扁平化。随着信息技术和通信技术的发展，企业可以更加便捷地实现跨地域、跨部门的协作与沟通；通过构建灵活多样的团队结构和激励机制，激发员工的创新精神和工作热情；通过减少管理层级和简化管理流程，提高决策效率和执行力度。

3. 风险管理与应急响应

在冰雪产业中，风险管理和应急响应是保障产业安全稳定运营的重要环节。新质生产力为此提供了更加高效和精准的手段。通过构建全面的风险管理体系和应急预案体系，实现对潜在风险的及时识别、评估和防范；通过运用物联网、大数据等先进技术手段进行实时监测和预警分析；通过加强与其他行业及部门的合作与交流，形成快速响应和协同处置的合力机制。

（四）跨界融合与创新生态构建

在新质生产力的驱动下，冰雪产业正加速与其他领域的跨界融合，以期共同构建出一个充满活力的创新生态。这种跨界融合不仅限于技术层面，更深入到产业模式、市场运营、文化传播等多个维度。

1. 科技与冰雪的深度融合

随着科技的飞速发展，越来越多的高新技术被应用于冰雪产业中，如物联网、区块链、5G通信等。这些技术的应用不仅提升了冰雪运动的技术含量和观赏性，还推动了冰雪旅游的智能化、个性化发展。例如，通过物联网技术，滑雪场可以实时监测雪质、气温等环境参数，为游客提供更加精准的滑雪建议；通过区块链技术，可以确保冰雪赛事的公平性和透明度，打击作弊行为；而5G通信的普及，则为冰雪运动的直播、转播提供了更加流畅、高清的传输体验。

2. 冰雪产业与金融的跨界合作

冰雪产业作为高投入、高产出的行业，对金融资本的需求日益增加。新质生产力的出现为冰雪产业与金融的跨界合作提供了更多可能。通过引入风险投资、私募股权等金融工具，可以为冰雪产业的快速发展提供充足的资金支持；同时，冰雪产业可以借助金融市场的力量，实现资产的证券化、市场化运作，降低融资成本，提高资金使用效率。此外，冰雪产业还可以与保险公司合作，推出各类冰雪运动保险产品，为游客和运动员提供更加全面的风险保障。

3. 冰雪文化与创意产业的融合发展

冰雪文化作为冰雪产业的重要组成部分，具有深厚的内涵和广泛的影响力。新质生产力推动了冰雪文化与创意产业的融合发展，为冰雪产业注入了新的活力。通过挖掘和传承冰雪文化的精髓，结合现代创意设计理念，可以打造出具有鲜明地域特色和时代气息的冰雪文化产品。例如，以冰雪为主题的冰雪艺术展、冰雪摄影大赛、冰雪音乐节等活动，不仅丰富了人们的文化生活，也提升了冰雪产业的品牌形象和文化软实力。

（五）人才培养与创新驱动

人才是创新驱动的核心要素。新质生产力在冰雪产业中的应用离不开高素质人才的支撑。因此，加强人才培养和引进工作对于推动冰雪产业的创新发展具有重要意义。

1. 加强专业人才培养

针对冰雪产业的特点和需求，应加强相关专业人才的培养工作。通过设立冰雪运动、冰雪旅游、冰雪装备等专业方向，培养具有扎实专业知识和实践能力的复合型人才。同时，加强与高校、科研机构的合作与交流，共同开展冰雪产业领域的科学研究和技术创新工作，从而为冰雪产业发展提供智力支持。

2. 引进高端人才和团队

为了快速提升冰雪产业的创新能力和竞争力，应积极引进国内外高端人才和团队。通过提供优惠的政策支持、良好的工作环境和广阔的发展空间等条件，吸引更多优秀人才投身冰雪产业中。同时，鼓励和支持企业建立创新团队和研发机构，加强自主创新和知识产权保护工作，为产业发展提供持续的动力源泉。

新质生产力的创新驱动性在冰雪产业中发挥着至关重要的作用。它不仅推动了技术创新、模式创新和管理创新等多个方面的深入发展；还促进了冰雪产业与其他产业的深度融合和协同发展；更提升了冰雪产业的竞争力和可持续发展能力。随着新质生产力的不断演进和冰雪产业的持续创新发展，我们有理由相信，冰雪产业将迎来更加广阔的发展前景和更加美好的未来。

二、高效性与跨界融合性

在探讨冰雪产业如何在新时代背景下焕发新生之际，我们不得不聚焦于新质生产力对其产生的深远影响。新质生产力以其高效性与跨界融合性为特点，正逐步成为冰雪产业升级转型的关键驱动力。在这一背景下，冰雪产业不再局限于传统的冰雪运动与旅游范畴，而是通过与数字化、智能化技术的深度融合，以及与其他产业的跨界联动，不断拓展其边界与深度。接下来，我们将深入剖析数字化与智能化技术如何重塑冰雪产业的运行体系，展现其在新质生产力作用下的高效运作与创新发展。

（一）数字化与智能化技术的融合应用：重塑冰雪产业高效运行体系

在新质生产力的推动下，数字化与智能化技术正以前所未有的速度融入冰雪产业的各个环节，极大地提高了产业运行的高效性和精准性。这一融合不仅优化了资源配置，还创新了服务模式，为冰雪产业的高质量发展奠定了坚实基础。

1. 智能化管理系统提高运营效率

冰雪产业中的滑雪场、冰雪乐园等场所，通过引入智能化管理系统，实现了对人流、物流、信息流的高效管理。这些系统利用物联网、大数据、云计算等技术，对场地内的设备状态、游客行为、环境参数等进行实时监控和数据分析，可以为管理者提供精准的决策支持。例如，智能票务系统通过人脸识别、二维码扫描等方式，简化了购票、入园流程，提高了游客通行效率；智能导览系统则根据游客位置、兴趣偏好等信息，为其推荐最优的游览路线和体验项目，增强了游客的参与感和满意度。

2.数字化营销与服务拓展市场边界

数字化营销成为冰雪产业拓展市场的重要手段。通过社交媒体、短视频平台、在线旅游网站等渠道，冰雪产业可以精准定位目标客户群体，推送个性化的产品和服务信息，吸引更多潜在消费者。同时，数字化服务也极大地提升了游客的体验感。例如，通过手机 App 或小程序，游客可以预约教练、租赁装备、查看实时雪况等，实现了"一站式"便捷服务。此外，利用大数据分析技术，冰雪产业还能深入挖掘游客需求和市场趋势，进而为产品和服务的创新提供数据支持。

3.智能化训练与竞技提升运动水平

在冰雪运动领域，智能化技术的应用也日益广泛。智能穿戴设备可以实时监测运动员的心率、速度、力量等关键指标，为教练团队提供科学的训练数据和反馈；虚拟现实（VR）和增强现实（AR）技术则可以为运动员提供逼真的训练场景和模拟比赛环境，帮助他们更好地适应比赛节奏和应对突发情况。这些智能化训练手段不仅提高了运动员的训练效率和竞技水平，还降低了运动损伤的风险。

（二）冰雪产业与旅游、文化、教育的跨界融合：构建多元化产业生态

新质生产力的另一个显著特征是跨界融合性。在冰雪产业中，这一特征主要体现为与旅游、文化、教育等领域的深度融合，共同构建了一个多元化的产业生态。这种跨界融合不仅丰富了冰雪产业的内涵和外延，还为其带来了更广阔的发展空间和商业价值。

1.冰雪产业与旅游业的深度融合

冰雪旅游是冰雪产业与旅游业融合的重要成果。通过打造冰雪旅游目的地、开发冰雪旅游产品、提升旅游服务质量等方式，冰雪产业与旅游业实现了资源共享、优势互补和互利共赢。一方面，冰雪旅游为游客提供了独特的旅游体验和文化享受；另一方面，旅游业的繁荣也为冰雪产业带来了更多的客源和收益。例如，在冬季旅游旺季期间，许多滑雪场和冰雪乐园都会推出丰富多彩的冰雪节庆活动和旅游套餐产品，吸引了大量游客前来体验和消费。

2. 冰雪产业与文化的创意结合

冰雪产业与文化的创意结合是提升产业附加值和文化软实力的重要途径。通过将冰雪元素与地域文化、民族文化、历史文化等相结合，可以创造出具有鲜明特色和独特魅力的冰雪文化产品。这些产品不仅满足了游客对文化体验的需求和期待，还促进了文化的传承和创新发展。例如，在东北地区的一些冰雪旅游项目中，就融入了满族、朝鲜族等少数民族的文化元素和风俗习惯；在冬季奥林匹克运动会等大型冰雪赛事中，也会举办各种形式的文化交流活动和文艺演出活动；这些都为冰雪产业注入了更多的文化内涵和活力。

3. 冰雪产业与教育的紧密联动

冰雪产业与教育的紧密联动是推广冰雪运动、培养冰雪人才的重要举措。通过在学校、社区等场所开展冰雪运动普及教育、组织冰雪运动赛事活动等方式，可以激发青少年对冰雪运动的兴趣和热情；培养他们的运动技能和团队协作能力；为冰雪产业的发展储备更多的人才资源。同时，冰雪产业还可以与高校、科研机构等建立合作关系，共同开展冰雪运动科学研究和技术创新工作，推动冰雪运动技术的不断进步和升级换代。这种紧密联动的模式不仅促进了冰雪运动的普及和发展，还为冰雪产业的高质量发展提供了有力的人才保障和智力支持。

在冰雪产业中，新质生产力通过数字化与智能化技术的融合应用，极大地提升了产业运行的高效性和精准性，重塑了冰雪产业的运营模式。同时，冰雪产业与旅游、文化、教育等领域的跨界融合，不仅丰富了产业内涵，还构建了多元化的产业生态，为冰雪产业带来了更广阔的发展空间和商业价值。这种高效性与跨界融合性的深度实践，正推动着冰雪产业向更高质量、更可持续的方向发展。

第三节　新质生产力与人才培养

在冰雪产业蓬勃发展的今天，新质生产力的引入不仅深刻改变了产业的技术面貌和市场格局，更对人才培养提出了新的要求与挑战。人才作为推动产业发展的核心要素，其质量、数量和结构直接关系到冰雪产业的竞争力和可持续发展能力。因此，深入探讨新质生产力背景下的人才培养作用，对于促进冰雪产业的健康发展具有重要意义。

一、人才培养作用

在探讨新质生产力对冰雪产业深远影响的过程中，一个不可忽视的关键要素便是人才培养所扮演的核心角色。随着科技的日新月异与产业结构的不断升级，冰雪产业正步入一个全新的发展阶段，而这一切变革的基石，正是高素质、专业化人才的不断涌现。他们不仅是技术创新的源泉，也是管理效能提升的关键，更是推动产业升级、促进可持续发展的核心动力。因此，深入探讨人才培养在冰雪产业中的作用，不仅是对当前产业现状的精准把脉，更是对未来发展趋势的前瞻布局。

（一）提升冰雪产业竞争力

1. 技术创新能力的增强

新质生产力往往伴随着新技术的不断涌现，而技术的创新与应用则离不开高素质人才的支撑。通过加强人才培养，特别是针对新技术、新工艺、新材料等方面的人才培养，可以显著提升冰雪产业的技术创新能力，推动产业向高端化、智能化方向发展。这种技术上的领先优势将直接转化为产业竞争力，使冰雪产业在全球市场中占据有利地位。

2. 管理效能的提升

现代企业管理理念与方法的引入也是新质生产力的重要组成部分。通过培养具备现代管理知识和能力的人才，可以优化冰雪产业的管理结构，提升管理效能。这些管理人才能够运用先进的管理工具和技术手段,对冰雪产业资源进行有效的整合和配置,降低运营成本,提高运营效率,从而进一步提升冰雪产业的竞争力。

(二)促进冰雪产业升级转型

1. 推动冰雪产业结构优化

在新质生产力的影响下,冰雪产业正逐步向多元化、综合化方向发展。这就要求人才培养必须紧跟冰雪产业升级的步伐,注重培养跨学科、复合型人才。通过优化人才培养结构,增加对新兴产业领域人才的培养力度,可以推动冰雪产业结构的优化升级,实现冰雪产业从传统型向现代型、从单一型向综合型转变。

2. 加速新业态新模式的发展

新质生产力的引入还催生了大量新业态、新模式,如冰雪旅游、冰雪运动培训、冰雪装备制造等。这些新业态、新模式的发展需要大量具有创新思维和实践能力的人才。通过加强人才培养,特别是针对新业态、新模式所需人才的培养,可以加速这些新业态、新模式的发展步伐,为冰雪产业的转型升级注入新的活力。

(三)增强可持续发展能力

1. 提高资源利用效率

新质生产力的应用往往伴随着资源利用方式的变革。通过培养具备绿色、低碳、循环发展理念的人才,可以推动冰雪产业在资源开发、利用和保护方面实现可持续发展。这些人才能够运用先进技术和方法,提高资源利用效率,降低能耗和碳排放,为冰雪产业的绿色发展贡献力量。

2. 强化环境保护意识

冰雪产业作为依托自然资源的产业之一,其发展与环境保护息息相关。通过加强人才培养,特别是针对环境保护方面的人才培养,可以提升整个产业对环境保护的认识和重视程度。这些人才能够积极参与环境保护工作,推动冰雪产业在发展过程中实现经济效益与生态效益的双赢。

（四）增强国际合作与交流

1. 提升国际竞争力

在全球化的今天，冰雪产业的国际竞争日益激烈。通过加强人才培养，特别是针对国际化人才的培养，可以提升冰雪产业在国际市场上的竞争力。这些国际化人才具备跨文化交流能力和国际视野，能够在国际合作中发挥重要作用，推动冰雪产业走向世界舞台。

2. 促进国际交流与合作

新质生产力的引入为冰雪产业的国际合作与交流提供了更多机会。通过加强人才培养，特别是针对国际合作与交流方面的人才培养，可以促进冰雪产业与国际先进技术和理念的对接与融合。这些人才能够积极参与国际交流活动，学习借鉴国际先进经验和技术成果，为冰雪产业的国际化发展提供有力支持。

由此可见，新质生产力背景下的人才培养对于冰雪产业的发展具有不可估量的作用。通过加强人才培养工作，可以显著提升冰雪产业的竞争力、促进冰雪产业升级转型、增强可持续发展能力以及加强国际合作与交流。因此，我们必须高度重视人才培养工作，为冰雪产业的持续、健康发展提供坚实的人才保障。

二、创新人才培养模式

在新质生产力的迅猛推动下，冰雪产业对人才的需求已远非传统教育模式所能满足。为了适应这一变革，必须构建一种将理论与实践深度融合的教学模式，以培养出既具备扎实理论基础又具备卓越实战能力的高素质冰雪产业人才。

（一）强化理论与实践相结合的教学模式：培育冰雪产业实战精英

1. 课程体系的前瞻性重构

课程体系是人才培养的基石，其优化直接关系到学生知识结构的完整性和前沿性。为了适应冰雪产业的快速发展，必须对课程体系进行前瞻性的重构。应紧密跟踪冰雪产业的技术进步和市场动态，将新技术、新工艺、新材料等内容及时纳入教学范围。例如，增设物联网技术、大数据分析、人工智能应用等前沿课程，确保学生掌握冰雪产业中的关键信息技术。

同时应注重课程的交叉融合，打破传统学科界限，构建跨学科课程体系。例如，将体育学、管理学、信息技术等多学科知识有机融合，开设冰雪赛事组织管理、冰雪装备智能化设计等交叉学科课程，以培养学生的综合能力和创新思维。

此外，为了提升学生的实践能力和问题解决能力，还应大幅增加实验、实训、实习等实践环节的比例。通过模拟冰雪赛事组织、参与冰雪旅游项目开发等实践活动，让学生在真实或模拟的工作环境中锻炼能力，积累经验。

2. 校企合作的深度拓展与融合

校企合作是强化理论与实践相结合的重要途径。通过深化校企合作，可以实现教育资源与产业资源的优势互补，共同培养出符合市场需求的高素质人才。

在校企合作过程中，应建立长期稳定的合作关系，明确双方的责任和权益。企业可以为学校提供实习实训基地和真实工作项目，让学生在真实的工作环境中学习实践技能；同时，学校也可以根据企业的实际需求调整教学内容和方法，确保人才培养与市场需求高度契合。

为了进一步深化校企合作，还可以共同制定人才培养方案和教学计划。企业可以派遣经验丰富的专家和技术人员参与课程设置和教学内容设计，确保课程内容的前沿性和实用性。同时，学校也可以邀请企业参与教学评估和学生评价，为人才培养的质量提供有力保障。

在合作过程中，还应注重知识的双向流动和资源的共享。学校可以为企业员工提供在职培训和继续教育机会，提升他们的专业素养和综合能力；企业也可以为学校提供最新的技术动态和市场信息，促进教学内容的更新和优化。

通过校企合作的深度拓展与融合，可以实现教育链、人才链与产业链、创新链的有效衔接，为冰雪产业培养出更多既懂理论又会实践的实战精英。这不仅有助于提升冰雪产业的整体竞争力，也将为产业的长远发展奠定坚实的人才基础。

（二）全面推进数字化与智能化技术教育：塑造未来冰雪产业精英

在新时代背景下，冰雪产业对于掌握数字化与智能化技术的专业人才需求日益迫切。因此，推进数字化与智能化技术教育，不仅是对传统教育模式的革新，更是为冰雪产业输送未来精英的必要途径。

1. 智能化教学系统的深度融入与定制化学习路径

为了实现学生个性化、精准化的学习体验，我们需进一步开发和优化智能教学系统。该系统应充分利用大数据与人工智能技术，对学生的学习行为和成果进行深度分析。通过构建学生画像，系统能够精准地识别每位学生的知识掌握情况、学习偏好及潜在学习障碍，从而为其量身定制学习计划。例如，对于在冰雪运动技术分析上存在困难的学生，系统可自动推送相关视频解析、模拟训练等教学资源，辅助其攻克难关。

此外，智能教学系统还应具备动态调整教学策略和内容的能力。随着学生学习进度的推进，系统可根据实时反馈动态调整课程难度、教学节奏及评估标准，确保教学内容始终贴近学生的实际需求和能力水平。这种高度个性化的学习方式将极大地提高教学效果，促进学生全面发展。

2. 虚拟仿真教学的创新应用与实践能力提升

虚拟现实（VR）与增强现实（AR）技术为冰雪产业教育带来了前所未有的沉浸式学习体验。因此，应充分利用这些技术构建高度仿真的冰雪运动、装备制造等虚拟环境。学生穿戴 VR 设备后，仿佛置身于真实的冰雪赛场或制造车间中，能够直观感受运动技巧、设备操作等细节。这种沉浸式学习方式不仅能够帮助学生提前熟悉工作环境和流程，还能有效提升其实践操作能力和问题解决能力。

为了进一步增强学生的安全意识，还可以在虚拟仿真教学中融入安全教育与应急演练模块。通过设置突发情况（如设备故障、天气突变等），让学生在虚拟环境中进行应急处理训练。这种模拟训练不仅能帮助学生掌握正确的应对措施，还能在无形中提升其应对复杂多变工作环境的能力。

3. 在线教育平台的广泛普及与优质资源共享

在线教育平台的出现打破了地域限制，使得优质教育资源得以在全球范围内共享。为了满足更多人对冰雪产业知识和技术的需求，应积极推广在线教育平台。通过开设丰富的在线课程、直播授课、互动论坛等形式，让更多人有机会接触到冰雪产业的最新研究成果和实践经验。

同时，还应注重在线教育平台的内容质量与用户体验。一方面，邀请行业专家、学者及资深从业者担任讲师和顾问，确保课程内容的专业性和前沿性；另一方面，不断优化平台界面设计、交互体验及技术支持服务，提升用户的学习满意度和黏性。

此外，为了满足不同学习者的需求，在线教育平台还应提供灵活多样的学习时间和方式。无论是忙碌的职场人士，还是追求个性化学习的青少年学生，都能在这里找到适合自己的学习路径和节奏。这种开放包容的教育生态将进一步激发冰雪产业的学习热情和创新活力。

（三）构建全面而多元化的评价体系：精准评估，持续优化

在冰雪产业高质量发展的过程中，构建一个科学、全面且多元化的评价体系至关重要。这一体系不仅能够准确地反映学生的学习成效和能力发展，还能为人才培养模式的持续优化提供有力支持。

1. 过程评价的深度实施与全面覆盖

过程评价作为一种动态、持续的评估方式，其核心价值在于全面追踪学生的成长轨迹，确保评价的客观性和准确性。为了实施有效的过程评价，需要采取一系列具体措施。

（1）多维度观察记录：教师应密切关注学生在课堂上的表现，包括参与讨论的积极性、提问的深度与广度、团队合作中的贡献度等。同时，通过电子化工具记录学生的日常作业完成情况、实验报告质量、项目参与度等，形成完整的学习过程档案。

（2）定期反馈与指导：基于过程评价的结果，教师应定期向学生提供个性化的反馈和建议。这些反馈不仅应包括学生的学习成果评价，还应指出存在的问题、提出改进建议，并鼓励学生自我反思和设定新的学习目标。

（3）建立成长档案：为每位学生建立个人成长档案，并系统记录其在不同学习阶段的表现和进步。这不仅有助于教师跟踪学生的成长轨迹，还能为未来

的教育研究和决策提供依据。

2. 引入第三方评价机构：确保评价的客观公正与透明度

第三方评价机构的引入是提升人才培养质量评价公信力的重要手段。通过引入专业、独立的评价机构，可以从外部视角审视人才培养的全过程，确保评价的客观性和公正性。

（1）多元化评价工具：第三方评价机构应运用多种评价工具和方法，包括问卷调查、深度访谈、实地考察、案例分析等。这些工具能够全面收集学生、教师、企业及社会各界的反馈意见，为评价提供丰富的数据支持。

（2）构建评价指标体系：与第三方评价机构合作，共同构建一套科学合理的人才培养质量评价指标体系。该体系应涵盖专业知识掌握情况、实践技能提升、创新思维培养、职业道德与职业素养等多个维度，确保评价的全面性和深入性。

（3）持续改进机制：基于第三方评价的结果，建立持续改进机制。针对评价中发现的问题和不足，制订具体的改进措施和行动计划。同时，加强与第三方评价机构的沟通交流，及时反馈改进进展和成效，形成评价与改进的良性循环。

通过构建全面而多元化的评价体系，能够更准确地把握学生的学习成效和能力发展，为冰雪产业的高质量发展提供有力的人才保障。同时，这一评价体系也将持续推动人才培养模式的创新与优化，促进冰雪产业与教育的深度融合与共同发展。

（四）强化师资队伍建设：塑造卓越教育团队，引领冰雪产业人才培养新高度

在推动冰雪产业高质量发展的进程中，构建一支高素质、专业化的师资队伍是核心要务。这不仅能够直接提升教学质量，还能为冰雪产业持续输送具备创新思维和实践能力的高素质人才。

1. 专业技能提升与终身学习理念的践行

为了确保教师能够紧跟冰雪产业技术进步和市场需求的变化，我们必须重视并加强教师的专业技能提升。其具体措施包括以下三个方面。

（1）定制化培训计划：结合冰雪产业的最新发展趋势，为教师设计定制化的专业技能培训课程。这些课程应涵盖冰雪运动技术、体育物流管理、数字化技术应用等多个领域，确保教师能够掌握最前沿的知识和技能。

（2）国际交流与合作：鼓励和支持教师参与国际学术会议、研讨会以及海外研修项目，与全球顶尖的教育专家和业界精英进行面对面交流。通过国际视野的拓展，教师能够吸收借鉴国际先进的教学理念和教学方法，不断提升自身的教学水平和科研能力。

（3）终身学习文化的营造：在教师群体中积极倡导终身学习理念，鼓励教师利用业余时间进行自主学习和研究。通过建立学习社群、分享学习资源和经验，营造积极向上的学习氛围，激发教师的求知欲和创新精神。

2. 优秀人才的引进与培育机制

为了进一步提升师资队伍的整体素质，需要加大优秀人才的引进力度，并建立完善的培育机制。

（1）高端人才引进计划：针对冰雪产业人才培养的特殊需求，制订专项人才引进计划。通过提供具有竞争力的薪酬待遇、良好的工作环境和广阔的发展平台，吸引国内外优秀的教育专家和行业领袖加入师资队伍。这些人才不仅能够带来先进的教学理念和方法，还能为学校的科研和教学工作注入新的活力。

（2）青年教师成长计划：重视青年教师的培养和发展，为他们提供全方位的成长支持。通过导师制度、教学观摩、科研项目参与等方式，帮助青年教师快速成长。同时，鼓励他们参与国内外学术交流活动，拓宽视野，提升专业素养。

（3）多元评价体系与激励机制：建立科学合理的多元评价体系，从教学成果、科研贡献、社会服务等多个维度对教师进行全面评价。同时，设立多种奖项和荣誉，表彰在教学和科研方面取得突出成果的教师。通过激励机制的完善，激发教师的工作积极性和创造力，推动师资队伍的整体进步。

3. 团队协作与学术氛围的营造

在加强师资队伍建设过程中，还需要注重团队协作和学术氛围的营造。

（1）跨学科研究团队建设：鼓励不同学科背景的教师组建跨学科研究团队，共同开展冰雪产业相关的教学和科研工作。通过团队协作，教师之间可以相互学习、取长补短，共同提升教学和科研水平。

（2）学术活动与交流平台的搭建：定期举办学术讲座、研讨会、工作坊等学术活动，为教师提供展示研究成果和交流学术思想的机会。同时，建立在线学术交流平台，方便教师随时随地进行学术交流和合作。通过这些平台的搭建，可以进一步激发教师的学术热情和创新精神。

通过以上措施的实施，确保能够打造一支高素质、专业化的师资队伍，为冰雪产业的高质量发展提供坚实的人才保障。同时，这些教师也将成为学生成长道路上的引路人和榜样，引领他们不断追求卓越、勇于创新。

（五）深化国际交流与合作：拓宽视野，共筑冰雪产业人才高地

在全球化日益加深的今天，促进国际交流与合作对于提升冰雪产业人才培养的质量和水平具有不可估量的价值。通过加强国际合作项目、拓展海外实习实训基地等措施，旨在培养具有国际视野、跨文化交流能力和创新精神的高素质冰雪产业人才，为产业的国际化发展注入新的活力。

1. 加强国际合作项目：携手全球精英，共促教育创新

加强国际合作项目是推动冰雪产业人才培养国际化的重要途径。通过积极寻求与国际知名高校、研究机构及行业领袖的合作，共同开展一系列富有前瞻性和创新性的合作项目。这些项目应涵盖冰雪运动的科学研究、体育物流的优化管理、数字化技术的应用开发等多个领域，为学生提供一个与世界顶尖学者和实践专家交流互动的平台。

（1）联合培养计划：与国际伙伴共同制订联合培养计划，实现课程互认、学分互换，让学生在国内外两个教育体系中获得全面而深入的学习体验。这种双学位或联合学位项目不仅能够拓宽学生的国际视野，还能增强其跨文化交流能力和团队协作能力。

（2）国际学术研讨会与工作坊：定期举办或参与国际学术研讨会、工作坊等活动，邀请全球冰雪产业领域的专家学者分享最新研究成果和实践经验。通过面对面的深入交流，促进学术思想的碰撞与融合，激发学生的创新思维和批判性思维。

（3）虚拟国际课堂：利用现代信息技术手段，如视频会议、在线学习平台

等，打破地域限制，实现全球范围内优质教育资源的共享。通过虚拟国际课堂，学生可以随时随地与国际师生进行互动学习，感受不同文化的碰撞与融合。

2. 拓展海外实习实训基地：融入国际实践，锤炼实战能力

海外实习实训基地是学生将理论知识转化为实践能力、了解国际冰雪产业发展现状和趋势的重要窗口。积极拓展与海外知名企业的合作关系，可以为学生提供高质量的海外实习实训机会。

（1）知名企业合作：与全球领先的冰雪产业企业建立长期稳定的合作关系，为学生提供定制化的实习实训项目。这些项目应涵盖冰雪装备制造、体育赛事运营、旅游服务管理等多个领域，让学生在真实的工作环境中锻炼专业技能和职业素养。

（2）跨文化工作体验：鼓励学生参与跨国团队项目，与来自不同国家和文化背景的同事合作共事。这种跨文化的工作体验不仅能够提升学生的语言能力和跨文化交流能力，还能培养其全球视野和多元文化的理解能力。

（3）职业发展指导：为参与海外实习实训的学生提供全方位的职业发展指导服务。通过定期的职业规划咨询、行业专家讲座以及校友网络建设等措施，帮助学生明确职业目标、提升就业竞争力，为未来的职业生涯奠定坚实的基础。

通过加强国际合作项目和拓展海外实习实训基地等措施的实施，可以进一步推动冰雪产业人才培养的国际化进程。这样不仅能够提升学生的综合素质和竞争力，还能促进全球冰雪产业资源的优化配置和共享发展。未来，我们将继续秉持开放合作的理念，不断深化与国际伙伴的交流与合作，共同推动冰雪产业人才培养事业迈向新的高度。

第五章

冰雪产业的物流管理

第一节 冰雪产业物流需求分析

在冰雪产业蓬勃发展的背景下,物流管理作为支撑产业高效运行的关键环节,其重要性日益凸显。冰雪产业的物流需求具有多样性和复杂性的特点,涵盖了冰雪赛事物流、冰雪旅游物流等多个方面。本节将聚焦于赛事物流需求,深入探讨其在冰雪产业中的具体表现和要求。

一、冰雪赛事物流需求

冰雪赛事作为冰雪产业的重要组成部分,其成功举办离不开高效、精准的物流管理支持。冰雪赛事物流需求不仅体现在比赛器材、运动员装备的快速调配与运输上,还涉及观众服务、场地布置、安全保障等多个方面。以下笔者将从赛事筹备、比赛期间及赛后恢复三个阶段详细分析赛事物流需求。

(一)赛事筹备阶段的物流需求

在赛事筹备阶段,物流需求主要集中在器材与装备的采购与运输、场地建设与物资配送,以及技术设备的调试与安装等方面。这些工作不仅烦琐复杂,而且时间紧迫,对物流服务商的专业能力和服务水平均提出了极高的要求。

1. 器材与装备采购与运输

(1)国际采购与报关:大型冰雪赛事通常涉及多种高质量的比赛器材和装备,这些器材往往需要从全球范围内进行采购。滑雪板、冰刀、雪车等专业设备,由于其特殊性和专业性,需要物流服务商具备强大的跨国采购能力。同时,由于涉及不同国家的海关和税务政策,物流服务商还需熟悉国际贸易规则和报关流程，确保器材能够迅速、安全地通过海关，准时抵达赛事举办地。

（2）定制化包装与保护：针对易损、精密的比赛器材，如高精度计时计分系统、高清通信与广播设备等，物流服务商需要提供定制化的包装解决方案。这些包装方案不仅要考虑到减少运输过程中的损耗风险，还要针对冰雪赛事的特殊环境，如低温、潮湿等，采取防潮、防冻等措施，确保器材在运输过程中的安全。

2. 场地建设与物资配送

（1）基础设施建设材料运输：冰雪赛事场地的建设是一个庞大的工程，涉及大量建筑材料的运输和安装。雪道铺设材料、制冷设备、看台座椅等物资种类繁多、数量庞大，需要物流服务商根据工程进度制订合理的运输计划。同时，为了确保场地能够按时交付使用，物流服务商还需与建设方保持紧密沟通，及时调整运输方案，应对可能出现的突发情况。

（2）临时设施搭建与拆除：除了永久性基础设施，赛事期间还需要搭建大量的临时设施，如媒体中心、贵宾室、医疗站等。这些设施的搭建和拆除工作同样需要高效的物流管理支持。物流服务商需要根据设施的设计图纸和搭建方案，提前准备所需物资，并按照时间节点进行配送和安装。赛事结束后，还需迅速组织人员进行设施的拆除和物资的回收工作，确保场地能够尽快恢复原状。

3. 技术设备调试与安装

（1）计时计分系统：计时计分系统是冰雪赛事中至关重要的技术设备之一，其准确性和稳定性直接影响到比赛结果的公正性和观赏性。因此，在赛事筹备阶段，物流服务商需要协助设备供应商完成计时计分系统的运输、安装和调试工作。这包括选择合适的运输方式确保设备安全抵达、组织专业技术人员进行现场安装和调试，以及进行多次模拟测试以确保系统在比赛期间能够正常运行。

（2）通信与广播系统：通信与广播系统承担着向观众和媒体实时传递赛事信息的重要任务。为确保信息传递的及时性和准确性，物流服务商需要负责相关设备的运输、安装和维护保障工作。这包括选择合适的通信设备和广播器材、制定合理的布线方案、确保信号覆盖的全面性和稳定性等。在赛事期间，物流服务商还需安排专人值守现场，及时处理可能出现的设备故障和问题。

赛事筹备阶段的物流需求涵盖了器材与装备的采购与运输、场地建设与物资配送以及技术设备的调试与安装等多个方面。这些工作不仅要求物流服务商具备强大的专业能力和服务水平，还需要其具备高度的责任心和团队协作精神。只有这样，才能确保赛事物流工作的高效、精准运行，为冰雪赛事的成功举办提供坚实的保障。

（二）比赛期间的物流需求

在紧张激烈的比赛期间，物流需求变得尤为关键且多样化。物流服务商不仅需要迅速响应运动员和观众的即时需求，还要确保赛事现场的顺利运行和安全无虞。

1. 运动员装备补给与更换

（1）快速响应机制：比赛期间，运动员面临高强度的身体对抗和紧张的心理压力，装备磨损或意外损坏的风险大大增加。物流服务商必须建立一套高效、灵敏的快速响应机制，确保在任何突发情况下都能迅速响应。包括但不限于设立专门的装备补给站、配备充足的库存、优化配送路线等。同时，通过引入实时通信系统和GPS追踪技术，实现装备补给的精准定位和快速送达，为运动员赢得宝贵的时间。

（2）个性化需求满足：每位运动员的身体条件、技术风格和比赛策略各不相同，因此对装备的需求也极具个性化。物流服务商需深入了解每位运动员的装备偏好、尺寸要求以及特殊定制需求，提供一对一的个性化补给方案。通过与运动员及其团队的紧密沟通，确保所有装备都符合运动员的个性化需求，从而提升其竞技表现和比赛信心。

2. 观众服务与商品销售

（1）纪念品与周边商品配送：在赛事期间，观众对于具有纪念意义的商品和赛事周边产品的需求激增。物流服务商需提前规划并优化纪念品与周边商品的供应链条，确保这些商品能够迅速、准确地配送至赛场内外的各个销售点。通过智能化库存管理系统和高效的物流配送网络，实现商品的快速上架和实时补货，以满足观众的购买需求。同时，加强对商品质量的监控和售后服务的跟进，提升观众的购物体验和满意度。

（2）餐饮服务配送：观众在享受比赛的同时，也需要得到充足的食物和饮料补给。物流服务商需与餐饮服务提供商紧密合作，确保食品原料的新鲜度和安全性。通过建立严格的食品安全管理体系和冷链物流系统，保障食品从采购、储存到配送的全过程质量。同时，合理规划餐饮设备的布局和配送路线，确保餐饮服务的及时性和便捷性，为观众带来愉悦的观赛体验。

3.应急物资储备与调度

（1）医疗急救物资：冰雪赛事因其高强度和高风险性，运动员受伤的风险相对较高。因此，物流服务商需提前储备充足的医疗急救物资，这些物资包括但不限于急救药品、担架、绷带等，并确保这些物资始终处于可用状态。通过建立完善的医疗急救物资管理系统和快速响应机制，物流服务商能够在紧急情况下迅速调度物资至事故现场，从而为运动员提供及时的救治服务。同时，加强与当地医疗机构的合作与联动，确保在严重伤情发生时能够迅速转运伤员至专业医疗机构进行治疗。

（2）安全保障物资：针对冰雪赛事中可能出现的极端天气和突发事件，物流服务商还需储备相应的安全保障物资。例如，在遭遇暴风雪等极端天气时，需提前准备除雪设备、防滑垫等物资，确保赛道和观众席的安全。同时，加强对赛事现场的监控和预警机制建设，通过引入智能化监控系统、无人机巡查等手段，实现对赛事现场的全方位监控和实时预警。在发现潜在安全风险时，能够迅速调度安全保障物资和人力资源，确保赛事的顺利进行和观众的安全。

（三）赛后恢复阶段的物流需求

在冰雪赛事圆满结束后，物流服务商仍面临着繁重而细致的赛后恢复阶段工作。这一阶段不仅关乎比赛器材的妥善处理和场地的快速恢复，还直接影响到环境保护和可持续发展。

1.器材回收与退运

（1）器材分类整理：赛事结束后，大量的比赛器材需要进行细致的分类整理工作。物流服务商需组织专业团队，根据器材的种类、用途及状况进行详细分类。对于状态良好、可重复使用的器材，需妥善保存以备下次赛事之需；对于已损坏或不再使用的器材,则需根据供应商或赛事组委会的要求进行分类处理。这一过程需要确保每一件器材都能得到恰当的处理,以避免资源浪费。

(2)国际退运安排:对于需要从国外采购的比赛器材,物流服务商需严格按照国际运输规则和海关要求,协助完成退运手续。这包括准备详细的运输文件、办理出口许可、安排合适的运输方式和路线等。同时,需密切关注运输过程中的天气变化、交通状况等因素,确保器材能够安全、准时地返回原产地。此外,还需与供应商保持密切沟通,及时反馈运输进度和处理结果,以满足供应商的要求和期望。

2. 场地恢复与废弃物处理

(1)场地清理:赛事结束后,场地清理工作是必不可少的环节。物流服务商需组织大量人力物力,对比赛区域进行全面、彻底的清理,包括清除冰雪覆盖物、移除临时设施、整理观众座椅等。同时,还需注意保护场地设施不受损坏,确保场地能够迅速恢复到赛前状态。在清理过程中,需特别关注环保要求,避免对周围环境造成污染。

(2)废弃物处理:场地清理过程中会产生大量废弃物,包括垃圾、破损器材、临时设施残骸等。物流服务商需按照当地环保法规要求,对废弃物进行妥善处理,包括分类收集、压缩打包、运输至指定处理场等。在处理过程中,需特别注意有害废弃物的识别和处理,避免对环境和人体健康造成危害。同时,还需加强与当地环保部门和相关机构的沟通协调,确保废弃物处理工作符合规定并得到妥善处理。

(3)环保措施实施:在场地恢复过程中,物流服务商还需积极实施环保措施,以促进赛事的绿色可持续发展。例如,可以采用可降解或可循环利用的包装材料替代传统塑料包装,推广使用电动或混合动力车辆进行废弃物运输,加强废弃物的分类回收和再利用等。这些措施不仅有助于减少废弃物对环境的污染,还能提升赛事的环保形象和品牌价值。

由此可见,赛事物流需求贯穿于冰雪赛事的全过程,对物流服务商的专业能力、响应速度和服务质量均提出了极高的要求。为了满足这些需求,物流服务商需不断优化物流流程、提升技术水平、加强团队协作,以确保赛事的顺利进行和圆满成功。

赛后恢复阶段的物流需求同样复杂而繁重。物流服务商需具备高度的责任心和专业的处理能力，以确保赛事器材的妥善处理和场地的快速恢复。同时，还需密切关注环保要求，积极实施环保措施，以促进赛事的绿色可持续发展。只有这样，才能为冰雪赛事画上完美的句号。

二、冰雪旅游物流特点

冰雪旅游作为冰雪产业的重要组成部分，以其独特的自然景观和冰雪体验吸引了大量游客。这一领域的物流活动不仅承载着游客的出行需求，还涉及旅游资源的调配与整合，因此具有鲜明的特点。以下笔者将从季节性、高时效性、多元化需求、供应链协同及绿色物流五个方面详细阐述冰雪旅游物流的特点。

（一）季节性显著，物流需求波动大

冰雪旅游物流的一个最为显著的特点是其季节性的波动，这一特性对物流服务商的运营能力和策略规划提出了极高的要求。

1. 旅游旺季与淡季的极端对比

冰雪旅游的旺季主要集中在冬季，尤其是当元旦、春节等传统节日与冬季旅游高峰期重合时，游客数量会急剧增加。在这一时期，物流需求呈现出井喷式增长，其不仅体现在游客的出行需求上，还涵盖了酒店住宿、餐饮服务、景点门票、购物消费等多个方面。因此，物流服务商需要快速响应这一激增的需求，确保各类旅游资源的及时调配和高效流通。例如，机票、火车票等交通票务的预订量会大幅上升，这就要求物流服务商与航空公司、铁路部门紧密合作，确保运力充足；同时，酒店住宿、餐饮服务等旅游配套资源也需要提前规划和调配，以应对游客的集中涌入。

相比之下，冰雪旅游的淡季则显得尤为冷清。在这一时期，由于天气寒冷、游客兴趣减弱等因素，游客数量大幅减少，物流需求也随之下降。物流服务商需要面对资源闲置、成本上升等挑战，通过灵活调整运营策略，降低成本，维持企业的正常运营。

2. 市场调研与需求预测的重要性

鉴于冰雪旅游物流的季节性特点，物流企业必须高度重视市场调研和需求预测工作。通过深入分析历史数据、关注行业动态、了解消费者行为等多方面的信息，物流企业可以更加准确地把握旅游市场的季节性变化规律和趋势。在此基础上，物流企业可以制订更加科学合理的物流计划，提前调配资源、优化运力布局，以更好地满足旺季时的物流需求。

同时，市场调研和需求预测还有助于物流企业发现潜在的市场机会和风险。例如，在预测到某个节假日期间游客数量可能大幅增长时，物流企业可以提前与景区、酒店等合作方沟通协调，共同制定应对措施；在面对潜在的市场风险时，物流企业也可以及时调整策略，降低损失。

3. 灵活调整与动态优化

在实际运营过程中，物流企业还需要根据市场反馈灵活调整物流策略。由于冰雪旅游市场的季节性变化受到多种因素的影响（如天气、政策、经济环境等），物流服务商需要密切关注市场动态，及时调整物流计划和运营策略。例如，在面对突如其来的极端天气时，物流企业需要迅速启动应急预案，确保游客的出行安全和物流服务的连续性；在面对市场需求的突然变化时，物流企业也需要快速响应，调整运力布局和资源调配方案。

此外，物流企业还需要借助现代信息技术手段，实现物流过程的实时监控和数据分析。通过大数据、云计算等技术的应用，物流企业可以更加精准地掌握物流动态和市场变化信息，为灵活调整物流策略提供有力支持。例如，通过建立智能物流管理系统，物流企业可以实时监测运输车辆的位置、状态、载货量等信息，为优化运输路线和调度方案提供数据支持；通过数据分析工具对游客行为数据进行深入挖掘和分析，物流企业可以更加准确地把握游客需求和市场趋势，为制定针对性的物流策略提供决策依据。

冰雪旅游物流的季节性特点对物流服务商的运营能力和策略规划提出了极高的要求。因此，物流企业需要通过深入的市场调研和需求预测、灵活的运营策略调整，以及现代信息技术手段的应用等措施来应对这一挑战，以确保在旺季时能够满足游客的多样化需求，在淡季时能够合理控制成本并维持企业的正常运营。

（二）高时效性要求的严苛性与应对策略

在冰雪旅游这一特殊领域中，物流服务的时效性不仅关乎游客体验的优劣，更是衡量物流企业专业能力和服务质量的重要标尺。对此，物流企业需要从多个方面入手，确保每一环节都能紧密衔接，以满足高时效性的严格要求。

1. 深化客户需求响应机制，打造极致快速服务体验

冰雪旅游市场的繁荣，使得游客对于物流服务的期待值日益提升。在这一背景下，物流企业需深刻理解并精准把握游客需求，将快速响应客户需求视为提升服务品质的关键所在。具体而言，这就要求物流企业做到以下两个方面。

（1）优化预订流程，缩短入住等待时间：针对游客预订酒店后希望迅速完成入住手续的需求，物流企业应与酒店业深度合作，共同优化预订到入住的各个环节。通过引入先进的信息管理系统，实现预订信息的即时共享与高效处理，确保游客在抵达酒店时能够迅速完成入住手续，享受无忧的旅行体验。

（2）加速商品配送，提升购物满意度：景区购物作为冰雪旅游的重要组成部分，其物流配送的时效性直接影响到游客的购物体验。为此，物流企业需建立高效、灵活的配送网络，采用先进的物流技术和设备，确保商品能够在最短时间内送达游客指定地点。同时，加强与景区商家的沟通协调，优化配送路线和时间安排，进一步缩短配送周期，提升游客购物满意度。

2. 强化应急响应机制，有效应对突发情况

冰雪旅游过程中可能遭遇的极端天气、交通拥堵等突发情况，对物流服务的时效性构成了严峻挑战。为了有效应对这些挑战，物流企业需构建完善的应急响应机制。

（1）提前预判风险，制定应急预案：物流企业应密切关注天气预报、交通状况等可能影响物流时效性的因素，提前预判可能发生的突发情况，并据此制定详尽的应急预案。预案应涵盖人员调配、物资储备、运输路线调整等多个方面，确保在遇到突发情况时能够迅速启动应对措施，减少物流延误。

（2）加强沟通协调，快速响应客户需求：在遭遇突发情况时，物流企业须加强与游客、景区管理部门、运输公司等各方之间的沟通协调，及时了解客户需求和实际情况，迅速制定并调整应对策略。同时，保持与游客的密切联系，

及时通报物流进展情况,确保游客能够安心等待。

(3)灵活调整运力,保障物流畅通:面对突发情况导致的运力紧张问题,物流企业需灵活调整运力安排,优先保障关键节点和重点路段的物流运输。通过调配备用车辆、增加运输频次等方式,确保物流运输的连续性和稳定性,有效缓解因突发情况导致的物流延误问题。

(三)多元化需求交织下的冰雪旅游物流新图景

在冰雪旅游领域,随着旅游市场的持续深化与消费者偏好的日益多元化,物流服务的需求也呈现出前所未有的复杂性与多样性。这一趋势不仅考验着物流企业的创新能力与应变能力,也为其开辟了新的发展空间与增长点。

1. 个性化服务需求激增:定制时代的物流新挑战与机遇

随着旅游市场的逐渐成熟,消费者对冰雪旅游物流的期待已远超传统的交通、住宿等基本需求范畴。个性化服务需求的增加,成为当前冰雪旅游物流领域最为显著的特征之一。游客不再满足于千篇一律的旅游体验,而是渴望通过定制化的旅游路线规划、独特的餐饮推荐等增值服务,来留下一个属于自己的专属旅行记忆。

(1)精准捕捉需求,实现个性化定制:物流企业需充分利用大数据、人工智能等现代信息技术手段,深入挖掘游客的个性化需求与偏好。通过构建用户画像、分析消费行为等方式,实现对游客需求的精准捕捉与预测。在此基础上,为游客提供量身定制的旅游路线规划、特色餐饮推荐等个性化服务,以满足其独特的旅行需求。

(2)强化服务创新,提升用户体验:面对个性化服务需求的激增,物流企业还需不断强化服务创新能力。通过引入新颖的服务模式、优化服务流程、提升服务质量等方式,为游客带来更加独特、难忘的旅行体验。同时,加强与旅游产业链上下游企业的合作与联动,共同打造冰雪旅游物流的个性化服务生态体系。

2. 跨境电商物流的蓬勃发展:连接世界的桥梁与纽带

跨境电商的快速发展为冰雪旅游物流带来了新的机遇与挑战。越来越多的游客选择在冰雪旅游期间通过跨境电商平台购买国外商品,享受全球购物的乐趣。这一趋势不仅推动了跨境电商物流业务的快速增长,也对物流企业的国际化运营能力提出了更高要求。

（1）加强国际合作，拓展跨境电商物流网络：物流企业需积极寻求与国际物流企业的合作机会，共同拓展跨境电商物流业务。通过建立稳定的合作关系、共享物流资源、优化物流网络等方式，提升跨境电商物流的运输效率与服务质量。同时，加强对国际贸易规则、跨境电商政策等方面的研究与了解，为游客提供更加便捷、安全的海外购物体验。

（2）提升技术实力，应对跨境电商物流挑战：跨境电商物流业务涉及多个环节与领域，对物流企业的技术实力提出了更高要求。物流企业需不断提升自身的信息化、智能化水平，运用先进的物流管理系统、自动化设备等技术手段，提高跨境电商物流的运作效率与准确性。同时，加强对跨境电商物流风险的识别与防控能力，以确保跨境电商物流业务的稳健发展。

（四）供应链协同：冰雪旅游物流高效运作的基石

在冰雪旅游物流的复杂生态系统中，供应链协同成为确保整个系统高效、顺畅运行的核心要素。这一要求不仅体现在各环节之间的紧密配合上，更在于通过信息共享与资源整合，实现供应链整体效能的最大化。

1. 多环节协同：构建无缝连接的供应链网络

冰雪旅游物流的特殊性在于其涉及交通、住宿、餐饮、购物等多个相互依存、相互影响的环节。这些环节之间的紧密衔接，是保障游客体验流畅、提高整体运营效率的关键。物流企业需采取一系列措施，促进供应链各环节之间的协同作业。

强化合作伙伴关系：物流企业需与航空公司、酒店、餐厅、景区等关键合作伙伴建立长期稳定的合作关系，通过签订合作协议、定期沟通会晤等方式，加深彼此间的了解与信任。在此基础上，共同制定供应链协同策略，明确各环节的责任与义务，确保供应链各环节的顺畅对接。

优化供应链流程：针对冰雪旅游物流的特殊性，物流企业需与合作伙伴共同梳理供应链流程，识别并消除流程中的"瓶颈"与浪费。通过引入先进的物流管理理念与技术手段，如精益管理、六西格玛等，对供应链流程进行持续优化与改进。同时，加强供应链各环节的协同作业，实现流程的无缝连接与高效运转。

2.信息共享与资源整合：驱动供应链协同的引擎

在信息化时代，信息共享与资源整合成为推动供应链协同的重要驱动力。通过构建信息共享平台与资源整合机制，物流企业能够更准确地把握市场需求变化，及时调整物流策略，提高供应链的响应速度与灵活性。

（1）构建信息共享平台：物流企业需与合作伙伴共同构建信息共享平台，实现供应链各环节之间的数据互通与信息共享。通过该平台，物流企业可以实时获取游客需求、库存状况、运输进度等关键信息，为物流决策提供有力支持。同时，合作伙伴也可以通过该平台了解物流企业的运营状况与需求，共同制订协同作业计划。

（2）推动资源整合：在信息共享的基础上，物流企业需进一步推动资源整合工作。通过整合供应链各环节的物流资源、信息资源与人力资源等，实现资源的优化配置与高效利用。这不仅可以降低运营成本，提高资源利用效率，还可以增强供应链的抗风险能力与竞争力。具体而言，物流企业可以与合作伙伴共同建立物流资源池，实现物流设备的共享与调度；通过数据分析与挖掘技术，挖掘供应链中的潜在价值点；加强人才培养与引进工作，为供应链协同提供有力的人才保障。

（五）绿色物流理念的践行

在冰雪旅游物流的快速发展中，绿色物流理念的践行不仅响应全球可持续发展战略的需要，也是提升冰雪旅游行业形象、增强市场竞争力的重要途径。

1.环保材料与技术的应用

为实现绿色物流，物流企业需积极采用环保材料与技术，减少物流过程中对环境的负面影响。具体而言，这包括但不限于以下两个方面。

（1）包装材料的绿色化：物流企业应优先选用可降解、可回收或生物基等环保材料进行包装，减少塑料等不可降解材料的使用。同时，优化包装设计，减少包装材料的用量，降低包装废弃物产生的数量。

（2）节能减排技术的应用：在物流运输过程中，物流企业应积极推广使用新能源车辆、优化运输路线、采用智能调度系统等节能减排技术，降低物流运输过程中的能耗与排放。同时，还应加强对冷链物流的管理，减少因温度控制不当导致的能源浪费与环境污染。

2. 环保意识的普及与提升

绿色物流的实现不仅需要技术的支持，更需要全体从业人员的共同努力与参与。因此，物流企业需加强环保意识的普及与提升工作，将绿色物流理念融入企业文化的方方面面。

（1）加强环保培训与教育：物流企业应定期组织员工进行环保培训与教育，提高员工对绿色物流的认识与重视程度。培训内容可涵盖环保法律法规、节能减排技术、绿色包装材料等方面，帮助员工掌握绿色物流的相关知识与技能。

（2）建立环保激励机制：为鼓励员工积极参与绿色物流实践，物流企业可建立相应的环保激励机制。例如，设立环保奖励基金，对在节能减排、绿色包装等方面表现突出的员工给予表彰与奖励；将环保绩效纳入员工考核体系，与员工薪酬、职位晋升等挂钩，以形成良好的环保氛围与导向。

通过环保材料与技术的应用、环保意识的普及与提升等措施的实施，物流企业不仅能够降低运营成本，提高资源利用效率，还能够为冰雪旅游行业的绿色发展贡献力量。由此可见，绿色物流理念的践行是冰雪旅游物流行业可持续发展的重要保障。

冰雪旅游物流具有季节性显著、高时效性要求、多元化需求并存、供应链协同要求高以及绿色环保理念贯穿始终等特点。针对这些特点，物流企业需要不断创新服务模式、优化运营流程、加强供应链协同合作，并积极践行绿色环保理念，以适应冰雪旅游市场的快速发展和变化。

第二节 冰雪产业物流管理策略

在冰雪产业迅速崛起的背景下，高效的物流管理成为确保其持续健康发展的关键。面对冰雪赛事物流与冰雪旅游物流的双重挑战，优化管理策略与创新模式显得尤为重要。本节将深入探讨冰雪产业的物流管理策略，从冰雪赛事物流优化管理入手,分析如何通过实时物流监控、智能库存管理等手段提高效率;进而转向冰雪旅游物流创新模式,探讨绿色物流与多式联运的实践应用,以期为冰雪产业的繁荣发展提供坚实的物流保障。

一、冰雪赛事物流优化管理

在冰雪产业中,冰雪赛事物流是确保各类冰雪赛事顺利进行的关键因素之一。由于冰雪赛事物流涉及大量复杂且时间敏感的物资流动,因此,优化管理显得尤为重要。以下将从实时物流监控、智能库存管理、应急响应机制、供应链协同以及绿色环保策略等方面详细探讨赛事物流的优化管理策略。

(一)实时物流监控:提升透明度与响应速度

1. 物联网技术的应用

在赛事物流中引入物联网(IoT)技术,通过为运输车辆、货物包装等安装传感器和 RFID 标签,实现物流全程的可视化和追踪。这样不仅可以实时掌握物资的位置、状态及运输环境(如温度、湿度),还能及时发现并处理异常情况,如延误、损坏或丢失等。

2. 大数据与云计算的支持

结合大数据技术,对收集到的物流信息进行深度分析,预测物流趋势,为物流计划的调整提供数据支持。云计算平台则可以提供强大的计算能力,支持大规模数据处理和实时分析,确保物流监控系统的稳定运行和高效响应。

3. 移动 App 与 Web 平台的集成

开发移动 App 或 Web 平台,为赛事组织者、赞助商、参赛队伍及观众提供便捷的物流信息查询服务。用户可以随时查看物资运输状态、预计到达时间等信息,增强物流透明度,提升用户体验。

(二)智能库存管理:降低成本,提高效率

1. 需求预测与自动化补货

利用历史数据和市场趋势分析,结合机器学习算法,对赛事期间各类物资

的需求进行精准预测。基于预测结果，实施自动化补货策略，确保物资供应充足且不过度积压，降低库存成本。

2. 动态调整库存布局

根据赛事进度和物资消耗情况，动态调整仓库布局和存储策略。例如，将高频次使用的物资放置在靠近装卸区的位置，减少搬运时间和成本；利用自动化立体仓库系统提高存储密度和存取效率。

3. 智能盘点与损耗管理

引入智能盘点机器人和无人机等技术手段，对库存物资进行快速、准确盘点。同时，利用图像识别和大数据分析技术监测物资损耗情况，及时发现并处理损耗问题，减少浪费和损失。

（三）应急响应机制：确保赛事顺利进行

1. 风险评估与预案制定

对赛事物流过程中可能遇到的各种风险进行评估，包括极端天气、交通事故、设备故障等。针对每种风险制定相应的应急预案，明确应急响应流程和责任分工。

2. 快速响应团队建设

组建专业的快速响应团队，其成员包括物流专家、技术人员、驾驶员等。团队需定期进行应急演练和培训，提高应对突发事件的能力和效率。

3. 多渠道沟通与信息共享

建立多渠道沟通机制，确保赛事组织者、物流服务商、参赛队伍及观众之间信息畅通无阻。在紧急情况下，及时通过短信、邮件、社交媒体等多种渠道发布预警信息和应急指令，引导相关人员迅速采取行动。

（四）供应链协同：增强整体效能

1. 建立供应链协同平台

利用区块链、云计算等技术构建供应链协同平台，实现供应商、生产商、物流服务商及赛事组织者之间的信息共享和协同作业。通过平台整合各方资源，优化物流流程，提高整体效能。

2. 强化合作伙伴关系

与关键供应商和物流服务商建立长期稳定的合作关系，通过签订战略合作协议、共享利润和风险等方式增强彼此之间的信任和依赖。在赛事筹备和执行过程中，加强沟通与协作，共同应对挑战和问题。

3. 推动标准化与规范化

推动供应链各环节的标准化和规范化建设，包括物资编码、包装规格、运输方式等方面的统一标准。这有助于减少沟通成本和提高作业效率，确保供应链各环节的顺畅衔接。

（五）绿色环保策略：实现可持续发展

1. 推广绿色包装与回收

采用可降解、可循环利用的绿色包装材料，减少对环境的影响。同时，建立完善的包装回收体系，鼓励参赛队伍和观众参与包装回收活动，实现资源的再利用。

2. 优化运输方式与节能减排

合理规划运输路线和方式，减少空驶率和重复运输。鼓励使用新能源车辆和低碳排放的运输工具，降低运输过程中的能耗和排放。同时，通过智能调度系统优化车辆配载和行驶速度，进一步提高运输效率并降低能耗。

3. 环保意识教育与传播

加强环保意识教育和传播工作，通过宣传海报、手册、视频等多种形式向参赛队伍、观众及工作人员普及环保知识。鼓励大家采取绿色生活方式和消费行为，共同推动冰雪产业的可持续发展。

由此可见，赛事物流优化管理需要从实时物流监控、智能库存管理、应急响应机制、供应链协同以及绿色环保策略等多个方面入手。通过综合运用现代信息技术和先进管理理念，不断提升物流管理的智能化、精细化水平，为冰雪赛事的顺利进行提供有力的保障。

二、冰雪旅游物流创新模式

在冰雪旅游产业的蓬勃发展中，物流作为支撑其高效运作的关键环节，面临着前所未有的挑战与机遇。为了适应冰雪旅游市场的多元化、个性化需求，物流管理模式亟须创新。以下笔者将重点探讨绿色物流与多式联运在冰雪旅游物流中的创新实践，以期为冰雪行业提供可借鉴的物流解决方案。

（一）绿色物流的实践

1. 环保包装材料的应用

在冰雪旅游商品运输过程中，采用可降解、易回收的环保包装材料是绿色物流的首要步骤。这不仅能减少环境污染，还能提升企业的社会责任感。例如，使用玉米淀粉基生物降解材料制成的包装袋，既轻便又环保，符合冰雪旅游对自然环境的尊重与保护理念。

2. 节能减排的运输方式

优化运输路线，减少空驶率，采用新能源车辆进行配送，是绿色物流的重要实践。对于长途运输，可以考虑利用太阳能、风能等可再生能源为车辆提供动力，或者选择电动、混合动力汽车以减少碳排放。同时，通过智能调度系统优化运输计划，确保车辆满载率，提高运输效率。

3. 废弃物管理与资源回收

在冰雪旅游景区内建立完善的废弃物分类与回收体系，鼓励游客和商家参与环保行动。对于可回收的废弃物，如塑料瓶、玻璃瓶等，设立专门的回收站点进行收集，并送至专业机构进行再加工利用。此外，对于不可回收的废弃物，应妥善处理，避免对环境造成污染。

4. 绿色仓储与配送中心

建立绿色仓储与配送中心，采用节能设备和技术，如 LED 照明、智能温控系统等，降低能耗。同时，合理规划仓库布局，提高空间利用率，减少物资搬运次数和距离。在配送过程中，采用先进的物流信息系统进行精准配送，减少无效运输和等待时间。

（二）多式联运的创新实践

1. 构建综合运输网络

针对冰雪旅游物流的特殊性，构建包括公路、铁路、航空和水运在内的综合运输网络至关重要。通过整合各种运输方式的优势资源，形成无缝衔接的物流通道，提高物流效率和服务质量。例如，对于长途冰雪旅游线路，可以采用"铁路+公路"联运模式，利用铁路运输的批量运输优势将物资快速运至目的地附近站点，再由公路运输完成最后一公里的配送服务。

2. 信息平台的整合与共享

建立多式联运信息平台，实现物流信息的实时共享与交互。该平台应集成各运输方式的订单管理、货物追踪、费用结算等功能，为货主、承运人、代理人等各方提供"一站式"服务。通过信息平台的数据分析功能，可以优化运输方案，提高物流效率并降低成本。

3. 标准化与规范化建设

推动多式联运的标准化与规范化建设是保障其高效运作的基础。这包括制定统一的货物装载标准、换装作业标准、信息传递标准等，确保不同运输方式之间的顺畅衔接。同时，加强与国际标准的对接与互认，提升我国冰雪旅游物流在全球范围内的竞争力。

4. 政策引导与扶持

政府应出台相关政策引导和支持多式联运的发展。例如，提供税收优惠、财政补贴等激励措施鼓励企业采用多式联运模式；加强基础设施建设投入，特别是交通枢纽和换装设施的建设；优化通关流程，提高口岸作业效率等。这些政策措施将为多式联运在冰雪旅游物流中的应用创造良好的外部环境。

由此可见，绿色物流与多式联运作为冰雪旅游物流的创新模式，不仅能够提升物流效率和服务质量，还能促进环境保护和可持续发展。通过环保包装材料的应用、节能减排的运输方式、废弃物管理与资源回收以及绿色仓储与配送中心的建立等措施实现绿色物流；通过构建综合运输网络、信息平台整合与共享、标准化与规范化建设以及政策引导与扶持等措施推动多式联运的发展。这些创新实践将为冰雪旅游产业的繁荣发展提供有力支撑。

第三节　河北省冰雪赛事物流管理案例研究

在冰雪运动蓬勃发展的浪潮中，河北省以其丰富的自然资源与持续的政策支持，成为我国冰雪赛事的重要舞台。本节将通过深入分析河北省冰雪赛事物流管理的现状、成功案例与经验，揭示其在应对挑战与把握机遇过程中的策略与智慧，以期为冰雪行业内其他地区的物流优化提供借鉴与启示。

一、现状分析

河北省作为中国北方重要的冰雪运动发展区域，近年来在冰雪赛事的举办上取得了显著成就，不仅成功承办了多项国家级和国际级冰雪赛事，还积极推动冰雪运动的普及与发展。在这一背景下，河北省冰雪赛事物流管理面临着诸多挑战与机遇，其现状呈现出多元化、复杂化的特点。以下笔者将从基础设施、物流体系、政策支持、市场需求以及存在的问题与挑战五个方面进行详细分析。

（一）基础设施不断完善，但仍须加强区域协同

1. 雪场与冰场建设

近年来，河北省加大了对冰雪运动基础设施的投资力度，新建和改扩建了一批高水平的滑雪场和滑冰场。这些设施不仅满足了日常训练和教学需求，也为举办各类冰雪赛事提供了有力支撑。然而，从区域协同的角度来看，部分地区的雪场和冰场分布相对分散，缺乏统一规划和有效整合，导致物流运输成本增加，资源利用效率不高。

2. 交通网络逐步优化

随着京、津、冀协同发展战略的深入实施，河北省的交通网络得到了进一步优化。高速公路、高速铁路等基础设施不断完善，为冰雪赛事物流的快速响应和高效运输提供了有力保障。然而，在极端天气条件下，如大雪封路、冰冻等情况，仍可能对物流运输造成一定影响，需要进一步加强应急预案的制定和实施。

（二）物流体系初步形成，但智能化水平有待提高

1. 传统物流模式占主导

目前，河北省冰雪赛事物流管理仍以传统模式为主，即依托第三方物流公司进行物资运输和仓储管理。这种模式在一定程度上满足了赛事的基本需求，但在响应速度、成本控制和服务质量等方面仍有提升空间。随着赛事规模的扩大和要求的提高，传统物流模式逐渐暴露出信息不透明、协同性差等问题。

2. 智能化技术应用初见端倪

为了应对传统物流模式的不足，部分赛事组织者开始尝试引入智能化技术，如物联网、大数据、人工智能等，以提升物流管理的效率和精准度。例如，通过物联网技术实现物资追踪和状态监控；利用大数据分析预测物资需求并优化库存；运用人工智能算法进行路径规划和配送调度等。然而，这些技术的应用尚处于起步阶段，普及程度和集成度均有待进一步提高。

（三）政策支持力度加大，但实施细则需进一步完善

1. 政策环境不断优化

近年来，国家及河北省政府高度重视冰雪运动的发展，出台了一系列扶持政策，为冰雪赛事物流管理的优化提供了有力支持。这些政策涵盖了基础设施建设、资金投入、税收优惠、人才培养等多个方面，为冰雪赛事物流管理的创新实践创造了良好的外部环境。

2. 实施细则待完善

尽管政策支持力度不断加大，但在具体实施过程中仍存在着一些问题和挑战。例如，部分政策条款较笼统，缺乏具体的操作指南和实施细则；政策之间的衔接不够紧密，导致执行过程中存在一定的困难。因此，需要进一步完善政策体系，明确实施路径和责任分工，确保政策的有效落地和执行。

（四）市场需求持续增长，但个性化需求凸显

1. 赛事规模不断扩大

随着冰雪运动的普及和赛事体系的完善，河北省举办的冰雪赛事规模不断

扩大、级别不断提高。这不仅为物流管理带来了更大的挑战和机遇，也促进了物流服务的专业化和精细化发展。赛事组织者对物流服务的品质、效率和安全性提出了更高要求。

2. 个性化需求日益明显

随着冰雪运动的深入发展，不同赛事、不同项目对物流管理的需求呈现出个性化特点。例如，高山滑雪赛事需要确保雪板、滑雪服等装备的及时运输和妥善保管，冰球赛事则需要提供冰面维护、装备清洗等专业服务。这些个性化需求要求物流管理企业不断创新服务模式、提升服务能力以满足赛事组织者的多样化需求。

（五）存在的问题与挑战

1. 物流成本高企

由于冰雪赛事的特殊性（如季节性明显、运输距离长、物资种类多等），导致物流成本相对较高。此外，部分地区的交通基础设施不完善、物流资源分散等问题也进一步推高了物流成本。这对赛事组织者和物流管理企业都构成了较大的经济压力。

2. 信息不对称与协同性差

在冰雪赛事物流管理过程中，信息不对称和协同性差是制约效率提高的关键因素之一。赛事组织者、物流公司、供应商等各方之间缺乏有效的信息共享和沟通机制，导致物流计划难以精准执行、物资调配不够灵活等问题频发。这不仅影响了赛事的顺利进行，还增加了不必要的成本和时间消耗。

3. 应急响应能力不足

面对极端天气、交通事故等突发情况，部分物流管理企业的应急响应能力不足，难以及时有效地应对。这可能导致物资延误、损坏甚至丢失等严重后果，给赛事带来不可估量的损失。因此，加强应急响应机制建设、提高应急处理能力是当前亟待解决的问题之一。

近年来，河北省冰雪赛事物流管理在基础设施、物流体系、政策支持、市场需求等方面均取得了一定进展，但仍面临诸多挑战和问题。为了进一步提升物流管理效率和服务质量，还需要不断加强基础设施建设、推动智能化技术应用、完善政策支持体系、满足个性化需求以及加强应急响应机制建设等方面的工作。

二、成功案例与经验

在河北省冰雪赛事物流管理的探索与实践中，不乏一些成功案例，这些案例不仅展示了物流管理的高效与精准，更为行业提供了宝贵的经验与启示。以下笔者将从数字化与智能化技术的应用案例、供应链协同优化的实践、绿色物流的实践探索以及应急响应机制建设的成效四个方面，详细介绍这些成功案例及其背后的经验。

（一）数字化与智能化技术的应用案例

1. 物联网技术在物资追踪中的应用

在某次大型冰雪赛事中，赛事组织者引入了物联网技术，为所有关键物资配备了 RFID 标签。这些标签能够实时传输物资的位置、状态及环境变化信息至中央控制系统。通过构建可视化监控平台，赛事组织者能够随时掌握物资的动态情况，确保物资在运输、仓储及分发过程中的安全与高效。此外，当物资出现异常（如丢失、损坏或延误）时，系统能立即发出警报，并自动触发应急响应机制，大大降低了风险。

2. 大数据预测与智能调度系统

通过对历史赛事物流数据的深入分析，系统能够预测未来赛事的物资需求趋势，为赛事组织者提供科学的采购与储备建议。同时，智能调度系统根据实时路况、天气情况及物资需求紧急程度，自动规划最优运输路径，并动态调整配送计划。这不仅显著提高了物流效率，还有效降低了运输成本。

3. 人工智能辅助决策支持

在某国际冰雪赛事中，人工智能算法被用于辅助物流管理的决策过程。系统通过分析海量数据，能够识别出影响物流管理效率的关键因素，如运输"瓶颈"、仓储容量限制等，并提出针对性的改进建议。此外，人工智能还能预测潜在风险，如极端天气对物流的影响，帮助赛事组织者提前制定应对措施。这种基于数据的决策支持极大地提升了物流管理的科学性和预见性。

（二）供应链协同优化的实践

1. 建立多方协同平台

为了实现供应链的高效协同，河北省某冰雪赛事组织者联合多家物流服务商、供应商及赛事相关方，共同建立了一个多方协同平台。该平台集成了订单管理、库存管理、运输调度等功能模块，实现了信息的实时共享与交互。通过该平台，各方能够协同制订物流计划、优化资源配置，并快速响应需求变化，显著提升了供应链的整体效能。

2. 标准化与规范化建设

为了促进供应链的顺畅运行，赛事组织者积极推动标准化与规范化建设。他们制定了统一的物资编码、包装规格及运输标准，确保各环节之间的无缝衔接。同时，通过定期举办培训与交流活动，提升供应链各方的标准化意识与操作能力。这些措施有效降低了沟通成本与操作误差，提高了供应链的整体效率与稳定性。

（三）绿色物流的实践探索

1. 环保包装材料的推广

在冰雪赛事物流管理中，环保包装材料的推广成为绿色物流的重要实践之一。赛事组织者鼓励供应商使用可降解、可循环利用的包装材料，如生物基塑料、纸质包装等。同时，他们还建立了包装回收体系，鼓励观众与工作人员参与包装回收活动。这些措施不仅减少了环境污染，还提升了赛事的环保形象。

2. 节能减排的运输方式

为了降低运输过程中的能耗与排放，赛事组织者积极推广节能减排的运输方式。他们优先选用新能源车辆进行物资运输，并合理规划运输路线与班次，减少空驶率与重复运输。此外，他们还利用智能调度系统优化车辆配载与行驶速度，进一步提高运输效率并降低能耗。

（四）应急响应机制建设的成效

1. 完善的应急预案体系

针对冰雪赛事中可能出现的极端天气、交通事故等突发情况，赛事组织者建立了完善的应急预案体系。他们制定了详细的应急响应流程与责任分工表，明确了各类突发情况下的应对措施与资源调配方案。同时，他们还定期组织应急演练活动，提升各方在紧急情况下的协同作战能力与快速反应能力。

2. 高效的应急物资储备与调配

为了确保应急响应的及时性与有效性，赛事组织者建立了高效的应急物资储备与调配机制。他们提前储备了必要的应急物资，如除雪设备、防滑链、急救药品等，并明确了储备地点与责任人。在突发情况下，系统能够迅速启动应急物资调配程序，确保物资在最短时间内送达现场并投入使用。

综上所述，河北省冰雪赛事物流管理的成功案例展示了数字化与智能化技术、供应链协同优化、绿色物流实践以及应急响应机制建设等方面的创新与实践。这些经验不仅为行业提供了宝贵的参考与借鉴，更为推动冰雪产业物流管理的现代化与可持续发展奠定了坚实的基础。

第六章

创新人才培养的理论基础

第一节　创新人才培养的教育理念

在冰雪产业高质量发展的时代背景下，创新人才培养成为推动产业升级与转型的关键力量。本节聚焦于创新人才培养的教育理念，旨在通过深入探讨其理论框架、目标与要求，为冰雪产业输送具备前瞻视野、创新思维与实践能力的复合型人才。教育理念作为人才培养的基石，不仅引领着教育实践的方向，也深刻影响着人才的成长路径与未来发展。因此，构建一套既符合冰雪产业特色又融入现代教育理念的人才培养体系显得尤为重要。本节将系统阐述创新人才培养的教育理念，为后续具体策略与措施的实施奠定坚实的理论基础。

一、理论框架

在探讨冰雪产业高质量发展背景下的创新人才培养时，构建一个全面、系统的理论框架至关重要。这一框架不仅需涵盖人才培养的核心要素、目标定位，还需深入解析教育理念、方法路径及评价体系等关键环节。以下笔者将从理论支撑、目标体系、内容构建及实施策略四个方面，系统地阐述创新人才培养的教育理念理论框架。

（一）理论支撑

创新人才培养的理论框架首先建立在坚实的教育学与心理学基础之上，同时融合管理学、社会学及技术创新理论等多学科视角。

1. 教育学基础

教育学为创新人才培养提供了基本的教育规律和原则。强调以学生为中心，注重激发学生的内在动机，培养其自主学习能力、批判性思维和创新能力。同时，关注教育过程中的师生互动、情景模拟及实践应用，以促进学生全面发展。

2. 心理学基础

认知心理学、发展心理学等理论为理解学生心理发展规律、优化学习体验提供了科学依据。创新人才培养需关注学生的认知特点、兴趣偏好及学习风格，通过设计符合学生心理需求的教学活动，激发其探索未知的热情和勇气。

3. 管理学与社会学视角

将管理学的组织理论、人力资源管理理论以及社会学的社会网络分析等方法引入人才培养体系，有助于优化资源配置，提高团队协作效率，并促进人才培养与社会需求的紧密对接。

4. 技术创新理论

随着科技的飞速发展，技术创新理论为创新人才培养提供了重要指导。强调关注新兴技术的发展趋势，将物联网、大数据、人工智能等前沿技术融入教学内容，培养学生的科技素养和创新能力，以适应未来社会的挑战。

（二）目标体系

创新人才培养的目标体系应围绕综合素质、创新能力及社会责任感三大核心维度展开。

1. 提升学生的综合素质

提升学生的综合素质包括扎实的专业知识、良好的人文素养、强健的体魄及健康的心理素质。通过多元化的课程体系、丰富的课外活动及心理健康教育等途径，全面提升学生的综合素质，为创新能力的培养奠定坚实的基础。

2. 增强学生的创新能力

着重培养学生的创新思维、问题解决能力及实践操作能力。通过项目驱动教学、创新实验室、科技竞赛等平台，鼓励学生大胆尝试、勇于创新，将理论知识转化为实践成果，不断提升其创新能力。

3. 培养学生的社会责任感

引导学生关注社会热点问题，积极参与公益活动，培养其强烈的社会责任感和使命感。通过社会实践、志愿服务等活动，让学生在服务社会的过程中增长见识、锤炼品德，成为有担当、有情怀的新时代青年。

（三）内容构建

创新人才培养的内容构建需围绕学科专业知识、创新技能及综合素质三大板块精心设计。

1. 学科专业知识

构建科学、系统的学科专业知识体系，注重基础理论与前沿动态的有机结合。通过优化课程设置、更新教学内容、引入经典案例等方式，确保学生掌握扎实的专业基础知识。

2. 创新技能培养

包括创新思维训练、科研方法指导及实践操作训练等方面。通过开设创新思维课程、组织科研讲座、开展创新实验及科技竞赛等活动，培养学生的创新思维、科研素养及实践操作能力。

3. 综合素质提升

强化人文素养教育、心理健康教育及职业生涯规划指导等内容。通过开设人文社科课程、组织心理健康教育活动及职业生涯规划讲座等方式，全面提升学生的综合素质和未来发展能力。

（四）实施策略

为确保创新人才培养理念的有效落地，须从课程体系优化、教学方法改革、师资队伍建设及评价体系建设四个方面入手，制定切实可行的实施策略。

1. 课程体系优化

打破传统学科界限，构建跨学科、综合性的课程体系。通过开设交叉学科课程、增设选修课程及实践环节等方式，拓宽学生的知识视野和提高学生的实践能力。

2. 教学方法改革

推广启发式、探究式及讨论式等现代教学方法，鼓励师生互动、生生交流。利用现代信息技术手段，如虚拟仿真实验、在线开放课程等，丰富教学手段和资源供给。

3. 师资队伍建设

加强教师队伍建设，提升教师的专业素养和教学能力。通过引进优秀人才、开展教师培训、建立激励机制等方式，打造一支高水平、专业化的教学团队。

4. 评价体系建设

构建多元化、全过程的评价体系，关注学生的综合素质和创新能力的发展。通过课堂表现评价、实践成果展示、同行评审及社会评价等多种方式，全面反映学生的学习成效和发展潜力。

由此可见，创新人才培养的教育理念理论框架是一个多维度、系统化的体系。通过夯实理论支撑、明确目标体系、优化内容构建及实施有效策略等措施，可以为冰雪产业高质量发展背景下的创新人才培养提供有力保障和科学指导。

二、目标与要求

在冰雪产业高质量发展与现代体育物流深度融合的背景下，创新人才培养的目标与要求不仅体现了对传统教育理念的继承与创新，更紧密结合了时代发展的新需求。以下笔者将从多个维度详细阐述创新人才培养的具体目标与要求。

（一）总体目标

创新人才培养的总体目标是培养具有扎实的专业知识、卓越的创新能力、良好的综合素质及高度社会责任感的新时代复合型人才。这些人才应具备国际视野、跨领域协作能力，能够在冰雪产业及相关领域发挥引领作用，推动产业向高端化、智能化、绿色化方向发展。

（二）具体要求

1. 掌握现代信息技术知识

在数字化、智能化技术日益渗透各行各业的今天，掌握现代信息技术知识已成为创新人才不可或缺的基本素养。具体要求包括以下五个方面。

（1）了解信息技术基础：理解计算机基本原理、网络架构、数据传输协议等基础知识，为后续深入学习打下坚实的基础。

（2）熟悉物联网技术：掌握物联网的基本概念、关键技术及应用场景，了解传感器、RFID 标签、无线通信等技术在物流、智能制造等领域的应用实例。

（3）精通大数据处理与分析：学习大数据的采集、存储、处理与分析方法，能够运用 Hadoop、Spark 等大数据处理框架进行数据分析与挖掘，为决策提供科学依据。

（4）掌握人工智能技术：了解机器学习、深度学习等人工智能算法原理，熟悉自然语言处理、计算机视觉等应用领域，能够运用 AI 技术解决实际问题。

（5）实践应用与创新能力：通过课程实验、项目实践等方式，将所学知识应用于解决实际问题，培养创新思维和实践能力，鼓励学生在信息技术领域进行探索与创新。

2. 强化冰雪产业专业知识

针对冰雪产业的特点与需求，创新人才须具备扎实的冰雪产业专业知识，包括但不限于以下四个方面。

（1）冰雪运动原理与技能：了解冰雪运动的基本原理、技术动作及训练方法，具备一定的运动技能水平，能够指导运动员进行科学训练。

（2）冰雪装备研发与设计：掌握冰雪装备的设计原理、材料科学及制造工艺，了解市场需求与发展趋势，能够参与装备的研发与创新工作。

（3）冰雪赛事组织与管理：熟悉冰雪赛事的组织流程、规则体系及运营管理，具备赛事策划、宣传推广及风险控制等能力。

（4）冰雪旅游与资源开发：了解冰雪旅游市场的现状与趋势，掌握旅游资源开发与规划方法，能够参与冰雪旅游产品的设计与推广。

3. 提升跨学科综合能力

创新人才需具备跨学科的综合能力，能够在复杂多变的环境中灵活应对各种挑战，推动冰雪产业创新与发展。

（1）跨学科知识整合：掌握管理学、经济学、社会学等相关学科知识，能够运用多学科视角分析问题、解决问题。

（2）团队协作与领导力：具备良好的沟通与协作能力，能够在团队中发挥引领作用，推动项目顺利进行。

（3）创新思维与问题解决：培养敏锐的创新意识，面对问题能够迅速提出新颖、有效的解决方案。

4.增强社会责任感与全球视野

创新人才需具备强烈的社会责任感与全球视野，关注可持续发展问题，积极参与社会公益活动。

（1）社会责任感：引导学生关注社会热点问题，积极参与公益事业，培养其强烈的社会责任感和使命感。

（2）全球视野：了解国际冰雪产业的发展动态与趋势，关注跨国合作与交流机会，具备在国际舞台上竞争与合作的能力。

（三）实施路径

为确保上述目标与要求的实现，需从以下四个方面入手制定切实可行的实施路径。

（1）优化课程体系：构建跨学科、综合性的课程体系，将现代信息技术、冰雪产业专业知识及跨学科知识融入教学过程。

（2）改革教学方法：推广启发式、探究式等现代教学方法，鼓励学生主动参与、自主探索，培养其创新思维与实践能力。

（3）加强师资队伍建设：引进优秀人才、开展教师培训，提升教师的专业素养和教学能力，打造高水平、专业化的教学团队。

（4）建立多元评价体系：构建多元化、全过程的评价体系，关注学生的综合素质和创新能力的发展，通过课堂表现评价、实践成果展示、同行评审及社会评价等多种方式，全面反映学生的学习成效和发展潜力。

创新人才培养的目标与要求紧密结合了冰雪产业高质量发展与现代体育物流深度融合的时代背景，旨在培养具有扎实专业知识、卓越创新能力、良好综合素质及高度社会责任感的新时代复合型人才。通过优化课程体系、改革教学方法、加强师资队伍建设及建立多元评价体系等措施，可以有效推动这些目标与要求的实现。

第二节 体育人才培养的模式与方法

随着冰雪产业的蓬勃兴起，体育人才培养的传统模式面临着前所未有的挑战与机遇。传统模式虽在塑造基础体育技能和理论知识方面积累了丰富经验，但在面对冰雪产业高度专业化、智能化及国际化的发展趋势时，其局限性日益凸显。跨界融合与复合型人才培养成为新时代背景下体育人才培养的必然趋势。本节将深入探讨体育人才培养的传统模式，剖析其培养目标、课程体系、教学方法及评价体系的现状与不足，进而引出创新模式的必要性与紧迫性。通过跨界融合、产学研一体化及国际化视野等创新策略，为冰雪产业培养更多具备跨学科知识、实践能力及全球竞争力的高素质复合型人才，进而推动冰雪产业的高质量发展。

一、传统模式

体育人才培养的传统模式，作为长期教育实践的积淀，对于培养基础体育技能和理论知识具有重要意义。然而，在快速发展的冰雪产业背景下，传统模式逐渐显露出其局限性，尤其是在应对新兴产业需求和挑战时。以下将从培养目标、课程体系、教学方法及评价体系四个方面详细阐述体育人才培养的传统模式。

（一）培养目标

传统体育人才培养模式的培养目标，长期以来，主要聚焦于培养具备扎实基础体育技能和系统理论知识的专业人才。在这一模式下，学生被期望通过严格的训练，熟练掌握篮球、足球、田径等传统体育项目的运动技能，并深入学习运动生理学、运动解剖学、运动心理学等相关学科的理论知识。这种培养路径旨在为学生打下坚实的专业基础，使他们能够胜任体育教学、运动训练、体育赛事组织策划与管理等一系列基础性工作。

然而，随着全球经济的持续繁荣和产业结构的深刻变革，特别是冰雪产业这一新兴战略性产业的迅速崛起，市场对人才的需求发生了根本性的变化。冰雪产业不仅融合了体育、旅游、文化等多个领域，还高度依赖于现代科技的支持，其发展呈现出高度专业化、智能化的趋势。在这样的背景下，市场对人才的需求已远非传统培养模式所能满足。冰雪产业从业者不仅需要具备扎实的专业技能，还需要掌握跨学科的知识储备，如物联网、大数据、人工智能等前沿技术，以应对产业快速变革带来的挑战。

此外，冰雪产业的复杂性和动态性还要求从业者具备强烈的创新精神和解决问题的能力。面对不断变化的市场环境和客户需求，从业者需要能够迅速调整策略，创新服务模式，以满足客户的多样化需求。这种对创新思维和实践能力的高要求，使得传统体育人才培养模式中单一技能型人才的培养路径显得愈加受到局限。

因此，在新时代背景下，我们必须重新审视和调整体育人才的培养目标。从单一技能型人才向高素质、复合型人才的转变，不仅是冰雪产业发展的迫切需要，也是教育体系适应时代变革、提升人才培养质量的必然选择。

（二）课程体系

传统体育人才培养的课程体系构建主要围绕体育学基础理论展开，从而形成了一个相对完整的知识体系。在这一体系中，体育学基础理论作为核心，为学生奠定了坚实的专业基础。同时，辅以运动生理学、运动解剖学、运动心理学等专业课程，旨在深化学生对人体运动机制、运动与健康关系等方面的理解。这些课程通过理论与实践相结合的方式帮助学生掌握了运动科学的精髓，为其未来在体育领域的职业发展奠定了坚实的基础。

然而，随着冰雪产业的快速发展，其对人才的要求已远非传统体育课程体系所能完全覆盖。冰雪产业不仅要求从业者具备深厚的体育专业知识，更要求其能够跨学科整合物流、管理、信息技术等多个领域的知识与技能。遗憾的是，传统课程体系在跨学科知识的整合与应用方面存在明显不足。尽管部分高校已尝试引入物流管理、信息技术等相关课程，但这些课程与体育专业课程往往相对独立，缺乏深度的交叉融合，难以形成系统性的跨学科知识体系。

在冰雪产业中，从赛事组织到物流管理，从运动员训练到观众服务，每一个环节都涉及多个领域的专业知识与技能。例如，赛事物流管理需要同时掌握体育赛事特点、物流运作规律及信息技术应用；运动员训练则需要结合运动科学原理与智能穿戴设备的数据分析。因此，传统课程体系在面对冰雪产业的多元化需求时，往往显得力不从心，难以全面满足市场对高素质、复合型人才的培养要求。为此，对传统体育课程体系进行革新，构建跨学科、综合性的课程体系，已成为冰雪产业背景下创新人才培养的迫切需求。

（三）教学方法

传统体育人才培养的教学方法较为传统且单一，主要以讲授法为核心，辅以示范法和练习法。在这种教学模式下，教师通常在课堂上系统地讲授理论知识，通过详细讲解和解释，帮助学生构建起体育学科的理论框架。同时，通过示范法，教师会亲自展示运动技能，让学生直观感受并模仿，从而逐步掌握正确的动作要领。此外，练习法也是不可或缺的一环，学生在教师的指导下进行大量的实践练习，通过反复尝试和纠正，逐渐熟练掌握各项运动技能。

然而，随着冰雪产业的蓬勃发展和现代体育物流的兴起，这种传统的教学方法逐渐暴露出其在培养创新思维和实践能力方面的局限性。冰雪产业作为一个高度专业化和智能化的领域，其要求从业者不仅要掌握扎实的体育专业知识和技能，更要具备应对复杂多变市场环境的能力，以及解决实际问题的能力。而传统的教学方法过于注重知识的传授和技能的训练，往往忽视了对学生创新思维的激发和实践能力的培养。

在冰雪产业中，创新思维是推动行业进步和产业升级的重要动力。从业者需要具备敏锐的洞察力、灵活的应变能力和持续的创新精神，才能在激烈的市场竞争中脱颖而出。因此，创新教学方法，引入案例分析、小组讨论、项目式学习等互动性、参与性更强的教学方式，对于培养学生的创新思维和实践能力至关重要。同时，结合现代信息技术手段，如虚拟现实（VR）、增强现实（AR）等，为学生提供更加丰富、直观的学习体验，也将有助于提升教学效果和学生的学习兴趣。

由此可见，传统体育人才培养的教学方法在传授基本技能和知识方面具有一定优势，但在培养创新思维和实践能力方面存在不足。为了适应冰雪产业对高素质、复合型人才的需求，亟须对传统教学方法进行改革和创新。通过引入新的教学理念和方法，构建多元化、综合性的教学体系，这将有助于学生更好地掌握体育专业知识，提升创新思维和实践能力，为未来的职业发展奠定坚实的基础。

（四）评价体系

长期以来，传统体育人才培养的评价体系一直侧重于考试和竞赛成绩，这种单一的评估方式虽然在一定程度上确保了对学生技能和理论知识的掌握情况进行有效检验，但其局限性也日益凸显。在评价体系中，考试主要考查学生对知识点的记忆和理解，而竞赛成绩则侧重于技能的实际应用和表现，两者共同构成了对学生学习成果的基本评判框架。

随着冰雪产业的快速崛起及其对复合型、创新型人才需求增加的背景下，传统评价体系的局限性愈加明显。冰雪产业不仅要求学生具备扎实的专业技能和理论知识，更强调创新思维、团队协作以及解决实际问题的能力。这些软技能和能力在传统评价体系中往往难以得到全面、客观的评估。

因此，构建一个多元化、综合性的评价体系显得尤为重要。这一体系应涵盖以下几个方面：首先，除了传统的考试和竞赛成绩，还应引入项目报告、案例分析、团队作业等多样化的评价方式，以全面考查学生的综合素质和创新能力；其次，通过组织模拟比赛、实战演练等活动，评估学生在应对复杂情境和解决实际问题时的表现；再次，鼓励学生参与科研项目、社会实践等，通过过程性评价和成果展示，全面反映学生的创新能力和团队协作能力；最后，引入同行评审、导师评价等多维度反馈机制，确保评价的客观性和公正性。

在冰雪产业高质量发展的背景下，对体育人才培养的评价体系需进行全面改革和创新。通过引入多元化评价方式、注重过程性评价和软技能评估，以及构建综合反馈机制，确保评价体系能够全面、客观地反映学生的综合素质、创新能力和发展潜力，为冰雪产业培养更多高素质、复合型人才。

传统体育人才培养模式在培养基础体育技能和理论知识方面具有重要作用，但在应对冰雪产业等新兴产业需求时却显露出其局限性。随着冰雪产业的快速发展和现代体育物流的兴起，传统模式亟须改革创新以适应新的市场需求和发展趋势。接下来，笔者将探讨创新人才培养模式及其在体育人才培养中的应用与实践。

二、创新模式

在新时代背景下，冰雪产业对体育人才的需求已经远远超出了传统单一技能型人才的范畴，更加倾向于跨界融合培养与复合型人才的培养。体育人才培养必须进行创新，才能适应冰雪产业高质量发展的要求。以下笔者将详细介绍四种创新的人才培养模式，特别是"跨界融合培养与复合型物流管理人才培养"。

（一）跨界融合培养模式

跨界融合培养模式旨在打破传统学科界限，通过跨学科的教育与合作，培养具备多学科知识和技能的复合型人才。在冰雪产业中，这种培养模式尤为重要，因为冰雪产业本身就是一个融合了体育、旅游、文化、物流等多个领域的综合性产业。

1. 跨学科课程设置

跨学科课程设置是跨界融合培养模式的核心。课程设置应涵盖体育学、管理学、经济学、信息技术等多个领域。例如，在体育管理专业中增设物流管理、大数据分析等课程，使学生不仅能够掌握体育赛事的组织与管理，还能了解物流运作和数据分析的基本知识。同时，鼓励学生选修其他专业的课程，拓宽知识面。

2. 校企合作与实习实训

通过与企业建立紧密的合作关系，为学生提供更多的实习实训机会。企业可以提供真实的工作环境和项目，让学生在实践中学习和应用跨学科知识。例如，与冰雪赛事运营商、物流公司等合作，让学生在赛事组织、物流管理等实际工作中提升解决问题的能力。

3. 项目驱动教学

采用项目驱动教学法，通过实际项目引导学生综合运用多学科知识解决问题。例如，设计一个冰雪赛事的物流管理方案，要求学生综合运用体育赛事组织、物流管理、信息技术等多学科知识，完成方案的设计与实施。

（二）复合型物流管理人才培养模式

复合型物流管理人才是冰雪产业高质量发展的重要支撑。他们不仅需要掌握物流管理的基本知识，还需要了解冰雪赛事的特点和需求，同时具备一定的信息技术应用能力。

1. 物流管理基础与专业技能培养

物流管理基础与专业技能是复合型物流管理人才的基本素养。通过开设物流管理基础课程，使学生掌握仓储、运输、配送等基本知识。同时，结合冰雪赛事的特点，增设冰雪赛事物流管理、冷链物流等特色课程，使学生具备针对性的专业技能。

2. 信息技术应用能力提升

信息技术在物流管理中的应用日益广泛，因此提升信息技术应用能力是复合型物流管理人才培养的重要任务。通过开设大数据分析、物联网技术、人工智能等课程，使学生掌握现代信息技术在物流管理中的应用，如利用大数据分析预测赛事物资需求和利用物联网技术实现物资的实时追踪与管理。

3. 实战演练与案例分析

通过实战演练和案例分析，增强学生的实践能力和问题解决能力。组织模拟冰雪赛事物流管理项目，让学生在实践中运用所学知识解决实际问题。同时，分析国内外冰雪赛事物流管理的成功与失败案例，总结经验教训，提升学生的专业素养。

（三）产学研一体化培养模式

产学研一体化培养模式是一种高度集成的教育模式，它紧密联结学术研究、教育教学与产业实践，旨在通过多方合作与资源共享，提升人才培养的质量与针对性，进而推动冰雪产业的创新发展。

1. 共建科研平台

共建科研平台是产学研一体化培养模式的核心环节之一。高校、企业与研究机构通过共同建设实验室、研发中心等平台，能够整合各自的优势资源，开展前沿科技研究和技术创新。这种合作模式不仅有助于推动科研成果的快速转化与应用，还能促进学术研究与产业实践的深度融合。在具体实施中，平台可以定期举办学术交流会议，分享最新研究成果和技术进展，为师生提供与行业专家面对面交流的机会。同时，通过设立联合基金、共同申报科研项目等方式，激励多方共同参与科研项目，形成协同创新的良好氛围。

2. 教学与实践相结合

产学研一体化培养模式强调课堂教学与产业实践的紧密结合。在教学过程中，通过引入真实世界的案例和项目，使学生能够在理论学习的同时，了解行业发展的最新动态和实际需求。同时，通过与冰雪赛事运营商、物流公司等企业的合作，为学生提供丰富的实习实训机会。学生可以在实际工作岗位上锻炼自己的专业技能和解决问题的能力，积累宝贵的实践经验。此外，高校还可以根据企业需求定制特色课程，使教学内容更加贴近实际，提高人才培养的针对性和实用性。

3. 创业与创新教育

创业与创新教育是产学研一体化培养模式的重要组成部分。为了培养学生的创新精神和创业能力，高校应积极开设创业课程，邀请行业专家进行授课，分享创业经验和成功案例。同时，组织创业竞赛和创业沙龙等活动，激发学生的创业热情，鼓励他们积极投身创新创业实践。此外，高校还可以与企业合作建立创业孵化基地，为创业团队提供资金、场地、导师等资源支持，帮助他们实现创业梦想。通过创业与创新教育，学生不仅能够掌握创业的基本知识和技能，还能够培养出敏锐的市场洞察力和风险应对能力，为未来的职业发展奠定坚实的基础。

（四）国际化视野培养模式

在全球化的今天，冰雪产业作为国际交流的重要平台，对具有国际视野的人才需求日益迫切。因此，培养具有全球意识和跨文化交流能力的人才，成为冰雪产业创新人才培养的重要目标。

1. 国际交流与合作

为了培养学生的国际视野，高校应积极寻求与国际知名高校和研究机构的合作机会。通过建立长期稳定的合作关系，组织学生参与国际学术会议、交流访问和海外研修项目，让他们亲身体验异国文化，了解国际冰雪产业的发展动态和技术前沿。同时，鼓励和支持教师参加国际学术会议和研讨会，加强与国际同行的交流与合作，引入国外先进的教学理念和方法，提升教学质量和科研水平。此外，通过与国际冰雪产业协会、赛事组织等机构的合作，共同开展科研项目和人才培养计划，拓宽学生的国际视野和实践经验。

2. 多语种能力培养

在冰雪产业的国际化进程中，语言能力是不可或缺的工具。特别是英语作为国际通用语言，在冰雪产业的国际交流与合作中占据重要地位。因此，高校应重视培养学生的多语种能力，特别是英语表达能力。通过开设专门的英语课程，结合冰雪产业的特点和需求，设计实用性强、贴近实际工作场景的课程内容。同时，利用英语角、国际交流、在线学习资源等多种形式，创造浓厚的英语学习氛围，提升学生的英语听说读写能力。此外，鼓励学生参加国际性的冰雪赛事、会议和活动，提高他们的语言应用能力和跨文化交际能力。

3. 跨文化交流能力训练

跨文化交流能力是国际人才必备的核心素质之一。为了培养学生的跨文化交流能力，高校可以组织模拟国际会议、国际商务谈判等活动，让学生在模拟的真实场景中锻炼跨文化沟通能力。同时，利用国际文化节、留学生交流活动等形式，增进学生对不同文化的了解和尊重，培养他们的文化敏感性和包容性。此外，通过案例分析、角色扮演等方式，教授学生如何在不同文化背景下进行有效的沟通与合作，解决文化差异带来的挑战。通过这些训练，学生将能够更好地适应国际化的工作环境，为冰雪产业的国际合作与交流贡献力量。

跨界融合与复合型物流管理人才的培养，是适应冰雪产业高质量发展的重要途径。通过跨学科课程设置、校企合作与实习实训、项目驱动教学、产学研一体化培养、国际化视野培养等方式，可以培养出具有多学科知识、实践能力和创新精神的高素质、复合型人才，为冰雪产业的持续发展提供有力支撑。

第三节　现代教育技术在人才培养中的应用

随着科技的飞速进步，现代教育技术如雨后春笋般蓬勃发展，为教育领域带来了前所未有的变革。这些技术不仅极大地丰富了教学手段，还深刻影响了人才培养的模式与路径。在体育人才培养领域，现代教育技术的应用更是为传统训练模式注入了新的活力。通过物联网、大数据、人工智能等先进技术的融合，体育训练实现了智能化、精准化，为运动员提供了更加科学、高效的训练方案。同时，这些技术还促进了学生实践能力与创新能力的提升，为培养具有全面素质和创新能力的高素质体育人才奠定了坚实的基础。本节将深入探讨现代教育技术在人才培养中的应用，特别是其在体育人才培养中的独特作用与价值，以期为创新人才的培养提供有益的参考与借鉴。

一、教育技术发展

随着科技的飞速发展，现代教育技术正以前所未有的速度改变着教育领域，为创新人才培养提供了强有力的技术支持。物联网、大数据、人工智能等先进技术的广泛应用，不仅极大地丰富了教学手段，还显著提升了教学质量和学习效果。本节将深入探讨这些技术在教育领域的应用及其对创新人才培养的深远影响。

（一）物联网在教育中的应用

物联网（internet of things, IoT）作为新一代信息技术的重要组成部分，其是通过智能感知、识别技术与普适计算等通信感知技术，将各种信息传感设备与互联网结合起来而形成的一个巨大网络。在教育领域，物联网技术的应用为教学环境智能化、教学资源管理精细化提供了可能。

1. 智能教室的构建

物联网技术可以应用于智能教室的构建，通过传感器、RFID标签等设备实时监测教室内的环境参数（如温度、湿度、光照强度等），并根据学生和教师的需求自动调整至最佳状态，从而创造一个舒适、高效的学习环境。同时，智能教室还可以集成多媒体教学设备、互动白板等先进教学工具，提高课堂教学的互动性和趣味性。

2. 实验实训设备的智能化管理

在体育、工程、医学等需要大量实验实训的专业领域，物联网技术可以实现对实验实训设备的智能化管理。通过为设备配备传感器和 RFID 标签，实时监测设备的运行状态、使用频率和维护情况，帮助管理人员及时发现问题并进行维护，以确保设备的正常运行和高效利用。此外，物联网技术还可以实现设备的远程控制和远程监控，提高实验实训的安全性和便捷性。

3. 学生行为数据的收集与分析

物联网技术还可以应用于学生行为数据的收集与分析。通过在学生佩戴的智能手环、学生卡等设备中集成传感器，实时监测学生的出勤情况、运动轨迹、学习习惯等行为数据，为个性化教学提供数据支持。通过对这些数据的深入分析，教师可以更准确地了解学生的学习状态和兴趣偏好，制订更加符合学生需求的教学计划和辅导策略。

（二）大数据在教育中的应用

大数据技术的崛起为教育领域带来了革命性变化。通过对海量教育数据的收集、存储、处理和分析，大数据技术能够揭示教育活动的内在规律和潜在价值，为精准教学、个性化学习提供科学依据。

1. 精准教学决策

大数据技术可以帮助教育机构更加精准地了解学生的学习状况和需求。通过对学生的学习成绩、作业完成情况、课堂表现等多维度数据的收集和分析，教师可以发现学生在学习过程中的薄弱环节和兴趣点，从而制定更加具有针对性的教学计划和辅导策略。同时，教育机构还可以利用大数据技术对教学资源进行优化配置，提高教学资源的利用效率和教学质量。

2. 个性化学习路径规划

大数据技术还可以帮助学生规划个性化的学习路径。通过对学生学习行为数据的深入分析，系统可以为学生推荐符合其学习水平和兴趣爱好的学习资源和学习任务，帮助学生更加高效地掌握知识点和技能点。此外，大数据技术还可以根据学生的学习进度和反馈动态调整学习路径和学习计划，确保学生能够在最短时间内达到最佳学习效果。

3. 教学质量评估与反馈

大数据技术还可以应用于教学质量评估与反馈。通过对教师教学效果、学生学习成果等多维度数据的收集和分析，教育机构可以全面评估教学质量和学习效果，及时发现存在的问题并采取有效措施进行改进。同时，大数据技术还可以为教师和学生提供实时反馈机制，帮助他们及时调整教学策略和学习方法，提高教学效果和学习效率。

（三）人工智能在教育中的应用

人工智能技术的快速发展为教育领域带来了新的机遇和挑战。通过模拟人类智能的过程和方法对信息环境所感知的对象进行解释，并以此为基础做出决策和行动，人工智能技术能够实现教学内容的智能化生成、教学过程的智能化管理和教学评价的智能化实施。

1. 智能辅导系统

人工智能技术可以应用于智能辅导系统的开发。通过分析学生的学习行为和反馈数据，智能辅导系统能够自动识别学生的学习需求和问题所在，并提供个性化的辅导建议和解决方案。例如，通过自然语言处理技术实现与学生的智能对话和交流；通过机器学习算法对学生的学习进度和效果进行实时评估和预测；通过推荐算法为学生提供符合其兴趣和能力水平的学习资源和任务等。

2. 自动化测评系统

人工智能技术可以应用于自动化测评系统的开发。通过对学生的作业、考试等成果进行自动批改和评分，自动化测评系统能够显著提高测评效率和准确性。同时，系统还可以对测评结果进行深度分析，帮助学生和教师发现存在的问题和改进方向，如利用图像识别技术对客观题进行自动批改，利用自然语言处理技术对主观题进行智能评分和分析等。

3. 虚拟学习助手

人工智能技术可以开发虚拟学习助手，为学生提供全方位的学习支持。虚拟学习助手可以模拟人类教师或辅导员的角色与学生进行互动和交流，根据学生的需求和问题提供个性化的学习建议和解决方案，通过自然语言处理和语音识别技术实现与学生的智能对话和交流等。虚拟学习助手不仅能够帮助学生解决学习中的困惑和问题，还能够通过智能分析和预测为学生提供更加精准的学习指导和反馈机制。

物联网、大数据、人工智能等现代教育技术的广泛应用，为创新人才的培养提供了强有力的技术支持。这些技术的应用不仅丰富了教学手段和资源，还显著提高了教学质量和学习效果，为培养具有创新精神和实践能力的高素质人才奠定了坚实基础。在未来的发展中，随着技术的不断进步和应用场景的不断拓展，现代教育技术将在教育领域发挥更加重要的作用，为创新人才培养贡献更大的力量。

二、在体育人才培养中的作用

随着现代教育技术的迅猛发展，其在体育人才培养中的作用日益凸显。通过虚拟现实（VR）、在线模拟等技术的应用，以及对学生实践能力与创新能力的着重培养，现代教育技术为体育人才提供了更加高效、多元化的学习与发展路径。

（一）虚拟现实（VR）、在线模拟等技术的应用

1. 技能训练的模拟与强化

虚拟现实（VR）技术通过构建高度逼真的三维环境，为体育人才提供了近乎真实的训练体验。在冰雪运动中，VR技术可以模拟各种雪道条件、比赛场景以及天气变化，使运动员能够在安全的环境下反复练习高难度动作，提升技能水平。例如，滑雪运动员可以在VR环境中模拟不同难度级别的雪道滑行，感受不同的速度控制和平衡调整，从而在实际比赛中更加从容应对。

此外，VR技术还可以用于比赛策略的模拟与演练。运动员可以在虚拟环境中与队友配合进行战术演练，通过反复试错和优化，找到最佳的比赛策略。这种模拟训练不仅提高了训练效率，还降低了实际比赛中的风险。

2. 运动损伤的预防与康复

在体育训练中，运动损伤是运动员不得不面对的风险之一。通过VR技术，

运动员可以在虚拟环境中进行损伤预防训练，了解不同动作可能带来的损伤风险，并学会正确的预防措施。同时，对于已经受伤的运动员，VR 技术还可以提供个性化的康复方案，通过模拟特定的运动模式来帮助运动员逐步恢复功能。

例如，对于膝关节受伤的滑雪运动员，VR 技术可以模拟滑雪过程中的腿部动作，并根据运动员的恢复情况调整训练难度和强度，以确保其在康复过程中既能得到足够的锻炼，又能避免其再次受伤。

3. 心理素质的锻炼与提升

体育比赛不仅考验运动员的身体素质，更能考验其心理素质。通过 VR 技术，运动员可以在虚拟环境中体验各种比赛场景和突发情况，从而锻炼自己的心理承受能力和应变能力。例如，在模拟的高强度比赛中，运动员需要面对观众的欢呼声、对手的挑衅以及自身的紧张情绪等多重压力，通过反复训练来提升自己的专注力和自信心。

（二）提升学生实践能力与创新能力

1. 实践环境的多样化与灵活性

现代教育技术的应用为学生提供了更加多样化和灵活的实践环境。通过虚拟实验室、在线模拟平台等工具，学生可以随时随地进行实践操作和演练，不再受时间和空间的限制。这种灵活的实践环境不仅提高了学生的学习效率，还激发了他们的学习兴趣和创造力。

在体育人才培养中，学生可以通过在线模拟平台参与各种体育赛事的组织与管理、运动装备的研发与设计等实践活动。这些活动不仅能够让学生将所学知识应用于实际问题的解决中，还培养了他们的团队协作能力和创新思维。

2. 创新项目的孵化与实施

现代教育技术能够为学生提供创新项目的孵化与实施平台。通过大数据分析、人工智能算法等技术手段，学生可以自主选题、设计实验方案并实施创新项目。这些项目不仅锻炼了学生的科研能力和创新能力，还为他们未来的职业发展奠定了坚实的基础。

在体育领域，学生可以利用现代教育技术进行创新装备的研发，如利用 3D 打印技术设计个性化的滑雪板，利用物联网技术实现运动装备的实时监控与数据分析等。这些创新项目不仅提高了装备的性能和安全性，还推动了体育产业的智能化发展。

3.跨学科融合的实践平台

现代教育技术还可为学生提供跨学科融合的实践平台。通过构建跨学科的教学与研究团队，学生可以接触到不同领域的知识和技能，从而实现知识的交叉融合与综合运用。这种跨学科融合的实践平台不仅拓宽了学生的视野和思维方式，还培养了他们的综合素质和创新能力。

在体育人才培养中，跨学科融合的实践平台可以让学生接触到管理学、信息科学、材料科学等多个领域的知识与技能。例如，通过参与体育赛事的组织与管理项目，学生可以学习项目管理、市场营销等管理学知识；通过参与运动装备的研发项目，学生可以了解材料科学、机械设计等理工科知识。这种跨学科融合的实践平台为学生提供了更加全面和深入的学习体验和发展机会。

现代教育技术在体育人才培养中发挥着重要作用。通过虚拟现实（VR）、在线模拟等技术的应用以及对学生实践能力与创新能力的着重培养，现代教育技术为体育人才提供了更加高效、多元化的学习与发展路径。这不仅提高了学生的专业技能和综合素质，更推动了体育产业的创新与发展。

第七章

冰雪产业人才培养的实践与挑战

第一节 冰雪产业人才培养现状分析——以河北省为例

冰雪产业作为新兴朝阳产业,其发展依赖于专业人才的培养。河北省作为中国冰雪运动的重要基地,其人才培养现状对产业未来的发展至关重要。本节将分析河北省冰雪产业人才培养的多维现状,包括教育体系、师资力量、课程设置及与现代体育物流的融合,并探讨产业对现代化技能的新需求。在全球化和科技发展背景下,优化人才培养体系、提升人才素质和创新能力,是推动冰雪产业高质量发展的关键。

一、现状与问题

随着冰雪运动的蓬勃发展和冰雪产业的快速崛起,河北省在冰雪产业人才培养方面进行了积极的探索与实践,但仍面临诸多问题与挑战。这些问题不仅影响了冰雪产业的整体发展水平,也制约了高素质冰雪产业人才的培养与输出。

(一)教育体系、师资力量、课程设置分析

河北省冰雪产业的人才培养现状,是反映该地区冰雪运动发展水平的重要指标之一。近年来,随着冰雪运动的普及和推广,河北省在教育体系、师资力量及课程设置等方面进行了积极的探索与实践,但仍存在一些问题和挑战。

1. 教育体系有待完善

冰雪产业人才培养涉及多个领域,包括体育教育、运动训练、物流管理、信息技术等。然而,目前河北省的教育体系在冰雪产业人才培养方面仍存在诸

多不足。一方面，冰雪运动专业的高校设置较少，且主要集中在几所重点高校，难以满足日益增长的冰雪产业人才需求；另一方面，冰雪产业相关专业的课程设置尚不完善，缺乏跨学科的综合培养体系。

针对这一问题，河北省应积极推动教育体系的改革与创新。首先，鼓励和支持有条件的高校增设冰雪运动、冰雪装备设计与制造、冰雪赛事管理等相关专业，扩大招生规模，提高培养质量。其次，加强与国内外知名高校和研究机构的交流合作，引进先进的教育理念和教学资源，提升本省冰雪产业人才培养的水平。最后，推动职业教育与冰雪产业的深度融合，加强校企合作，为学生提供更多的实践机会和就业岗位。

2. 师资力量亟待加强

师资力量是保障教学质量和人才培养质量的关键因素。然而，目前河北省在冰雪产业人才培养方面的师资力量仍就相对薄弱。一方面，具有丰富实践经验和专业技能的教师数量不足；另一方面，教师的专业结构和知识背景单一，难以满足跨学科综合培养的需求。

为了加强师资力量，河北省应采取多种措施。首先，加大对现有教师的培训力度，鼓励和支持他们参加国内外学术交流、技能培训等活动，以提升自身专业素养和教学能力。其次，积极引进国内外优秀的冰雪产业人才，特别是那些具有丰富实践经验和跨学科背景的教师，充实教学团队。最后，加强校际间的师资共享与合作，通过联合授课、共同指导等方式，实现优质师资资源的最大化利用。

3. 课程设置需进一步优化

课程设置是培养人才的重要环节。目前，河北省在冰雪产业人才培养方面的课程设置还存在一些问题。一方面，课程结构单一，缺乏跨学科的综合培养；另一方面，课程内容滞后于产业发展的需求，难以适应市场变化。

为了优化课程设置，河北省应加强对市场需求和产业发展趋势的调研与分析。根据调研结果调整课程结构，增加跨学科的综合课程和实践课程比重。例如，在体育教育专业中增加物流管理、信息技术等相关课程；在赛事管理专业引入市场营销、品牌管理等内容。同时，及时更新课程内容，确保与产业发展需求保持一致。此外，还应注重培养学生的实践能力和创新精神，通过开设实践课、实训课、创新项目等方式提高学生的综合素质和就业竞争力。

近年来，河北省在冰雪产业人才培养方面取得的成绩有目共睹，但仍面临诸多挑战。未来应进一步完善教育体系、加强师资力量建设并优化课程设置以提升冰雪产业人才培养的质量和效益。这些措施的实施将有助于推动河北省冰雪产业的持续发展并提升其在国际舞台上的竞争力。

（二）与现代体育物流结合不够紧密的问题

在冰雪产业快速发展的背景下，现代体育物流作为支撑产业高效运作的关键环节，其重要性日益凸显。然而，当前河北省在冰雪人才培养方面与现代体育物流的结合尚不够紧密，这一问题直接影响了冰雪产业整体运营效率和服务质量的提升。以下笔者将从五个方面详细分析这一问题。

1. 教育理念滞后于产业发展需求

当前，河北省在冰雪产业人才培养方面，其教育理念仍然偏重于传统的体育技能培养，而对现代体育物流的知识与技能重视不足。这种滞后性导致学生在校期间未能充分接触和学习到物流管理的先进理念和技术，难以适应现代冰雪产业对物流管理的高要求。因此，教育机构需要更新教育理念，将现代体育物流的知识和技能纳入冰雪产业人才培养体系，确保学生具备全面的竞争力。

为了改进这一问题，教育机构应与冰雪企业和物流公司建立紧密的合作关系，共同制定人才培养方案，确保课程内容与产业发展需求相契合。同时，通过引入物流管理的实际案例和实践项目，让学生在真实的场景中学习和应用物流知识，增强其解决实际问题的能力。

2. 课程设置缺乏针对性

在课程设置方面，河北省的冰雪产业人才培养体系普遍缺乏针对现代体育物流的专业课程。传统的体育课程往往侧重于体育技能的教学，而忽视了物流管理的专业知识和技能。这种课程设置的不完善，直接导致学生在毕业后难以迅速适应冰雪产业对物流管理的需求。

为了改进课程设置，教育机构应根据冰雪产业的特点和需求，增设物流管理、供应链管理、冷链物流等相关课程。这些课程应涵盖物流管理的基本原理、技术应用和实际操作等方面，确保学生能够系统地掌握物流管理的知识和技能。同时，通过开设跨学科的综合课程，促进体育与物流知识的有机融合，从而提升学生的综合素质和竞争力。

3. 实践教学环节薄弱

实践教学是提升学生实际操作能力和解决问题能力的重要环节。然而，在河北省的冰雪产业人才培养过程中，实践教学环节相对薄弱，学生对物流管理的实际操作经验不足。这导致学生难以将所学知识应用于实际工作中，影响了冰雪产业的运营效率和服务质量。

为了加强实践教学环节，教育机构应加强与冰雪企业和物流公司的合作，为学生提供更多的实习实训机会。通过参与企业的物流管理项目，学生可以亲身体验物流管理的各个环节，了解物流管理的实际操作流程和技术应用。同时，教育机构还可以组织模拟物流管理项目，让学生在模拟环境中进行实际操作和团队协作，以提升其实际操作能力和团队协作能力。

4. 师资力量不足且知识结构单一

师资力量是影响人才培养质量的关键因素之一。然而，当前河北省在冰雪产业人才培养方面的师资力量普遍不足，且教师的知识结构较为单一，难以满足跨学科综合培养的需求。这导致学生在学习过程中难以获得全面、深入的知识传授和指导。

为了加强师资力量建设，教育机构应加大对教师的培训力度，提升其专业素养和教学能力。同时，积极引进具有丰富实践经验和跨学科背景的教师，充实教学团队。此外，通过校际间的师资共享与合作，实现优质师资资源的最大化利用。在教育过程中，鼓励教师与冰雪企业和物流公司建立紧密的合作关系，共同开展教学和研究工作，促进知识更新和技能提升。

5. 缺乏跨学科的综合培养体系

冰雪产业是一个融合了体育、旅游、文化、物流等多个领域的综合性产业。然而，当前河北省的冰雪人才培养体系普遍缺乏跨学科的综合培养，从而导致学生难以适应产业发展的多元化需求。为了提升冰雪人才的综合素质和竞争力，教育机构应构建跨学科的综合培养体系，将体育、物流、管理、信息技术等多个领域的知识和技能有机地融合起来。

在跨学科综合培养体系的建设过程中，教育机构应加强与相关学科领域的交流与合作，共同制定跨学科的培养方案和教学计划。通过开设跨学科的综合课程、组织跨学科的教学活动和项目实践等方式，促进学生全面掌握多个领域的知识和技能。同时，鼓励学生在校期间积极参与跨学科的研究和创新活动，培养其创新意识和跨学科的综合素质。

可见，目前河北省在冰雪产业人才培养方面与现代体育物流的结合尚不够紧密，存在教育理念滞后、课程设置缺乏针对性、实践教学环节薄弱、师资力量不足且知识结构单一以及缺乏跨学科的综合培养体系等问题。为了解决这些问题，教育机构应更新教育理念、优化课程设置、加强实践教学环节、增强师资力量建设并构建跨学科的综合培养体系，以适应冰雪产业对高素质人才的需求。

二、需求与期望

在深入探讨冰雪产业对数字化与智能化技能的具体需求之前，我们需要正视一个日益显著的趋势：技术的飞速发展正深刻改变着各行各业，冰雪产业也不例外。随着信息技术的不断渗透和冰雪运动的普及，行业对于能够驾驭这些新兴技术的专业人才的需求越发迫切。这不仅关乎产业效率的提升和管理模式的优化，更是推动冰雪产业创新发展的关键所在。

（一）行业对数字化与智能化技能的需求

随着信息技术的飞速发展和冰雪产业的不断升级，行业对具备数字化与智能化技能人才的需求日益迫切。这些技能不仅涵盖了基础的信息技术应用，更包括大数据分析、物联网、人工智能等前沿技术，在提升产业效率、优化管理流程、创新服务模式等方面发挥着重要作用。以下笔者将从四个方面详细分析行业对数字化与智能化技能的具体需求。

1. 物流管理的数字化与智能化

在冰雪产业中，物流管理是确保赛事顺利进行、提升游客体验的关键环节。随着冰雪赛事规模的不断扩大和复杂性的增加，传统的物流管理方式已难以满足冰雪产业高效、精准的需求。因此，冰雪产业迫切需要具备数字化与智能化技能的物流管理人才，能够运用大数据分析预测物资需求、优化运输路线、实现库存的智能化管理，并通过物联网技术实时监控物资状态，确保物流过程的透明度和可追溯性。

具体来说，这类人才需要掌握以下技能：一是大数据分析与挖掘能力，能够通过对海量物流数据的处理和分析，发现潜在规律和问题，为企业决策提供科学依据；二是物联网技术应用能力，能够利用传感器、RFID标签等设备实现物流全程的可视化追踪与管理；三是智能仓储与配送系统设计能力，能够根据实际需求设计高效、自动化的仓储与配送系统，从而提升物流效率。

2. 赛事运营的智能化

冰雪赛事的成功举办离不开高效的赛事运营。随着科技的发展，赛事运营逐渐向智能化转型，对具备智能化技能的人才需求日益增长。这类人才需要熟悉体育赛事的运营流程，同时掌握智能化管理系统的操作与维护技能，能够运用智能调度系统优化赛事流程、通过人脸识别技术提升观众入场效率、利用虚拟现实（VR）和增强现实（AR）技术为观众提供沉浸式观赛体验等。

具体而言，赛事运营智能化人才应具备以下能力：一是赛事管理系统设计与应用能力，能够根据赛事需求设计并部署智能化的赛事管理系统；二是新技术应用能力，能够紧跟相关技术发展趋势，快速掌握并应用新技术提升赛事运营效率；三是用户体验优化能力，能够通过数据分析等手段了解观众的需求，持续优化赛事服务体验。

3. 冰雪装备的智能化研发

冰雪装备是冰雪运动的重要物质基础，其性能直接影响运动员的表现和游客的体验。随着科技的发展，智能化冰雪装备的研发成为行业的新趋势。这类装备往往集成了传感器、控制系统等智能化元件，能够实时监测运动员的状态、调整装备性能以适应不同环境或运动的需求。因此，行业对具备智能化研发技能的冰雪装备人才需求迫切。

智能化研发人才需要具备以下能力：一是扎实的专业知识基础，对冰雪运动原理、材料科学、制造工艺等有深入了解；二是智能化技术研发能力，能够运用物联网、大数据、人工智能等技术研发新型智能化冰雪装备；三是团队协作与项目管理能力，能够带领团队完成复杂装备的研发项目，确保项目按时、按质完成。

4.数据分析与决策支持

在冰雪产业中,数据分析与决策支持是提升产业竞争力的关键。通过对赛事数据、游客行为数据、市场趋势数据等数据样本的深入挖掘与分析,可以为产业发展提供科学依据和战略指导。因此,冰雪产业对具备数据分析与决策支持技能的人才需求日益增长。

这类人才需要具备以下能力:一是数据分析与挖掘能力,能够运用统计学、机器学习等方法对海量数据进行处理和分析;二是决策支持系统设计能力,能够根据业务需求设计科学合理的决策支持系统;三是商业洞察与战略规划能力,能够通过数据分析洞察市场趋势、制定产业发展战略。

由此可见,冰雪产业对具备数字化与智能化技能的人才需求日益迫切。这些人才在物流管理的数字化与智能化、赛事运营的智能化、冰雪装备的智能化研发以及数据分析与决策支持等方面发挥着重要作用。因此,教育体系应紧跟产业发展趋势,加强相关技能的培养与训练,为冰雪产业输送更多高素质、复合型人才。

(二)教育体系调整建议

面对冰雪产业对数字化与智能化技能日益增长的需求,当前的教育体系亟须进行相应的调整与优化,以培养更多适应产业需求的高素质人才。以下是五点具体的教育体系调整建议。

1.加强跨学科课程体系建设

冰雪产业作为综合性产业,其发展需要跨学科知识的支撑。因此,教育体系应强化跨学科课程体系的建设,打破传统学科壁垒,促进体育学、管理学、信息技术等多学科的交叉融合。

(1)增设新兴技术课程:在现有的课程体系中增设大数据分析、物联网技术、人工智能等新兴技术课程,使学生掌握前沿科技知识,为将来在冰雪产业中的实际应用打下坚实基础。

(2)构建模块化课程体系:根据学生的兴趣和职业发展方向,构建模块化的课程体系,学生可以根据自身需求选择相关的跨学科课程模块,以实现个性化学习。

（3）强化实践教学环节：在理论课程的基础上，增加实践教学环节，通过案例分析、项目实训等方式，让学生在实践中运用所学知识，提升解决实际问题的能力。

2. 推动校企合作与产教融合

校企合作与产教融合是培养符合产业需求人才的有效途径。教育体系应加强与冰雪产业相关企业的合作，共同制定人才培养方案，实现资源共享、优势互补。

（1）共建实习实训基地：与企业合作共建实习实训基地，为学生提供真实的工作环境和项目实践机会，让学生在实践中学习和成长。

（2）开展联合培养项目：与企业合作开展联合培养项目，共同制订培养计划、开发课程资源、实施教学过程，实现人才培养与产业需求的无缝对接。

（3）推动产学研合作：鼓励高校与企业、研究机构开展产学研合作，共同承担科研项目，推动科技成果转化，促进产业发展。

3. 引入现代教育技术，创新教学方法

现代教育技术如虚拟现实（VR）、增强现实（AR）、在线学习平台等在教学中的应用，能够极大地提升教学效果，激发学生的学习兴趣和积极性。

（1）利用虚拟现实技术：通过虚拟现实技术模拟冰雪运动场景、赛事运营流程等，使学生身临其境地感受冰雪产业的各个环节，加深对专业知识的理解。

（2）开发在线学习平台：开发集课程资源、在线测试、交流互动等功能于一体的在线学习平台，为学生提供便捷的学习途径，实现随时随地学习。

（3）推广混合式教学模式：将线上教学与线下教学相结合，通过混合式教学模式提升教学效果。例如，线上进行理论知识的讲授和自主学习，线下进行实践操作和讨论交流。

4. 完善评价体系，促进全面发展

评价体系是衡量人才培养质量的重要手段。应构建多元化、全方位的评价体系，关注学生的综合素质和创新能力发展。

（1）建立多元化评价标准：除传统的考试成绩外，还应将项目实践、团队合作、创新思维等纳入评价体系，全面反映学生的学习成效和发展潜力。

（2）引入第三方评价机制：引入第三方评价机构对人才培养质量进行评

估,确保评价的客观性和公正性。通过定期的评价和反馈机制,及时发现并解决人才培养过程中存在的问题。

(3)强化过程性评价:注重对学生学习过程的评价,通过观察、记录、分析学生在课堂上的表现、作业完成情况、实践项目参与情况等方面来评估学生的学习成效和能力水平。

5. 加强师资队伍建设,提升教学能力

教师是人才培养的关键力量。应加强师资队伍建设,提升教师的教学能力和专业素养,为高质量的人才培养提供有力保障。

(1)引进高水平教师:积极引进具有国际视野和丰富实践经验的高水平教师,充实教学团队。通过引进优秀教师,带动整个教学团队的提升。

(2)加强教师培训与交流:定期组织教师参加国内外学术交流、企业实践等活动,以提升教师的专业素养和教学能力。鼓励教师参加专业培训、研讨会议等,拓宽视野、更新知识。

(3)建立激励机制:建立科学合理的激励机制,激发教师的工作积极性和创造力。通过设立教学成果奖、科研创新奖等奖项来表彰在教学和科研方面取得突出成果的教师;同时,为优秀教师提供更多的晋升机会和发展空间。

随着冰雪产业对现代化人才的进一步需求,教育体系应针对冰雪产业对数字化与智能化技能的需求进行相应的调整与优化。通过加强跨学科课程体系建设、推动校企合作与产教融合、引入现代教育技术、完善评价体系以及加强师资队伍建设等措施,为冰雪产业培养更多符合产业需求的高素质人才。

第二节 创新人才培养的策略与实践

在冰雪产业蓬勃发展的当下,创新人才培养已成为推动产业持续升级的关键。本节将深入探讨创新人才培养的策略与实践,特别是如何通过政校企协同育人模式以及强化数字化与智能化技术的实践应用,来培育出既具备扎实专业知识又拥有创新思维与实践能力的高素质人才。政校企协同育人模式,通过政府引导、学校教育与企业实践的深度融合，旨在打破传统教育界限的同时，实现资源共享与优势互补，为冰雪产业输送更多符合市场需求的专业人才。同时，数字化与智能化技术的飞速发展，为人才培养提供了新的契机与挑战，如何在教育过程中有效地融入这些先进技术，将成为提升人才培养质量的重要课题。

一、政校企协同育人模式

政校企协同育人模式是一种有效整合政府、学校和企业三方资源，共同推进人才培养的创新模式。通过这种模式，可以充分发挥各方的优势，形成合力，为冰雪产业的高质量发展提供有力的人才支撑。

（一）政府、学校、企业合作模式

政府、学校和企业作为人才培养的三方主体，各自拥有不同的资源和优势。政府可以提供政策支持和资金保障，学校拥有丰富的教学资源和师资力量，企业则具备实践经验和市场需求信息。通过三方的紧密合作，可以形成优势互补，共同推动高质量人才培养工作的深入开展。

1. 政策引导与资金保障

政府在政校企协同育人模式中扮演着至关重要的角色。政府应出台相关政策，明确人才培养的目标和方向，为人才培养工作提供政策引导和支持。同时，政府还应设立专项资金，用于支持学校与企业的合作项目，为人才培养提供有力的资金保障。

（1）制订人才培养规划：政府应根据冰雪产业的发展需求和趋势，制定科学合理的人才培养规划，明确人才培养的目标、任务和措施。

（2）提供政策支持：政府应出台一系列支持政策，鼓励学校与企业开展合作，共同推进人才培养工作。例如，可以提供税收优惠、资金补贴等激励措施，降低合作成本，提高合作积极性。

（3）设立专项资金：政府应设立专项资金，用于支持学校与企业的合作项目，包括实习实训基地建设、师资培训、课程开发等方面。这些资金也可以直接用于人才培养工作的具体实施，确保项目的顺利进行。

2. 学校与企业深度合作

学校与企业是政校企协同育人模式中的核心主体。学校拥有丰富的教学资源和师资力量，而企业则具备实践经验和市场需求信息。通过双方的深度合作，可以实现资源共享和优势互补，共同推进人才培养工作以及教育与产业的深度融合。

（1）共建实习实训基地：学校与企业可以共建实习实训基地，为学生提供真实的工作环境和项目实践机会。企业可以提供场地、设备和技术支持，学校则可以组织学生参与实习实训，让学生在实践中学习和成长。

（2）联合开发课程资源：学校与企业可以联合开发相关课程资源，共同制订教学计划、编写教材、设计实验等。企业可以根据市场需求和产业发展趋势，提出对课程内容和教学方法的具体要求，学校则可以根据这些要求进行相应的调整和优化。

（3）实施双导师制度：学校与企业可以共同实施双导师制度，即每位学生由一名学校导师和一名企业导师共同指导。学校导师负责学生的理论学习和综合素质培养，企业导师则负责学生的实践指导和职业规划。通过这种方式，学生可以更好地将理论知识与实践经验相结合，以提升综合素质和职业能力。

3. 建立长效合作机制

政校企协同育人模式需要建立长效合作机制，确保合作的持续性和稳定性。政府、学校和企业应明确各自的职责和义务，制订详细的合作计划和实施方案，确保合作项目的顺利进行。

（1）定期沟通与交流：政府、学校和企业应建立定期沟通与交流机制，及时了解合作项目的进展情况和存在的问题，共同商讨解决方案。通过定期的沟通与交流，可以增进相互之间的了解和信任，为合作的深入开展打下坚实基础。

（2）完善考核与评估机制：政府应建立科学的考核与评估机制，对合作项目的实施效果进行评估和反馈。通过考核与评估，可以及时发现和纠正合作中存在的问题与不足，确保合作项目的质量和效益。同时，还可以根据评估结果对合作项目进行动态调整和优化。

（3）共享成果与利益：政校企协同育人模式的最终目的是实现资源共享和

利益共赢。政府、学校和企业应共同努力，将合作成果转化为实际的生产力和经济效益。通过共享成果与利益，可以进一步激发各方的合作热情和积极性，推动人才培养工作的深入开展。

政府、学校和企业作为政校企协同育人模式中的三方主体，各自发挥着重要的作用。通过政府的政策引导与资金保障、学校与企业的深度合作以及长效合作机制的建立等措施的实施，可以形成合力，共同推进冰雪产业的人才培养工作。这将为冰雪产业的高质量发展提供有力的人才支撑和保障。

（二）新能源汽车企业参与人才培养的案例

随着新能源汽车产业的快速发展，其在冰雪产业中的应用日益广泛，特别是在物流领域。通过新能源汽车企业的参与，不仅为冰雪产业注入了新的活力，也为人才培养提供了新的路径。下面笔者通过具体案例，探讨新能源汽车企业如何参与冰雪产业人才培养。

1. 案例背景

某知名新能源汽车企业（以下简称"A 企业"）在新能源汽车领域具有领先地位，产品广泛应用于城市物流、冷链物流等多个领域。随着冰雪产业的蓬勃发展，A 企业意识到新能源汽车在冰雪物流中的巨大潜力，便决定与多家高校及冰雪赛事运营商合作，共同开展冰雪产业人才培养项目。

2. 合作目标

A 企业与高校及冰雪赛事运营商的合作目标主要包括以下三个方面。

（1）培养适应冰雪物流需求的新能源汽车技术人才：通过课程设置、实践教学等方式，使学生掌握新能源汽车的基本原理、操作技能和维护知识，特别是针对冰雪环境下的特殊需求。

（2）提升冰雪物流效率与环保水平：通过引入新能源汽车，优化冰雪赛事物流流程，降低碳排放，提升冰雪物流效率和环保水平。

（3）促进产学研深度融合：通过校企合作，推动科研成果转化，实现产学研深度融合，为冰雪产业的高质量发展提供技术支持。

3. 合作模式与实施步骤

（1）课程体系共建：A 企业与高校共同制定新能源汽车相关课程体系，将新能源汽车技术、冰雪物流管理等课程纳入教学计划。课程内容注重理论与实践相结合，通过案例分析、模拟演练等方式，使学生掌握新能源汽车在冰雪物流中的应用技能。

（2）实践教学基地建设：A企业与高校合作建设新能源汽车实践教学基地，配备新能源汽车实训车辆、充电设施等教学设备。学生可以在基地内进行新能源汽车的驾驶操作、维护保养等实践训练，从而提升自己的实际操作能力。

（3）校企合作项目：A企业与冰雪赛事运营商合作开展新能源汽车物流项目，让学生参与项目的实施过程。在项目中，学生负责新能源汽车的调度、充电管理、维护保养等工作，通过实践的锻炼、提升自己的综合素质和专业技能。

（4）师资培训与学术交流：A企业定期组织新能源汽车技术培训，邀请行业专家、学者进行授课，提升高校教师的专业素养和教学水平。同时，开展学术交流活动，分享新能源汽车技术在冰雪物流中的实际应用经验，促进知识共享与技术创新。

4. 实施效果与成果

经过一段时间的合作，A企业与高校及冰雪赛事运营商共同取得了显著成果。

（1）人才培养成效显著：通过课程体系共建、实践教学基地建设等措施，成功培养了一批具备新能源汽车技术和冰雪物流管理能力的复合型人才。这些人才在冰雪赛事物流中发挥了重要作用，同时提升了物流效率和环保水平。

（2）科研成果转化顺利：通过校企合作项目，A企业将新能源汽车技术成功应用于冰雪赛事物流中，实现了科研成果的顺利转化。这些技术成果不仅提升了物流效率，还降低了碳排放，为冰雪产业的绿色发展提供了有力支持。

（3）产学研深度融合：通过政校企协同育人模式，A企业与高校及冰雪赛事运营商形成了紧密的合作关系。三方在人才培养、技术研发、项目实施等方面展开了深度合作，实现了产学研深度融合和优势互补。

5. 经验总结与展望

新能源汽车企业参与冰雪产业人才培养的实践案例表明，政校企协同育人模式具有显著的优势和潜力。未来，可以进一步拓展合作领域和深化合作内容，共同推动新能源汽车技术在冰雪产业中的广泛应用。同时，加强国际交流与合作，引进国际先进技术和经验，提升我国冰雪产业的核心竞争力和可持续发展能力。

以上新能源汽车企业参与冰雪产业人才培养的案例，为我们提供了宝贵的经验和启示。通过政校企协同育人模式，可以充分整合各方资源，共同推进冰雪产业的高质量发展。

二、创新教育实践案例

在冰雪产业高质量发展的浪潮中，创新教育实践案例为培养适应产业需求的高素质、复合型人才提供了宝贵的经验和启示。这些案例不仅涵盖校企合作项目、实习实训、工作坊等多种形式，还注重数字化与智能化技术的实践应用，为冰雪产业的人才培养注入了新的元素。

（一）校企合作项目、实习实训、工作坊等

在冰雪产业高质量发展的背景下，创新人才培养的实践离不开校企合作项目、实习实训、工作坊等多种形式的深入合作。这些实践案例不仅为学生提供了真实的工作环境和学习机会，还促进了理论与实践的紧密结合，为冰雪产业培养高素质、复合型人才提供了有力支撑。

1. 校企合作项目

校企合作项目是创新人才培养的重要途径之一。通过与企业合作，学生可以参与到真实的冰雪产业项目中，将所学知识应用于实际工作中，从而增强实践能力和解决问题的能力。以下是一些具体的校企合作项目案例。

（1）冰雪赛事运营管理项目：某高校与一家知名冰雪赛事运营商合作，共同开展冰雪赛事运营管理项目。在项目中，学生被分配到赛事策划、物资管理、安全保障等不同的岗位，全程参与赛事的筹备与执行。通过项目实践，学生不仅掌握了赛事运营管理的流程与技巧，还学会了如何应对突发情况，提升了团队协作与应急处理能力。

（2）新能源汽车物流项目：针对新能源汽车在冰雪物流中的应用，某高校与一家新能源汽车企业合作，开展新能源汽车物流项目。学生负责新能源汽车

的调度、充电管理、维护保养等工作，并利用物联网、大数据等技术优化物流流程。通过项目实践，学生不仅掌握了新能源汽车的相关技术，还了解了数字化与智能化技术在物流管理中的实践应用。

2. 实习实训

实习实训是创新人才培养的关键环节。通过在企业进行实习实训，学生可以深入了解冰雪产业的实际运作情况，将理论知识与实践操作相结合，提升自己的专业技能和职业素养。以下是一些实习实训的具体案例。

（1）冰雪装备制造企业实习：某高校与一家冰雪装备制造企业合作，为学生提供了实习机会。在实习期间，学生参与了产品设计、材料选择、生产工艺等多个环节的工作。通过实习实训，学生不仅了解了冰雪装备的研发与生产过程，还学会了如何运用所学知识解决实际问题。

（2）滑雪场运营管理实习：某高校与一家知名滑雪场合作，开展滑雪场运营管理实习项目。学生被分配到客服、票务、维护等不同岗位进行实习。在实习过程中，学生参与了滑雪场的日常运营管理工作，了解了滑雪场的服务流程、客户管理、设备维护等方面的知识。通过实习实训，学生不仅掌握了滑雪场的运营管理技能，还提升了服务意识和团队协作能力。

3. 工作坊与研讨会：工作坊与研讨会是创新人才培养的另一种有效形式。通过定期举办工作坊与研讨会，学生可以围绕特定主题进行深入探讨和交流，激发创新思维和合作精神。以下是一些具体的工作坊与研讨会案例。

（1）冰雪产业创新工作坊：某高校定期举办冰雪产业创新工作坊，并邀请行业专家、企业代表与学生共同参与。工作坊围绕冰雪产业的创新目标展开讨论，鼓励学生提出新颖的想法和解决方案。通过工作坊的实践，学生不仅了解了冰雪产业的最新动态和发展趋势，还培养了创新思维和解决问题的能力。

（2）数字化与智能化技术应用研讨会：针对数字化与智能化技术在冰雪产业中的应用，某高校举办了专题研讨会。研讨会邀请了物联网、大数据、人工智能等领域的专家学者举办讲座和进行交流。学生积极参与讨论，分享了各自的研究成果和实践经验。通过研讨会的学习，学生深入了解了数字化与智能化技术在冰雪产业中的应用前景和价值，为未来的职业发展打下了坚实基础。

以上校企合作项目、实习实训、工作坊等创新教育实践案例，为冰雪产业创新人才培养提供了丰富的实践机会和学习平台。通过这些实践案例的实施，学生不仅能够掌握冰雪产业的专业知识和技能，还能够提升创新思维、实践能力和团队协作精神，为冰雪产业的高质量发展贡献自己的力量。

（二）注重数字化与智能化技术的实践应用

在冰雪产业高质量发展的背景下，数字化与智能化技术的应用已成为提升产业竞争力和培养高素质人才的关键。下面笔者将从四个方面将详细介绍在人才培养过程中，如何注重数字化与智能化技术的实践应用。

1. 智能教学系统的引入

随着人工智能技术的飞速发展，智能教学系统已成为创新教育的重要工具。通过引入智能教学系统，可以为学生提供个性化、精准化的学习路径、评估和反馈。在冰雪产业人才培养过程中，可以开发专门的智能教学平台，涵盖冰雪运动技能、赛事组织、物流管理等多个领域的知识。该平台可以根据学生的学习进度和兴趣偏好，智能推荐相关课程和练习题，同时对学生的学习效果进行实时评估，及时给出反馈和建议。

（1）个性化学习路径：智能教学系统可以根据学生的学习情况和目标，为其量身定制个性化的学习路径。例如，对于希望在冰雪赛事物流管理方面深入学习的学生，该系统可以智能推荐相关物流管理、大数据分析、物联网技术等课程，并提供相应的实践项目和案例分析。

（2）实时反馈与评估：通过智能教学系统，教师可以实时查看学生的学习进度和作业完成情况，及时给予反馈和指导。系统还可以根据学生的作业和测试情况，自动生成评估报告，指出学生的优点和不足，提供改进建议。这种实时的反馈机制有助于学生及时调整学习策略，提高学习效率。

2. 虚拟现实（VR）与增强现实（AR）技术的应用

虚拟现实和增强现实技术为冰雪产业人才培养提供了全新的教学手段。通过 VR 和 AR 技术，学生可以在虚拟环境中模拟冰雪运动场景、赛事组织流程、物流管理操作等，获得更加直观、生动的学习体验。

（1）冰雪运动技能训练：利用 VR 技术，学生可以沉浸在虚拟的冰雪运动场景中，进行滑雪、滑冰等技能的训练。智能教学系统可以根据学生的动作和表现，实时反馈动作的标准性和效果，以帮助学生纠正错误，提高技能水平。此外，VR技术还可以模拟不同难度和场景的训练，以满足不同层次学生的需求。

（2）赛事组织与物流管理模拟：通过AR技术，学生可以在真实环境中叠加虚拟信息，模拟赛事组织与物流管理的全过程。例如，在模拟赛事物流管理时，学生可以通过AR眼镜查看实时的物资配送进度、库存状态等信息，并进行相应的调度和决策。这种模拟实践不仅可以帮助学生了解赛事组织与物流管理的复杂性和挑战性，还能锻炼其应对突发情况和解决实际问题的能力。

3. 大数据分析与预测在人才培养中的应用

大数据分析技术在人才培养中的应用日益广泛。通过对学生的学习数据、实践表现等进行深入分析，可以揭示学生的学习规律和潜在问题，为个性化教学提供有力支持。

（1）学习数据分析：通过收集和分析学生的学习数据，包括课程成绩、作业完成情况、在线互动情况等，可以全面了解学生的学习状态和效果。系统可以根据这些数据，为学生制订个性化的学习计划和建议，帮助其提高学习效率和质量。

（2）预测模型构建：利用大数据分析技术，可以构建学生未来学习表现的预测模型。通过分析学生的历史学习数据和其他相关因素（如兴趣偏好、学习习惯），系统可以预测学生在未来一段时间内的学习表现和发展趋势。这有助于教师提前介入，为学生提供针对性的指导和支持。

4. 物联网技术在实践教学中的应用

物联网技术为实践教学提供了丰富的应用场景和可能性。在冰雪产业人才培养中，可以利用物联网技术实现实训设备的智能化管理和监控，提高实践教学的效果和安全性。

（1）实训设备智能管理：通过在实训设备上安装传感器和RFID标签等物联网设备，可以实时监控设备的运行状态和使用情况。系统可以自动记录设备的开机时间、运行时长、故障次数等信息，为设备的维护和保养提供数据支持。同时，系统还可以根据设备的使用情况，自动调整教学计划和实践内容，以确保实践教学的顺利进行。

（2）远程监控与指导：利用物联网技术，教师可以远程监控学生的实践过程，并实时给予指导和反馈。例如，在模拟赛事物流管理实践中，教师可以通过物联网系统查看学生的操作过程和完成结果，及时指出问题与不足，并给出改进建议。这种远程监控与指导方式不仅提高了实践教学的效率和效果，还节约了学习时间和成本。

数字化与智能化技术的实践应用是冰雪产业人才培养的重要策略之一。通过引入智能教学系统、虚拟现实与增强现实技术、大数据分析与预测模型以及物联网技术等手段，可以为学生提供更加丰富、直观、个性化的学习体验和实践机会，提高其综合素质和创新能力，为冰雪产业的高质量发展提供有力的人才支撑。

第三节　人才培养的挑战与对策

冰雪产业的蓬勃发展对人才的需求呈现出多元化、复合化的趋势。然而，在人才培养过程中，我们不可避免地会遇到一系列挑战，这些挑战不仅考验着教育体系的灵活性和适应性，也直接关系到冰雪产业未来的核心竞争力。本节将深入剖析冰雪产业人才培养面临的主要挑战，并探讨应对策略，旨在构建一个更加高效、适应性强的人才培养体系。

一、主要挑战

在冰雪产业迅速发展的背景下，人才培养面临前所未有的挑战。这些挑战不仅源于外部环境的快速变化，也深植于教育体系内部的固有矛盾。有效应对这些挑战，对于提升冰雪产业人才的整体素质和创新能力至关重要。

（一）技术更新迅速、行业标准变化

在冰雪产业高质量发展的过程中，技术更新迅速和行业标准不断变化成为

人才培养面临的主要挑战之一。这些变化不仅要求教育者紧跟技术前沿，不断更新教学内容和方法，也对学习者提出了更高的要求，需要具备持续学习和适应变化的能力。

1. 技术迭代加速

随着物联网、大数据、人工智能等前沿技术的迅猛发展，冰雪产业的技术更新速度日益加快。这些技术的应用不仅提升了冰雪赛事的组织效率和观众体验，还深刻改变了冰雪装备制造、旅游服务等多个环节的运作模式。然而，技术的快速迭代也意味着教育内容的时效性问题日益凸显。传统的教学内容往往滞后于技术的发展，难以满足行业对最新技能的需求。

为了应对这一挑战，教育机构需要与其行业保持紧密联系，及时了解技术动态和行业标准的变化，将最新的技术成果融入教学内容中。同时，教师需要不断提升自身的技术素养和教学能力，以便更好地指导学生学习和掌握新技术。

2. 行业标准频繁调整

冰雪产业作为一个快速发展的新兴产业，其行业标准也在不断调整和完善。从赛事组织、装备制造到旅游服务，各个环节的标准都在随着市场需求和技术进步而不断更新。这种频繁的标准调整对人才培养也提出了更高的要求。学生不仅需要掌握当前的标准和规范，还需要具备适应未来标准变化的能力。

为了应对行业标准的变化，教育机构需要加强与行业协会、标准制定机构的合作，及时了解标准动态，将标准内容融入教学内容中。同时，通过组织模拟实训、案例分析等方式，帮助学生熟悉和适应不同标准下的工作要求。

3. 持续学习与适应能力

在快速变化的技术和行业标准背景下，持续学习和适应能力成为人才培养的重要目标。学生需要具备自主学习的意识和能力，能够不断更新自己的知识和技能体系，以适应行业发展的需求。教育者需要引导学生树立终身学习的理念，培养他们的学习能力和创新思维。

为了实现这一目标，教育机构可以采用项目式学习、翻转课堂等现代化教学方法，以激发学生的学习兴趣和主动性。同时，通过与企业合作建立实习实训基地，为学生提供实践锻炼的机会，帮助他们将所学知识应用于实际工作中，提升适应能力和创新能力。

4.技术伦理与责任

随着技术的快速发展，技术伦理和责任问题也日益受到关注。在冰雪产业中，新技术的应用可能会带来一些潜在的风险和挑战，如数据安全、隐私保护等问题。因此，在人才培养过程中，需要加强对学生的技术伦理教育，培养他们的责任感和道德观念。

教师可以通过案例分析、角色扮演等方式，让学生了解技术应用中的伦理问题和社会责任。同时，引导学生关注技术的社会影响和价值导向，培养他们的社会责任感和使命感。这有助于学生在未来的职业生涯中更好地应对技术伦理和责任问题，为冰雪产业的可持续发展做出贡献。

技术更新迅速和行业标准变化是冰雪产业人才培养面临的主要挑战之一。为了应对这些挑战，教育机构需要加强与行业之间的合作与交流，及时更新教学内容和方法；引导学生树立终身学习的理念，培养他们的学习和适应能力；同时加强对学生的技术伦理教育，培养他们的责任感和道德观念。通过实施这些措施，可以为冰雪产业的高质量发展提供有力的人才支撑和保障。

（二）教育资源分配不均衡

教育资源分配不均衡是制约冰雪产业人才培养质量提升的又一重要挑战。这种不均衡不仅体现在地区之间的差异，还涉及不同教育机构之间、不同专业之间的资源配置问题。以下笔者将从五个方面详细探讨教育资源分配不均衡的具体表现及其影响。

1.地区间教育资源差异

我国冰雪资源主要集中在东北、华北等地区，这些地区的冰雪产业发展相对成熟，教育资源也相对丰富。然而，中西部地区由于自然条件限制和经济发展水平较低，所以冰雪产业发展滞后，教育资源也相对匮乏。这种地区间的教育资源差异导致人才培养的地域局限性，不利于全国冰雪产业的均衡发展。

为应对这一挑战，政府和教育机构应加大对中西部地区的支持力度，通过财政拨款、政策支持等方式增加教育资源的投入。同时，鼓励东部地区与中西部地区的教育机构开展合作办学，实现教育资源的共享和优化配置。

2. 教育机构间资源分配不均衡

在教育机构内部，优质教育资源的分配也存在不均衡现象。一些知名高校和研究机构由于历史积淀和学术声誉，能够吸引更多的经费支持和优秀教师资源的引入，而一些新兴高校或地方院校则面临资源紧张的困境。这种资源分配不均衡影响了冰雪产业相关专业的建设和发展，限制了人才培养的质量和规模。

为解决这一问题，需要建立更加公平合理的教育资源分配机制，确保各类教育机构能够获得与其发展需求相匹配的资源支持。政府可以通过政策引导和资金投入，鼓励高校之间的合作与交流，以促进教育资源的均衡分布。

3. 专业间资源配置不合理

在冰雪产业相关的专业设置中，不同专业之间的资源配置也存在差异。一些热门或就业前景较好的专业往往能够获得更多的资源倾斜，而一些基础性专业或新兴专业则可能面临资源匮乏的困境。这种资源配置不合理不仅限制了专业人才的培养质量，也影响了冰雪产业的全面发展。

为了优化专业间的资源配置，教育机构需要根据市场需求和产业发展趋势，合理调整专业设置和资源配置。同时，加大对基础性专业和新兴专业的支持力度，鼓励各学科交叉融合，促进冰雪产业相关专业的协同发展。

4. 实践教学资源短缺

冰雪产业人才培养需要大量的实践教学资源，包括实训基地、实验设备等。然而，目前许多教育机构在这方面存在明显短缺，难以满足实践教学的需求。因此这种短缺不仅影响了学生的实践能力和创新能力的培养，也限制了教育质量的提升。

为解决实践教学资源短缺的问题，教育机构需要加大投入，建设高质量的实训基地和实验平台。同时，积极与企业合作，共同建立实习实训基地，实现资源共享和优势互补。此外，还可以通过引入虚拟仿真技术等现代化教学手段，以弥补实践教学资源的不足。

5. 师资力量不均衡

师资力量的不均衡也是制约冰雪产业人才培养的重要因素之一。一些知名教授和专家往往集中在少数高校或研究机构中，导致其他机构在师资方面存在明显不足。这种不均衡不仅影响了教学质量和科研水平，也限制了人才的流动和交流。

为了改善师资力量不均衡的状况，教育机构需要加大人才引进和培养力度，吸引更多的优秀人才加入到冰雪产业相关专业的教学中来。同时，加强教师之间的交流与合作，促进知识共享和经验传承。此外，还可以通过开展教师培训、学术交流等活动，提升教师的专业素养和教学能力。

可见，教育资源分配不均衡是制约冰雪产业人才培养质量提升的重要挑战之一。为应对这一挑战，需要从地区间、教育机构间、专业间以及师资力量等多个方面入手，优化资源配置机制，加大投入力度，促进教育资源的均衡分布和高效利用。只有这样，才能为冰雪产业培养更多高素质、复合型人才，从而推动产业的持续健康发展。

二、应对策略

面对冰雪产业快速发展带来的多维度挑战，我们需要采取一系列创新且全面的策略，以应对这些变化并推动人才培养质量的提升。这些策略不仅聚焦于教育体系的内部改革，也涵盖了与外部环境的深度融合，旨在构建一个适应性强、高效运转的人才培养生态系统。

（一）持续教育、课程改革、技术整合

面对冰雪产业快速发展所带来的诸多挑战，持续教育、课程改革和技术整合成为提升人才培养质量的关键路径。

1. 持续教育

持续教育是适应时代变化和产业需求的重要途径。随着冰雪产业技术的不断更新和国际化的加速，从业人员需要不断更新知识体系和技能结构。因此，构建终身教育体系，为从业人员提供持续学习的机会显得尤为重要。

（1）建立终身教育平台：通过建立线上线下的终身教育平台，为从业人员提供多样化的学习资源。平台可以涵盖最新的行业动态、技术革新、管理理论等内容，帮助从业人员紧跟时代步伐。

（2）定期培训与进修：鼓励并支持从业人员参加各类培训和进修课程，包括国内外知名学府的专业课程、行业研讨会等。通过定期培训，提升从业人员的专业素质和综合能力。

（3）实践案例分析：在持续教育过程中，应注重实践案例分析的教学，通过剖析国内外成功的冰雪产业案例，帮助从业人员积累经验，提升解决实际问题的能力。

2. 课程改革

课程改革是适应产业需求变化、提升教学质量的重要手段。针对冰雪产业的特点和需求，对课程体系进行全面改革，是培养高素质、复合型人才的关键。

（1）增设跨学科课程：在原有体育、管理学等基础类课程的基础上，增设与冰雪产业紧密相关的跨学科课程，如物流管理、大数据分析、物联网技术等。通过跨学科课程的学习，培养学生的综合素质和创新能力。

（2）更新教学内容：紧跟冰雪产业的发展趋势，定期更新教学内容，确保学生能够学到最前沿的知识和技能。同时，引入行业专家学者和实践经验丰富的教师授课，提升教学效果。

（3）实践教学环节强化：加强实践教学环节的设计和实施，通过模拟训练、项目实践、实习实训等方式，增强学生的实践能力和解决问题能力。例如，设立冰雪赛事物流管理的模拟项目，让学生在实践中学习和应用所学知识。

3. 技术整合

技术整合是将现代化信息技术融入冰雪产业人才培养的重要手段。通过整合物联网、大数据、人工智能等先进技术，以提升教学效率和人才培养质量。

（1）引入智能教学系统：利用大数据和人工智能技术，开发智能教学系统，为学生提供个性化学习路径和资源推荐。智能教学系统可以根据学生的学习情况和成绩反馈，动态调整教学内容和难度，提升学习效果。

（2）虚拟现实（VR）和增强现实（AR）技术的应用：在体育教学中引入VR和AR技术，为学生提供沉浸式的学习体验。例如，通过VR技术模拟冰雪运动场景，让学生在虚拟环境中进行训练和比赛，提升技能水平。

（3）建立智慧教室和实验室：建设智慧教室和实验室，配备先进的教学设备和仪器。智慧教室可以实现远程互动教学和资源共享，实验室则为学生提供实践操作的平台，提升其实践技能。

（4）数据分析与决策支持：通过大数据分析技术，收集和分析学生的学习数据和行为数据，为教师提供精准的教学反馈和决策支持。同时，利用数据分析结果优化课程设置和教学方法，提升教学质量和人才培养效果。

可见，持续教育、课程改革和技术整合是应对冰雪产业人才培养挑战的重要策略。通过构建终身教育体系、定期培训与进修、跨学科课程设置、更新教学内容、强化实践教学环节、引入智能教学系统、应用 VR 和 AR 技术、建设智慧教室和实验室以及数据分析与决策支持等措施，可以有效提升冰雪产业人才培养的质量和效率，为冰雪产业的持续健康发展提供有力的人才保障。

（二）跨学科教育的重要性

在冰雪产业高质量发展的背景下，跨学科教育的重要性日益凸显。跨学科教育不仅能够培养学生的综合素质和创新能力，还能够更好地适应冰雪产业对复合型人才的需求。以下笔者将从四个方面详细阐述跨学科教育的重要性及其实现路径。

1. 提升综合素质与创新能力

跨学科教育通过融合不同学科的知识和方法，使学生能够从多个角度审视问题，培养其综合素质和创新能力。在冰雪产业中，这种综合素质和创新能力尤为重要。冰雪产业不仅需要从业人员具备扎实的体育知识和技能，还需要他们了解物流管理、数据分析、市场营销等多个领域的知识。跨学科教育能够使学生掌握多个学科的知识和方法，从而更好地应对冰雪产业的复杂性和多变性。为了实现跨学科教育，教育机构可以采取以下措施。

（1）设计跨学科课程：结合冰雪产业的需求，设计跨学科课程，将体育、管理、物流、信息技术等多个学科的知识有机融合。例如，可以开设"冰雪赛事管理与物流"课程，将体育赛事管理与物流管理知识相结合。

（2）实施项目式学习：通过项目式学习方式，让学生在完成具体项目的过程中，综合运用多学科知识。例如，组织学生参与冰雪赛事的策划、组织、物流等全过程，让他们在实践中学习和掌握跨学科知识。

2. 培养复合型人才

跨学科教育有助于培养复合型人才，即具备多种专业技能和知识的人才。在冰雪产业中，复合型人才能够更好地适应产业的需求和发展趋势。他们不仅能够在各自的专业领域中发挥专长，还能够跨越领域进行协作和创新。为了培养复合型人才，教育机构可以采取以下措施。

（1）建立跨学科研究团队：鼓励不同学科的教师和研究人员组建跨学科研究团队，共同开展冰雪产业相关的科研项目。通过团队合作，促进不同学科之间的交流与融合。

（2）加强校企合作：与企业建立紧密的合作关系，共同开展人才培养和科研项目。企业可以根据实际需求提出人才培养目标和要求，教育机构则根据这些目标和要求设计跨学科课程体系和教学内容。

3. 促进产业创新与发展

跨学科教育能够激发学生的创新思维和创造力，并推动冰雪产业的创新与发展。通过跨学科知识的融合和应用，可以产生新的理念、技术和产品，从而引领冰雪产业的转型升级。为了促进产业创新与发展，教育机构可以采取以下措施。

（1）建立创新实验室：建立冰雪产业创新实验室，提供先进的实验设备和研究条件，支持学生进行跨学科研究和创新实践。通过实验室的研究和探索，发现新的技术和应用领域。

（2）举办创新创业大赛：定期举办冰雪产业创新创业大赛，鼓励学生提出新的创意和想法，通过比赛的形式进行展示和评选。大赛不仅可以激发学生的创新热情，还可以为他们提供展示和交流的平台。

4. 增强国际竞争力

跨学科教育有助于提升冰雪产业的国际竞争力。通过跨学科知识的学习和应用，从业人员能够更好地适应国际市场的需求和变化，为冰雪产业的国际化发展提供有力支持。为了增强国际竞争力，教育机构可以采取以下措施。

（1）引入国际教育资源：积极引进国际优质教育资源，与国际知名高校和研究机构建立合作关系，共同开展人才培养和科研项目。通过国际间的教育合作与交流，来提升教育质量和国际影响力。

（2）培养国际化人才：注重培养学生的国际视野和跨文化交流能力，通过留学、交流访问等方式让他们了解不同国家的冰雪产业发展情况和文化背景。同时，鼓励他们参与国际冰雪赛事和活动，提升国际竞争力和影响力。

通过跨学科教育，可以提升学生的综合素质和创新能力，从而培养复合型人才，促进产业创新与发展，并增强国际竞争力。教育机构需要设计跨学科课程、实施项目式学习、建立跨学科研究团队、加强校企合作、建立创新实验室、举办创新创业大赛、引入国际教育资源以及培养国际化人才等措施来实现跨学科教育目标。这些措施的实施将有助于提升冰雪产业人才培养质量，并推动冰雪产业的持续健康发展。

第八章
冰雪产业的高质量发展策略

第一节　高质量发展的内涵与要求

作为近年来迅速崛起的新兴领域，冰雪产业不仅承载着冬季运动的激情与梦想，更是推动地方经济转型升级、促进全民健身与文化旅游融合发展的重要力量。面对全球体育产业的蓬勃发展和人民群众对高质量生活品质的不断追求，冰雪产业的高质量发展显得尤为关键。在此背景下，本节聚焦于冰雪产业高质量发展的内涵与要求，通过深入剖析其理论基础、构建科学的评价体系，为冰雪产业的可持续发展提供理论支撑和实践指导。

一、理论基础

在探讨冰雪产业高质量发展的具体策略之前，我们首先需要奠定坚实的理论基础。这一理论框架不仅应涵盖传统经济学与管理学的精髓，还需深度融合数字化与智能化技术的最新进展，以全面、系统地指导冰雪产业向高质量发展转型。

（一）高质量发展的理论内核

高质量发展，作为新时代经济发展的核心要义，强调的是质量第一、效益优先的发展理念。在冰雪产业中，这一理念体现为产业结构的优化升级、创新能力的显著提升、绿色低碳的可持续发展模式以及人民群众对冰雪运动需求的更好满足。具体而言，高质量发展要求冰雪产业在保持一定增长速度的同时，更加注重发展的质量和效益，推动产业由要素驱动向创新驱动转变，由粗放型发展向集约型发展转变。

（二）数字化与智能化技术的融合创新

在构建冰雪产业高质量发展的理论框架时，数字化与智能化技术的融合创新是不可或缺的组成部分。随着信息技术的飞速发展，数字化已成为推动产业升级转型的重要力量。在冰雪产业中，数字化技术可以应用于赛事组织、场馆运营、运动员训练、冰雪旅游等多个领域，通过数据的收集、分析与应用，实现资源的优化配置和效率的显著提升。而智能化技术则进一步提升了冰雪产业的自动化、智能化水平，如智能穿戴设备、智能机器人、AI 教练等的应用，不仅提高了运动员的训练效果和比赛成绩，也丰富了冰雪运动的体验感和趣味性。

（三）构建包含数字化与智能化技术的高质量发展理论框架

基于上述分析，我们可以构建一个包含数字化与智能化技术的高质量发展理论框架。该框架主要包括以下六个方面。

1. 数字化基础设施建设

作为高质量发展的基石，数字化基础设施建设至关重要。这包括建设高速、安全、可靠的信息网络，推动云计算、大数据、物联网等先进技术在冰雪产业中的广泛应用，为产业的数字化转型提供有力支撑。

2. 数据驱动的决策机制

通过收集和分析冰雪产业各个环节的数据资源，建立数据驱动的决策机制。这有助于企业和管理部门更加精准地把握市场动态、优化资源配置、提升决策效率，为高质量发展提供科学依据。

3. 智能化技术创新与应用

鼓励和支持智能化技术的研发与应用，推动冰雪产业向智能化转型。通过引入智能穿戴设备、智能机器人、AI 教练等智能化产品和技术，提升运动员的训练水平和比赛成绩，同时增强冰雪旅游的互动性和体验感。

4. 绿色低碳的可持续发展模式

在冰雪产业高质量发展过程中，必须注重绿色低碳的可持续发展模式。通过采用环保材料、节能减排技术、绿色能源等手段，降低冰雪产业对环境的负面影响，实现经济效益、社会效益和环境效益的和谐统一。

5. 人才培养与引进机制

人才是高质量发展的关键。应建立健全冰雪产业人才培养与引进机制，加大对高素质、专业化人才的培养力度，同时吸引国内外优秀人才投身冰雪产业。通过构建多元化的人才培养体系和激励机制，为冰雪产业的高质量发展提供有力的人才保障。

6. 政策引导与支持体系

政府应发挥在高质量发展中的引导作用，制定和完善相关政策法规和标准体系。通过提供财政补贴、税收优惠、金融支持等政策措施，降低企业发展成本，激发市场活力。同时，加强行业监管和自律机制建设，维护市场秩序和公平竞争环境。

构建包含数字化与智能化技术的高质量发展理论框架，是推动冰雪产业高质量发展的必由之路。这一框架不仅为冰雪产业指明了发展方向和路径选择，也为企业和管理部门提供了科学指导和有力支持。在未来的发展中，我们应继续深化对这一理论框架的研究和应用实践，从而推动冰雪产业不断迈向更高质量的发展阶段。

二、评价标准

在明确了冰雪产业高质量发展的理论基础后，我们需要进一步确立一套科学、全面、可操作的评价标准，以衡量和评估冰雪产业高质量发展的实际成效。这些评价标准应涵盖多个维度内容，包括但不限于物流效率、人才培养质量、数字化技术应用水平等关键指标，以确保评价的全面性和准确性。

（一）物流效率评价

物流效率是冰雪产业高质量发展的重要支撑。高效的物流体系能够保障冰雪赛事的顺利进行，促进冰雪旅游市场的繁荣，以及优化冰雪装备和资源的配置。因此，将物流效率作为评价冰雪产业高质量发展的重要指标之一，具有十分重要的意义。

1. 供应链协同能力

评价冰雪产业供应链的协同能力,包括供应商、制造商、分销商、零售商等各个环节之间的信息共享、协同作业和风险管理能力。高效的供应链协同能够缩短产品从生产到消费的时间周期,降低库存成本,提高市场响应速度。

2. 物流基础设施建设

考察冰雪产业相关的物流基础设施建设情况,如仓储设施、运输网络、配送体系等。这些设施的建设水平和运营效率直接影响物流效率的高低。

3. 物流信息化水平

评估冰雪产业物流信息化水平,包括物流信息系统的建设、物流数据的采集与分析能力、物流流程的自动化与智能化程度等。物流信息化水平的提升能够显著提高物流作业的透明度和可追溯性,降低人为错误和延误的风险。

4. 物流成本控制

分析冰雪产业物流成本控制情况,包括运输成本、仓储成本、管理成本等。有效的成本控制不仅能够降低企业的运营成本,还能提升企业的市场竞争力。

(二)人才培养质量评价

人才是冰雪产业高质量发展的核心驱动力。高素质、专业化的人才队伍是推动冰雪产业技术创新、管理优化和市场拓展的关键。因此,将人才培养质量作为评价冰雪产业高质量发展的重要指标之一,具有至关重要的作用。

1. 教育体系的全方位构建与持续优化

(1)专业设置的前瞻性与灵活性:冰雪产业的专业设置需紧跟行业的发展趋势,既要涵盖冰雪运动、冰雪旅游、冰雪装备等传统领域,又要前瞻性地布局冰雪科技、冰雪文化等新兴领域。同时,保持专业设置的灵活性,根据市场需求变化及时调整优化,确保教育资源的有效配置。

(2)课程体系的科学性与实践性:课程体系应体现理论与实践相结合的原则,既要设置基础理论课程,为学生打下坚实的学科基础;又要强化实践教学环节,通过案例分析、模拟训练、实地考察等方式,提升学生的实践能力和解决问题的能力。此外,还应注重跨学科综合课程的引入,以培养学生的综合素养和创新能力。

（3）实践教学平台的搭建与利用：建立高水平的实践教学平台是提升人才培养质量的关键。这包括建设冰雪运动训练基地、冰雪旅游实训基地、冰雪装备研发中心等，为学生提供真实的职业环境和学习机会。同时，加强与行业企业的合作，共同开发实践教学项目，实现教育链、人才链与产业链、创新链的有效衔接。

2. 师资力量的强化与教学质量的提升

（1）师资队伍的多元化与专业化：建设一支结构合理、素质优良、专兼结合的师资队伍是提升教学质量的重要保障。应积极引进国内外优秀人才，特别是具有丰富实践经验和行业影响力的专家学者；同时，加强对现有教师的培训力度，提升其专业水平和教学能力。

（2）教学理念的更新与教学方法的创新：教师应树立以学生为中心的教学理念，关注学生的个体差异和全面发展。在教学过程中，积极采用启发式、讨论式、案例式等先进的教学方法，激发学生的学习兴趣和主动性；同时，注重培养学生的批判性思维、创新思维和团队协作能力。

3. 人才培养与产业需求深度融合的路径探索

（1）校企合作的深化与拓展：深化校企合作是实现人才培养与产业需求对接的有效途径。应建立长效合作机制，共同制定人才培养方案、开发教学资源、开展实践教学等；同时，鼓励企业参与学校的专业建设、课程设置和教学质量评估等方面的过程，实现教育与产业的深度融合。

（2）产学研结合的推动与实施：推动产学研结合是提升冰雪产业创新能力的重要手段。应建立产学研合作平台，促进科技成果的转化和应用；同时，鼓励教师和企业的技术人员开展联合研发和技术攻关，解决产业发展中的关键技术问题。此外，还应加强对学生创新创业能力的培养和支持，鼓励学生参与科技创新和创业实践。

4. 人才激励机制与留人政策的完善与优化

（1）薪酬福利体系的竞争力构建：提供具有竞争力的薪酬福利体系是吸引和留住优秀人才的基础。应根据行业水平和企业实际情况制定合理的薪酬标准；同时，建立完善的福利制度如五险一金、带薪休假、员工培训等，可以提高员工的满意度和忠诚度。

（2）职业发展路径的清晰规划：为员工设计清晰的职业发展路径是激发其工作热情和创造力的关键。应建立多元化的职业晋升通道和评价体系；同时，加强对员工的职业规划和指导服务；还应关注员工的个人成长和发展需求为其提供更多学习和提升的机会。

（三）数字化技术应用水平评价

数字化技术的应用是推动冰雪产业高质量发展的重要手段。通过引入数字化技术，可以实现冰雪产业各个环节的智能化、自动化和精细化管理，以提高产业的整体运营效率和市场竞争力。因此，将数字化技术应用水平作为评价冰雪产业高质量发展的重要指标之一，具有十分重要的现实意义。

1. 数字化技术普及程度

考察冰雪产业中数字化技术的普及程度，包括云计算、大数据、物联网、人工智能等技术在冰雪产业各个环节的应用情况。普及程度越高，说明冰雪产业对数字化技术的重视程度越高，数字化转型的步伐就越快。

2. 数字化技术创新能力

评估冰雪产业在数字化技术创新方面的能力，包括自主研发能力、技术引进与消化吸收能力、技术创新成果转化能力等。强大的创新能力能够推动冰雪产业不断突破技术瓶颈，实现技术引领和产业升级。

3. 数字化管理水平

分析冰雪产业在数字化管理方面的水平，包括信息化管理系统的建设与运用、数据资源的整合与共享、管理流程的优化与再造等方面。高水平的数字化管理能够提升企业的管理效率和决策水平，从而推动企业实现精细化管理和可持续发展。

4. 数字化服务体验

考察冰雪产业在数字化服务体验方面的表现，包括在线预订、智能导览、虚拟体验等数字化服务的应用情况。优质的数字化服务体验能够提升消费者的满意度和忠诚度，促进冰雪产业的快速发展。

物流效率、人才培养质量和数字化技术应用水平是评价冰雪产业高质量发展的重要指标。这些指标相互关联、相互影响，共同构成了冰雪产业高质量发展的评价体系。通过科学、全面、客观地评价这些指标的表现情况，我们可以清晰地了解冰雪产业高质量发展的实际成效和存在的问题与不足，为制定更加科学合理的发展策略提供有力支持。

第二节 冰雪产业高质量发展的路径

冰雪产业高质量发展需要资源优化、市场需求精准及创新驱动、品牌建设并行。面对全球化竞争，产业升级与结构优化是提升竞争力的关键。创新驱动技术革新与模式创新，品牌建设增强品牌价值与市场影响力。本节聚焦于产业升级与结构优化，探讨数字化与智能化技术助力，并例举新能源汽车在物流中的应用案例，为创新驱动与品牌建设奠定基础。

一、产业升级与结构优化

在冰雪产业高质量发展的宏伟蓝图中，产业升级与结构优化是通往成功的必由之路。面对日益激烈的市场竞争与不断变化的消费者需求，冰雪产业亟须通过技术革新与模式创新，实现产业内部的深度调整与优化。这一过程不仅关乎技术层面的飞跃，更涉及产业生态的重塑与价值链的升级。因此，深入探讨产业升级与结构优化的策略，特别是数字化与智能化技术在这一过程中的推动作用，对于冰雪产业的未来发展具有至关重要的意义。

（一）数字化与智能化技术的推动作用

在冰雪产业高质量发展的征途中，数字化与智能化技术如同一股强劲的东风，不仅为产业升级注入了新的活力，更为结构优化提供了强大的驱动力。这一过程中，技术不仅作为工具被应用，更成为引领产业变革、重塑产业生态的关键因素。

1. 数字化转型：构建高效透明的产业体系

数字化转型是冰雪产业高质量发展的首要任务。通过运用云计算、大数据、物联网等现代信息技术，冰雪产业可以实现业务流程的再造和运营模式的创新。具体而言，数字化转型可以帮助冰雪场馆实现智能化管理，提升赛事组织和运营的效率；通过数据分析，精准把握市场需求和消费者偏好，为产品开发和营销提供科学依据；同时，数字化平台还能促进产业内外部资源的有效整合与共享，构建起高效、透明、协同的产业体系。

在数字化转型的过程中，冰雪企业需要积极拥抱新技术，加强技术研发和人才的培养，推动技术与业务的深度融合。同时，政府也应出台相关政策措施，支持冰雪产业的数字化转型，包括提供财政补贴、税收优惠、金融支持等，降低企业转型成本，激发市场活力。

2. 智能化升级：提升产业竞争力和附加值

智能化升级是冰雪产业高质量发展的必然选择。通过引入人工智能、机器人等先进技术，冰雪产业可以实现生产过程的自动化、智能化和精准化，降低人力成本，提高生产效率和产品质量。例如，在冰雪装备制造领域，智能化生产线可以大幅提升产品的精度和一致性；在冰雪旅游领域，智能机器人和虚拟导游可以提供更加便捷、个性化的服务体验；在冰雪赛事领域，智能裁判系统和运动数据分析软件则可以为运动员提供更加科学的训练指导和比赛决策支持。

智能化升级不仅有助于提升冰雪产业的竞争力和附加值，还能推动产业向高端化、精细化方向发展。然而，智能化升级也面临着技术门槛高、投资规模大等挑战。因此，冰雪企业需要在充分考虑自身实力和市场需求的基础上，制定合理的智能化升级策略，加强产学研合作，推动技术创新和成果转化。

3. 技术创新引领：探索新兴业态和商业模式

数字化与智能化技术的快速发展为冰雪产业带来了前所未有的发展机遇。通过技术创新和模式创新，冰雪产业可以不断探索新兴业态和商业模式，为高质量发展注入新的动力。例如，利用虚拟现实（VR）、增强现实（AR）等技术开发冰雪运动模拟训练系统和冰雪旅游体验产品，通过电商平台和社交媒体开展线上营销和推广活动，引入区块链技术保障冰雪赛事的公平性和透明度等。

这些新兴业态和商业模式的出现不仅丰富了冰雪产业的内涵和外延，还为消费者提供了更加多元化、个性化的产品和服务选择。同时，它们也为冰雪企业提供了新的经济增长点和发展空间，有助于提升整个产业的盈利能力和市场竞争力。

4. 政策环境优化：促进数字化与智能化技术的普及应用

政策环境对于冰雪产业数字化与智能化技术的普及应用具有重要影响。为了推动冰雪产业的高质量发展，政府需要积极营造有利于技术创新和应用的政策环境。具体而言，政府可以出台相关政策措施，鼓励和支持冰雪企业加大研发投入和技术创新力度；建立健全知识产权保护体系，保障技术创新成果的合法权益；加强公共服务平台建设，为冰雪企业提供技术支持和信息服务；同时，还可以通过举办技术创新大赛、交流会等活动，激发全社会对冰雪产业技术创新和应用的关注与支持。

在政策环境优化的过程中，政府还需要加强与冰雪企业的合作和沟通，及时了解企业的需求和困难，为企业提供精准有效的政策支持和服务。同时，政府还应加强对冰雪产业数字化与智能化技术应用情况的监测和评估，及时发现并解决问题，推动技术的持续普及和深入应用。

可见，数字化与智能化技术在冰雪产业高质量发展中的推动作用是不容忽视的。通过数字化转型和智能化升级，冰雪产业可以实现产业升级和结构优化；通过技术创新和模式创新，冰雪产业可以探索新兴业态和商业模式；同时，政府也需要积极营造有利于技术创新和应用的政策环境，为冰雪产业的高质量发展提供有力保障。未来，随着技术的不断进步和应用场景的不断拓展，数字化与智能化技术应用将在冰雪产业中发挥更加重要的作用，推动冰雪产业不断迈向新的高度。

（二）新能源汽车在物流中的应用案例

随着全球对环境保护意识的增强和可持续发展理念的深入人心，新能源汽车作为绿色、低碳的交通工具，在冰雪产业物流领域中的应用日益广泛。新能源汽车不仅有助于减少碳排放、改善空气质量，还能降低物流成本、提高运输效率，对冰雪产业的高质量发展具有重要意义。以下笔者将详细探讨新能源汽车在冰雪产业物流中的几个典型应用案例，并分析其带来的积极影响。

案例一：纯电动货车在冰雪场馆物流中的应用

在大型冰雪赛事或冰雪旅游活动中，场馆物流是确保赛事顺利进行和游客体验的重要环节。传统燃油货车在运输过程中会产生大量尾气排放，对环境和空气质量造成负面影响。而纯电动货车则以其零排放、低噪声的特点，成为冰雪场馆物流的理想选择。

某国际冰雪赛事举办期间，主办方采用了大量纯电动货车进行场馆物资和设备的运输工作。这些货车不仅满足了赛事期间的物流需求，还显著降低了碳排放量，为赛事的绿色举办贡献了力量。同时，纯电动货车在行驶过程中噪声小，减少了对周边居民和游客的干扰，提升了整体的环境质量。

此外，纯电动货车在运营成本上也具有相当优势。虽然初期投资相对较高，但长期来看，其能源成本远低于燃油货车，且维护成本较低。随着电池技术的不断进步和充电设施的日益完善，纯电动货车在冰雪场馆物流中的应用前景将更加广阔。

案例二：氢能源物流车在冰雪旅游线路上的应用

冰雪旅游是冰雪产业的重要组成部分，而旅游线路上的物流运输则是保障游客体验和旅游质量的关键环节。氢能源物流车作为一种新型的新能源汽车，以其长续航、高能效的特点，在冰雪旅游线路上的应用具有独特优势。

某冰雪旅游胜地为了提升旅游品质和环保形象，引进了一批氢能源物流车用于旅游线路上的物资运输和游客接送服务。这些物流车不仅实现了零排放、低噪声的环保目标，还凭借其高效的能源利用率和长续航能力，确保了旅游线路上的物资供应和游客出行的顺畅。

氢能源物流车的引进不仅提升了该冰雪旅游胜地的环保形象，还吸引了更多注重环保和可持续发展的游客前来体验。同时，这也为该地区的新能源汽车产业发展提供了有力支持，促进了产业结构的优化和升级。

案例三：智能网联新能源汽车在冰雪物流中的创新应用

随着智能网联技术的快速发展，新能源汽车与智能网联技术的深度融合为冰雪物流带来了更多创新应用。智能网联新能源汽车通过车载传感器、控制器等智能设备，实现了车辆与道路、车辆与车辆之间的信息交互和协同作业，提高了物流运输的智能化水平和运输效率。

在某冰雪物流园区内，智能网联新能源汽车被广泛应用于货物的装卸、运输和配送等环节。通过车载智能系统，物流人员可以实时掌握车辆的位置、速度、载重等信息，并根据路况和天气变化及时调整运输方案。同时，智能网联新能源汽车还能实现自动驾驶和远程控制等功能，极大降低了人力成本和安全风险。

此外，智能网联新能源汽车还能通过大数据分析等技术手段，对物流运输过程中的数据进行深度挖掘和分析，为物流企业提供更加精准的运营决策支持。这些创新应用不仅提高了冰雪物流的智能化水平和运输效率，还推动了物流行业的数字化转型和高质量发展。

从以上新能源汽车在冰雪产业物流中的应用案例中可以发现，其对于推动冰雪产业高质量发展具有重要意义。未来随着技术的不断进步和应用场景的不断拓展，新能源汽车将在冰雪产业物流中发挥更加重要的作用并迎来更加广阔的发展前景。

二、创新驱动与品牌建设

在冰雪产业高质量发展的路径中，创新驱动与品牌建设是不可或缺的双轮驱动。创新驱动为冰雪产业注入了新的活力与动能，而品牌建设则是提升产业竞争力、拓展市场空间的关键所在。两者相辅相成，共同推动着冰雪产业向更高质量、更高水平迈进。

（一）跨界融合：拓宽产业边界，激发创新活力

跨界融合是冰雪产业创新驱动的重要途径之一。通过打破行业壁垒，将冰雪产业与其他相关行业进行深度融合，可以创造出全新的业务模式、产品形态和市场空间。这种融合不仅有助于拓宽冰雪产业的边界，还能激发产业创新活力，推动产业向多元化、高端化方向发展。

1. 文化与冰雪的融合

冰雪产业与文化的融合，是提升产业内涵、增强吸引力的关键。通过挖掘冰雪文化的深厚底蕴，将其融入冰雪旅游、冰雪赛事等各个环节，可以打造出

独具特色的冰雪文化品牌。例如，举办冰雪文化节、冰雪艺术展览等活动，将冰雪元素与传统文化、现代艺术相结合，为游客提供丰富的文化体验和精神享受。这种融合不仅能够丰富冰雪产业的文化内涵，还能提升游客的满意度和忠诚度。

2. 体育与科技的融合

体育与科技的融合是冰雪产业创新发展的重要趋势。通过引入先进的科技手段，如虚拟现实（VR）、增强现实（AR）、智能穿戴设备等，可以为冰雪运动提供更加便捷、安全、高效的训练和比赛体验。同时，科技手段的应用还能促进冰雪运动的普及和推广，吸引更多的年轻人参与其中。例如，开发冰雪运动模拟训练系统、智能裁判系统等科技产品，可以帮助运动员提高训练效率和比赛成绩；而在线直播、社交媒体等平台的运用，则能让更多人了解冰雪运动、感受冰雪魅力。

3. 冰雪产业与其他产业的融合

除了文化与体育、科技的融合，冰雪产业还可以与其他众多产业进行深度融合。例如，与旅游业的融合可以打造出集观光、休闲、度假于一体的冰雪旅游综合体；与健康产业的融合可以推出冰雪养生、冰雪医疗等健康服务产品；与教育产业的融合则可以开展冰雪运动进校园、冰雪知识普及等活动。这些跨界融合不仅有助于拓展冰雪产业的市场空间，还能促进相关产业的协同发展。

（二）创新型产品的开发：满足市场需求，引领产业升级

创新型产品的开发是冰雪产业品牌建设的核心。通过不断研发新技术、新材料、新工艺等创新要素，可以开发出具有自主知识产权的冰雪运动装备、冰雪旅游用品等创新型产品。这些产品不仅能够满足市场需求、提升消费者体验，还能引领产业升级、增强产业竞争力。

1. 高端冰雪运动装备的研发

高端冰雪运动装备是冰雪产业的重要组成部分。通过引入新材料、新工艺等创新要素，可以研发出更加轻便、耐用、智能化的冰雪运动装备。例如，采用石墨烯等新型材料制成的滑雪板具有更好的韧性和耐磨性，而智能穿戴设备则可以为运动员提供实时数据监测和训练指导。这些高端冰雪运动装备的研发不仅有助于提升运动员的竞技水平，还能推动冰雪运动装备的产业升级和市场拓展。

2. 冰雪旅游用品的创新设计

冰雪旅游用品是吸引游客的重要因素之一。通过创新设计，可以开发出具有独特风格和实用价值的冰雪旅游用品，如设计符合人体工学的滑雪服、保暖性能优异的羽绒服等冰雪旅游用品，或者开发具有地方特色的冰雪纪念品、手工艺品等旅游商品。这些创新设计的冰雪旅游用品不仅能够满足游客的购物需求，还能提升旅游目的地的品牌形象和市场吸引力。

3. 智能化冰雪服务产品的开发

随着智能化技术的不断发展，智能化冰雪服务产品也成为了冰雪产业创新的重要方向之一。通过开发智能化服务产品，可以为游客提供更加便捷、个性化的服务体验，如开发智能导览系统、在线预约平台等智能化服务产品，或者利用大数据分析技术为游客提供个性化旅游推荐和定制服务。这些智能化冰雪服务产品的开发不仅能够提升游客的满意度和忠诚度，还能推动冰雪产业向数字化、智能化方向转型升级。

创新驱动与品牌建设是冰雪产业高质量发展的关键所在。通过跨界融合和创新型产品的开发等举措的实施和推广，可以不断激发冰雪产业的创新活力、拓展市场空间、提升产业竞争力。未来，随着技术的不断进步和市场的不断发展变化，冰雪产业将继续保持高速发展的态势并迎来更加广阔的发展前景。

第三节　政策支持与环境优化

冰雪产业的高质量发展，离不开良好的政策环境作为坚实后盾。政策环境的优化，不仅能够为冰雪产业提供明确的发展导向，还能通过具体的政策措施激发其产业活力，推动技术创新与产业升级。在当前全球绿色、低碳、可持续发展的大趋势下，冰雪产业面临着前所未有的机遇与挑战。如何构建一个既有利于冰雪产业技术创新，又符合环保要求的政策环境，成为推动冰雪产业高质量发展的重要因素。本节将深入探讨政策支持与环境优化对冰雪产业高质量发展的重要作用，分析当前政策环境对冰雪产业的影响，并提出一系列针对性的政策环境优化策略，以期为冰雪产业的蓬勃发展提供有力保障。

一、政策环境影响

在冰雪产业高质量发展的进程中，政策环境扮演着至关重要的角色。它不仅为产业发展提供了方向指引和制度保障，还通过具体的政策措施直接影响着产业的资源配置、技术创新和市场拓展。其中，政策对数字化与智能化技术的支持情况尤为值得关注，因为它是推动冰雪产业转型升级、实现高质量发展的关键驱动力。

（一）数字化与智能化技术政策扶持力度加大

近年来，随着信息技术的飞速发展和数字化转型的深入推进，各国政府普遍认识到数字化与智能化技术对于提升产业竞争力、促进经济高质量发展的重要性。因此，在冰雪产业领域，一系列旨在支持数字化与智能化技术发展的政策措施相继出台，为冰雪产业的智能化升级提供了有力支持。

1. 资金投入与补贴政策

政府通过设立专项资金、提供财政补贴等方式，鼓励冰雪企业加大在数字化与智能化技术方面的研发投入。这些资金可以用于购买先进设备、引进高端人才、开展技术研发等方面，有效降低企业的创新成本，激发企业的创新活力。例如，一些地方政府为采用数字化管理系统的冰雪场馆提供运营补贴，鼓励其向智能化方向转型。

2. 税收优惠与减免政策

为了鼓励企业加大技术创新的力度，政府还实施了一系列税收优惠和减免政策。对于在数字化与智能化技术方面取得显著成效的冰雪企业，政府可以给予所得税减免、增值税即征即退等优惠措施，进一步降低企业的税负压力，提高其创新积极性。

3. 创新平台与载体建设

政府还可以通过建设创新平台、孵化器、加速器等载体，为冰雪企业的数字化与智能化转型提供全方位支持。这些平台不仅聚集了丰富的创新资源和技术人才，还为企业提供了技术咨询、成果转化、市场推广等一站式服务。通过参与这些平台的建设和运营，冰雪企业可以更加便捷地获取创新资源、拓展市场空间。

（二）政策引导数字化与智能化技术在冰雪产业的应用

除了直接的政策扶持，政府还可以通过制定相关规划和标准，引导数字化与智能化技术在冰雪产业中的广泛应用。这些规划和标准不仅明确了冰雪产业智能化升级的方向和目标，还提出了具体的技术路线和实施路径，为企业的技术创新提供了明确指导。

1. 智慧冰雪场馆建设标准

为了推动冰雪场馆的智能化升级，政府制定了智慧冰雪场馆建设标准。这些标准涵盖了场馆的智能化设计、建设、运营等方面内容，要求场馆在基础设施、信息系统、安全保障等方面实现全面智能化。通过遵循这些标准建设智慧冰雪场馆，不仅可以提高场馆的运营效率和服务质量，还可以为游客提供更加便捷、舒适的冰雪体验。

2. 冰雪运动装备智能化标准

政府还制定了冰雪运动装备智能化标准，鼓励企业研发具有自主知识产权的智能化冰雪运动装备。这些标准涵盖了装备的智能感知、数据处理、人机交互等方面内容，同时要求装备具备高精度、高可靠性、易操作等特点。通过推广这些智能化装备的应用，可以显著提升运动员的训练效果和比赛成绩，从而推动冰雪运动的普及和发展。

3. 冰雪旅游服务智能化规范

针对冰雪旅游服务领域，政府还制定了智能化服务规范。这些服务规范要求旅游企业提供智能化的旅游信息服务、预订服务、导游服务等，以提高旅游服务的便捷性和个性化程度。通过推广这些智能化服务规范的应用，可以吸引更多游客参与冰雪旅游活动，促进冰雪旅游市场的繁荣发展。

（三）政策环境对冰雪产业高质量发展的综合影响

在探讨冰雪产业高质量发展的进程中，政策环境作为外部驱动力，其影响力深远且多维度，深刻塑造着产业的未来走向。具体而言，这一影响不仅体现在对数字化与智能化技术的直接推动作用上，更广泛渗透于产学研合作、市场机制完善、资源配置优化等多个层面，共同构建起冰雪产业高质量发展的生态系统。

1. 政策扶持：数字化与智能化转型的加速器

（1）政策导向明确，扶持力度加大：政府通过出台一系列针对性强、操作性高的政策措施，如设立专项基金、税收优惠、研发补贴等，为冰雪产业内的企业提供坚实的资金支持和政策保障。这些举措有效降低了企业在数字化转型和智能化升级过程中的创新成本，激发了企业的积极性和创造力，加速了新技术的研发与应用步伐。

（2）标准引领，规范先行：政府还积极制定和完善冰雪产业相关的数字化、智能化标准体系，确保产业在转型升级过程中有章可循、有据可依。这不仅提升了产业的整体技术水平和服务质量，也为企业在国际市场上赢得更多的话语权和竞争力奠定了坚实基础。

2. 协同作用：多因素共促产业高质量发展

（1）产学研深度融合，创新链条完善：政策环境在推动产学研合作方面同样发挥着重要作用。通过搭建产学研合作平台、促进科技成果转化、培养高素质人才等措施，政府有效打破了产学研之间的壁垒，加速了创新资源的流动和共享。这不仅提升了冰雪产业的自主创新能力，也为产业的持续健康发展提供了源源不断的动力。

（2）市场机制优化，资源配置高效：在政策环境的引导下，冰雪产业的市场机制也在不断完善和优化。政府通过放宽市场准入、加强市场监管、推动公平竞争等措施，为冰雪产业内的企业创造了更加公平、透明、高效的市场环境。这有助于优化资源配置，提高资源利用效率，促进产业整体竞争力的提升。

3. 展望未来：持续优化政策环境，共筑高质量发展新篇章

面对冰雪产业高质量发展的新形势和新要求，政府应继续秉持开放包容、

创新引领的发展理念，不断优化政策环境，为产业提供更加有力、精准的支持。同时，还应加强与相关部门的沟通协调和资源整合力度，形成推动冰雪产业高质量发展的强大合力。只有这样，才能确保冰雪产业在高质量发展的道路上不断前行、取得更加辉煌的成就。

二、政策环境优化策略

在推动冰雪产业高质量发展的进程中，政策环境的优化是不可或缺的一环。针对目前冰雪产业发展面临的机遇与挑战，特别是针对新能源汽车的推广应用及绿色物流体系的构建，制定并实施一系列行之有效的政策环境优化策略显得尤为重要。以下笔者将从新能源汽车政策支持策略与绿色物流激励措施两个方面展开具体论述。

（一）新能源汽车政策支持策略

新能源汽车作为绿色、低碳的交通工具，对于促进冰雪产业物流环节的节能减排、降低运营成本具有重要意义。因此，加强新能源汽车政策支持，是推动冰雪产业绿色发展的重要途径。

1. 加大财政补贴力度

政府应继续加大对新能源汽车的财政补贴力度，特别是对于在冰雪产业物流领域中广泛应用的新能源汽车，应给予更高的补贴标准。通过直接的资金支持，降低企业购买新能源汽车的初期成本，鼓励更多企业采用新能源汽车进行物流运输。同时，对于新能源汽车充电设施建设也应给予一定的补贴，促进充电网络的全面布局和完善。

2. 实施税收优惠政策

除了直接的财政补贴，政府还可以通过实施税收优惠政策来鼓励新能源汽车的应用。例如，对购买新能源汽车的企业给予购置税减免、车船税优惠等税收激励措施。这些政策不仅可以直接降低企业的购车成本，还能激发企业购买和使用新能源汽车的积极性。

3. 完善充电基础设施建设规划

充电基础设施的完善是新能源汽车广泛应用的基础。政府应制定科学的充电基础设施建设规划，明确建设目标、布局原则和保障措施。特别是在冰雪产业聚集区、物流枢纽等关键区域，应优先布局充电设施，确保新能源汽车能够及时充电、便捷使用。同时，鼓励社会资本参与充电设施建设运营，形成多元化、市场化的充电服务供给体系。

4. 推广新能源汽车租赁服务

针对冰雪产业内的中小企业资金实力有限、购车成本较高的实际情况，政府可以推动新能源汽车租赁服务的发展。通过引导汽车租赁企业增加新能源汽车的投放量、降低租金价格等措施，为冰雪产业内的中小企业提供更加灵活、经济的用车方案。这不仅可以降低企业的运营成本，还能促进新能源汽车在冰雪产业中的广泛应用。

（二）绿色物流激励措施

绿色物流是冰雪产业高质量发展的必然要求。通过实施一系列绿色物流激励措施，可以促进物流环节的节能减排、提高物流效率和服务质量。

1. 建立绿色物流评价体系

政府应建立科学、全面的绿色物流评价体系，对物流企业的环保表现进行评估和排名。该体系应涵盖能源消耗、碳排放量、废物处理等多个方面指标，确保评价的客观性和公正性。对于表现优异的绿色物流企业给予表彰和奖励，激励更多企业积极参与绿色物流实践。

2. 推广绿色包装和循环利用

绿色包装和循环利用是减少物流环节环境污染的重要措施。政府应鼓励物流企业采用可降解、易回收的包装材料，减少一次性塑料包装的使用。同时，推动建立包装物循环利用体系，鼓励企业回收再利用废旧包装物。通过政策引导和资金支持等方式，促进绿色包装和循环利用的普及和推广。

3. 优化物流运输组织方式

优化物流运输组织方式是提高物流效率、降低能耗和排放的关键所在。政府应鼓励物流企业采用多式联运、共同配送等先进运输组织方式，减少空驶率和重复运输现象。同时，推动冷链物流技术的发展和应用，提高易腐商品的保鲜度和运输效率。此外，加强对物流运输车辆的监管和管理力度，确保车辆符合环保标准和安全要求。

4. 加强物流信息化和智能化建设

物流信息化和智能化是提高物流效率、降低物流成本的重要途径。政府应鼓励物流企业加大信息化建设的投入力度，建立高效的物流信息系统和智能调度平台。通过大数据、云计算等先进技术的应用和分析能力，实现对物流资源的精准配置和高效调度。同时，推进智能仓储、自动分拣等智能化设备的研发和应用，提高物流作业的自动化水平和效率。

可见，新能源汽车政策支持与绿色物流激励措施是优化冰雪产业政策环境的重要方面。通过实施这些措施可以有效降低冰雪产业的运营成本和环保压力、提高物流效率和服务质量、促进产业的可持续发展。未来随着政策的不断完善和落地实施以及技术的不断进步和应用推广，冰雪产业将迎来更加广阔的发展空间和更加美好的发展前景。

第九章

案例研究与实证分析

第一节　国内外冰雪产业发展案例

冰雪产业作为集体育、旅游、文化等多元素于一体的新兴产业，近年来在全球范围内迅速崛起，成为推动地区经济发展、促进文化交流的重要力量。国内外众多地区依托独特的自然资源和文化底蕴，积极探索冰雪产业的高质量发展路径，与此同时，涌现出一批具有示范意义的成功案例。本章将深入剖析这些国内外冰雪产业发展的典型案例，从现代体育物流、数字化技术应用等多个维度进行剖析，旨在提炼成功经验、发现潜在问题，并为冰雪产业的未来发展提供有益借鉴。通过对成功案例的剖析，期待能够为更多地区在冰雪产业的布局与发展上提供实践指导和理论支撑，共同推动全球冰雪产业的繁荣与进步。

一、国外成功案例分析

在全球冰雪产业蓬勃发展的背景下，许多国家凭借先进的体育物流管理和数字化技术应用，实现了冰雪产业的快速崛起与持续繁荣。以下笔者将从现代体育物流与数字化技术应用两个维度，深入分析几个具有代表性的国外成功案例。

（一）现代体育物流的成功实践

1.瑞士圣莫里茨的冰雪赛事物流体系

瑞士圣莫里茨，作为历史悠久的滑雪胜地和冬季运动中心，其高效的体育物流体系为众多国际顶级冰雪赛事的成功举办奠定了坚实基础。圣莫里茨通过构建多层次的物流网络，实现了赛事装备、器材、食品等物资的快速、精准配送。具体做法包括以下内容。

（1）智能仓储与调度系统：采用先进的仓储管理系统（WMS）和运输管理系统（TMS），实现赛事物资的智能化存储与调度。通过 RFID 技术追踪物资流向，确保每件物资都能准时、准确地送达指定地点。

（2）绿色物流理念：推广使用电动或混合动力运输工具，减少碳排放。同时，优化包装材料，提高可回收利用率，降低物流活动对环境的影响。

（3）紧密合作机制：与地方政府、运输企业、赛事组织者等建立紧密的合作关系，形成高效的协同工作网络。通过定期召开联席会议、共享信息资源等方式，确保物流活动的顺畅进行。

2. 加拿大惠斯勒的冰雪旅游物流优化

加拿大惠斯勒作为世界知名的滑雪度假胜地，其冰雪旅游物流优化策略同样值得借鉴。惠斯勒通过以下措施提升了游客的体验感，促进了旅游业的繁荣发展。

（1）定制化物流解决方案：针对不同游客群体的需求，提供定制化的物流解决方案。例如，为家庭游客提供包含滑雪装备租赁、儿童托管等一站式服务包，为高端客户提供私人飞机接送、专属住宿安排等尊享服务。

（2）智能导游系统：利用 AR、VR 技术打造智能导游系统，帮助游客轻松规划行程、了解景点信息。同时，通过大数据分析预测游客流量，动态调整物流资源配置，避免拥堵现象。

（3）社区参与与共享经济：鼓励当地居民参与旅游物流活动，如开设民宿、提供向导服务等。同时，推广共享经济模式，如共享单车、共享汽车等，减少游客出行成本，提高资源利用效率。

（二）数字化技术应用的典范

1. 挪威奥斯陆的智能化场馆运营

挪威奥斯陆在冰雪场馆的智能化运营方面走在了前列。通过深度融合数字化技术，奥斯陆的冰雪场馆实现了高效、精准的管理与服务。

（1）物联网（IoT）技术：在场馆内广泛应用传感器、RFID 等技术，实时监测场馆内的温度、湿度、光照等环境参数。结合大数据分析，自动调节场馆设备的运行状态，确保比赛或训练环境的最佳状态。

（2）云计算与大数据平台：构建统一的云计算与大数据平台，整合场馆运营、赛事组织、观众服务等多个方面的数据资源。通过数据分析挖掘潜在价值，为场馆管理决策提供有力支持。

（3）人工智能（AI）辅助决策：利用 AI 算法对场馆运营数据进行深度分析，预测场馆人流、能耗等趋势。基于预测结果制定针对性的管理策略，如动态调整开放时间、优化资源配置等。

2. 美国科罗拉多州丹佛的冰雪运动数据分析

科罗拉多州丹佛在冰雪运动数据分析领域取得了显著成果。通过建立完善的数据采集与分析体系，丹佛为运动员提供了科学的训练指导和比赛策略。

（1）高性能传感器与可穿戴设备：运动员佩戴高性能传感器和可穿戴设备参与训练与比赛，实时采集运动数据。这些数据包括速度、力量、心率、姿态等多个维度信息，为个性化训练计划的制订提供了依据。

（2）数据可视化与分析软件：利用先进的数据可视化与分析软件处理采集到的运动数据。通过图表、动画等形式直观展示运动员的表现情况与所在的潜在问题。同时，结合专家意见制订针对性的改进建议。

（3）云端共享与协同工作平台：建立云端共享与协同工作平台，方便教练、运动员、科研人员等多方人员实时交流数据、共享资源。通过集思广益、共同研讨促进冰雪运动水平的不断提升。

以上这些国外冰雪产业的成功案例，充分展示了现代体育物流与数字化技术应用在推动产业高质量发展方面的巨大潜力。这些案例不仅为国内外冰雪产业从业者提供了宝贵的经验借鉴与启示思考；也激励着更多地区的冰雪企业积极探索创新路径、不断提升自身竞争力以实现冰雪产业可持续发展目标。

二、国内发展案例分析

在国内，随着冰雪运动的普及和冰雪旅游市场的扩大，冰雪产业也迎来了前所未有的发展机遇。新能源汽车与绿色物流的应用，作为推动冰雪产业可持续发展的重要手段，在国内多个地区均得到了积极探索与实践。以下笔者将详细分析几个国内新能源汽车与绿色物流在冰雪产业中的成功应用案例。

（一）崇礼云顶滑雪场的绿色物流实践

崇礼云顶滑雪场作为 2022 年北京冬奥会的重要比赛场地之一，在绿色物流方面做出了积极尝试与贡献。

1. 新能源汽车的广泛应用

云顶滑雪场积极响应国家节能减排的号召，率先在物流运输中引入新能源车辆。从物资配送到员工通勤，大量使用电动汽车、电动巴士等新能源交通工具，有效降低了碳排放量。滑雪场与多家新能源汽车制造商合作，定制适合山地作业的专用车型，确保了车辆在复杂地形中的稳定运行。

2. 智能物流系统的构建

为了提升物流效率，云顶滑雪场投资建设了智能物流系统。该系统集成了物联网、大数据、云计算等先进技术，实现了对物流全过程的实时监控与智能调度。通过数据分析预测物资需求，提前规划配送路线和时间，避免了物资积压和浪费。同时，智能物流系统还能根据天气变化、游客流量等因素动态调整物流策略，以确保物资供应的及时性和准确性。

3. 绿色包装与回收机制

在物资包装方面，云顶滑雪场推行绿色包装理念，采用可降解、易回收的材料替代传统塑料包装。同时，建立完善的包装回收机制，鼓励游客和员工参与包装物的分类投放和回收再利用。通过这一系列措施，不仅减少了环境污染，还提升了游客的环保意识和参与度。

（二）长白山万达国际度假区的绿色出行方案

长白山万达国际度假区作为国内知名的冰雪旅游胜地，其在新能源汽车与绿色物流方面的实践同样值得借鉴。

1. 构建新能源汽车租赁体系

为了满足游客的绿色出行需求，长白山万达国际度假区与多家新能源汽车租赁公司合作，构建了完善的新能源汽车租赁体系。游客可以通过手机 App 轻松预订各类新能源车型，快速享受便捷、环保的租车服务。同时，度假区还设有专门的充电站和换电站，确保游客在租赁期间能够随时为车辆充电或换电。

2. 绿色物流网络布局

在物流方面，长白山万达国际度假区建立了覆盖整个度假区的绿色物流网络。通过与当地物流公司合作，引入新能源物流车辆进行物资配送。这些车辆不仅减少了碳排放量，还通过优化配送路线和时间提高了物流效率。同时，度假区还鼓励供应商采用绿色包装材料并参与包装回收计划，共同推动绿色物流的发展。

3. 智能停车与交通管理系统

为了缓解度假区内的交通压力并提升游客体验感，长白山万达国际度假区引入了智能停车与交通管理系统。该系统利用物联网技术和大数据分析手段对停车资源和交通流量进行实时监测和调度。游客可以通过手机 App 查询空闲车位、预约停车并导航至指定位置；同时系统还能根据交通状况动态调整信号灯配时和车道分配以优化交通流。这些措施有效缓解了停车难、行车难的问题并提升了度假区的整体运行效率。

（三）哈尔滨冰雪大世界的科技赋能绿色物流

哈尔滨冰雪大世界作为全球知名的冰雪旅游景点之一，在科技赋能绿色物流方面进行了积极探索与实践。

1. 无人机物流配送试点

哈尔滨冰雪大世界尝试利用无人机进行小件物资的配送试点。在特定区域内设置无人机起降点和物资存放点；通过无人机将游客订购的纪念品、食品等小件物资快速送达指定位置。这种方式不仅缩短了配送时间也降低了人力成本，还减少了地面交通对景区环境的影响，同时实现了绿色物流的目标。

2. AR 导航与智能导览系统

为了提升游客的自主游览体验并减少纸质地图的使用量，哈尔滨冰雪大世界开发了基于 AR 技术的导航与智能导览系统。游客只需通过手机扫描特定二维码即可开启 AR 导航模式，在实景中叠加虚拟路径指引帮助游客快速找到目的地。同时，智能导览系统还能根据游客的兴趣和位置推荐周边景点及活动信息，实现了个性化服务并提升了游客的满意度。

3. 绿色能源供应体系

在能源供应方面，哈尔滨冰雪大世界积极探索绿色能源的应用途径。通过建设太阳能光伏板、风力发电站等设施收集可再生能源，为景区的照明、供暖等设备提供绿色电力支持。此外，还鼓励商户和游客使用节能灯具和家电产品共同推动景区的节能减排工作。这些措施不仅降低了景区的运营成本，还提升了其环保形象和品牌价值。

可见，国内冰雪产业在新能源汽车与绿色物流应用方面同样取得了显著进展和成果。通过引入新能源汽车、构建智能物流系统、推广绿色包装与回收机制等措施，不仅降低了碳排放量及提升了物流效率，还促进了冰雪旅游的可持续发展和品牌建设。这些成功案例为其他地区和相关企业提供了宝贵经验和启示，激励着更多冰雪产业从业者积极探索创新路径并推动产业的高质量发展。

三、国内外案例对比分析

在分析了国内外冰雪产业发展的成功案例后，有必要对其中存在的失败案例进行深入剖析，以提炼出其共性问题并提出相应的改进建议。这不仅有助于避免重蹈覆辙，还能为未来冰雪产业的发展提供宝贵的参考和借鉴。

（一）失败案例的共性问题

1. 战略规划不足

许多失败案例暴露出企业在战略规划上的缺失。部分企业在进入冰雪产业时，缺乏对市场的深入调研和科学的战略定位，盲目跟风投资，导致项目与市场需求脱节，最终难以为继。战略规划的不足还体现在对长期发展目标的不明确和对潜在风险的忽视上，使得企业在面对市场波动和政策调整时显得捉襟见肘。

2. 资金链断裂

资金链问题是导致冰雪产业项目失败的重要原因之一。冰雪产业属于资本密集型行业，对资金的需求量大且持续时间长。一些项目在初期投入巨大，但后期运营中由于收入不足或成本控制不力，而导致资金链紧张甚至断裂。此外，部分企业在融资过程中缺乏合理的财务规划和风险控制机制，这也使得资金链问题雪上加霜。

3. 运营管理不善

运营管理是冰雪产业项目成功的关键。然而，在实际操作中，许多项目在运营管理方面存在诸多问题。例如，人力资源管理不善，导致员工流失率高、团队凝聚力差；物资管理混乱，造成资源浪费和成本上升；客户服务不到位，影响游客体验感和口碑等。这些问题不仅影响了项目的运营效率和服务质量，还损害了企业的品牌形象和市场竞争力。

4. 技术创新滞后

在数字化、智能化技术日新月异的今天，技术创新已成为推动冰雪产业高质量发展的重要动力。然而，一些企业在技术创新方面投入不足或方向不明确，而导致技术滞后于市场需求。这不仅限制了企业在产品、服务等方面的创新能力，还使得企业在竞争中处于不利地位。

5. 环保意识淡薄

随着全球对环境保护的重视度日益提高，绿色、低碳已成为冰雪产业发展的必然趋势。然而，部分企业在发展过程中忽视了环保问题，导致资源浪费、污染严重等问题频发。这不仅损害了企业的社会形象，还可能面临政策风险和法律风险。

（二）改进建议

1. 加强战略规划与市场调研

企业在进入冰雪产业前应进行充分的市场调研和科学的战略规划。通过深入了解市场需求、竞争格局和政策环境等因素，以明确企业的市场定位和发展方向。同时，建立灵活的市场反应机制和政策应对机制，确保企业能够根据市场变化和政策调整及时调整战略方向。

2. 完善资金链管理

企业应建立完善的资金链管理机制，确保资金的充足性和稳定性。企业在融资过程中应注重风险控制和财务规划，避免盲目扩张和过度负债。同时，加强成本控制和预算管理，提高资金利用效率，确保项目的可持续运营。

3. 提升运营管理水平

企业应注重提升运营管理水平，从人力资源管理、物资管理、客户服务等方面入手，建立高效、规范的运营体系。通过加强员工培训、优化工作流程、提升服务质量等措施可以提高运营效率和市场竞争力。同时，建立完善的绩效考核和激励机制，激发员工的积极性和创造力。

4. 加大技术创新投入

企业应加大在技术创新方面的投入力度，关注数字化、智能化等前沿技术的发展趋势和应用前景。通过自主研发或合作引进等方式获取先进技术成果并将其转化为实际生产力。同时建立技术创新团队和研发平台，为技术创新提供有力支持并推动产业转型升级。

5. 强化环保意识与可持续发展

企业应树立绿色、低碳的发展理念并将环保要求融入生产经营的全过程中。通过采用环保材料、节能减排技术等方式降低对环境的影响并提升企业的社会责任感。同时积极参与环保公益活动和社会责任项目能够树立良好的企业形象并提升品牌价值。

6. 建立风险预警与应对机制

企业应建立完善的风险预警与应对机制以应对潜在的市场风险、政策风险和财务风险等挑战。通过加强风险评估和监测及时发现潜在风险并采取有效措施进行防范和化解。同时建立跨部门协作机制确保在风险发生时能够快速响应并有效应对以降低损失和影响程度。

7. 促进跨界融合与协同发展

企业应积极探索跨界融合与协同发展的路径，以拓展市场空间和提升企业竞争力。通过与相关行业的合作实现资源共享和优势互补，共同推动冰雪产业的发展壮大。同时，积极参与国际交流与合作借鉴国际先进经验和技术成果以推动国内冰雪产业的国际化进程。

通过对国内外冰雪产业发展案例的对比分析，可以发现成功与失败的关键在于战略规划、资金链管理、运营管理、技术创新、环保意识以及风险应对等多个方面。针对失败案例中存在的共性问题提出相应的改进建议，有助于企业在未来的发展中避免重蹈覆辙并实现更高质量的发展目标。

第二节　河北省冰雪产业发展实证研究

河北省作为华北地区冰雪运动与旅游的重要基地，近年来，在冰雪产业上的发展尤为迅猛。随着数字化与智能化技术的广泛应用，河北省冰雪产业不仅在基础设施建设、运营管理、服务体验等方面取得了显著进步，更在推动产业升级、提升市场竞争力方面展现出巨大潜力。本节将聚焦于河北省冰雪产业发展的实证研究，通过对实际案例的深入剖析，探讨数字化与智能化技术如何助力河北省冰雪产业实现高质量发展。通过收集与分析大量实证数据，我们将揭示新能源汽车、智能仓储与物流系统、数字化营销等前沿技术在冰雪产业中的应用效果与影响机制，为河北省乃至全国冰雪产业的可持续发展提供宝贵的经验与启示。

一、实证数据

河北省作为中国的冰雪运动大省，近年来，在冰雪产业发展方面取得了显著进展，尤其是在数字化与智能化技术的应用上，为冰雪产业的转型升级提供了有力支撑。以下将从多个维度呈现河北省冰雪产业中数字化与智能化技术的应用数据，以期为深入研究提供实证基础。

（一）数字化管理平台建设情况

1. 智慧冰雪场馆管理平台

河北省内多家大型冰雪场馆已建成智慧冰雪场馆管理平台，通过集成物联网、大数据、云计算等先进技术，实现对场馆运营、赛事组织、安全保障等方面的全面管理。据统计，截至最新数据，全省已有超过30%的大型冰雪场馆完成了智慧化改造，这些场馆在运营效率上平均提升了约20%，同时，事故发生率降低了近30%。

具体数据表现为：通过智能门禁系统，场馆日均入场效率提升了15%；利用大数据分析预测游客流量，场馆在高峰期能够提前调配资源，减少游客等待时间约 20 分钟；智能监控系统的应用使得场馆安全事件响应时间缩短至平均 5 分钟以内。

2. 冰雪旅游数字化服务平台

为促进冰雪旅游的发展，河北省构建了冰雪旅游数字化服务平台，整合旅游资源、提供在线预订、导航、评价等功能，为游客提供"一站式"服务体验。目前，该平台已覆盖全省 80% 以上的主要冰雪旅游景区，注册用户超过百万，日均访问量稳定在数十万次。

数据显示，通过该平台预订冰雪旅游产品的用户满意度高达 90% 以上；基于位置服务的导航功能帮助游客节省了约 30% 的寻找景点的时间；用户评价系统的建立促进了旅游服务质量的持续改进，商家平均响应用户反馈的时间缩短至 24 小时内。

（二）智能化装备与训练系统应用

1. 智能滑雪模拟器

为提高滑雪爱好者的训练效率和安全性，河北省多家冰雪运动培训机构引入了智能滑雪模拟器。这些模拟器通过模拟真实的雪道环境，结合动作捕捉技术和数据分析软件，为学员提供个性化的训练方案。

据统计，使用智能滑雪模拟器的学员相比传统训练方法，技能提升速度平均提高约 30%；同时，由于减少了实地滑雪的风险，因此在训练过程中的受伤率降低了近 50%。此外，模拟器还能记录并分析学员的每一次动作数据，为教练提供精准的教学反馈。

2. 智能穿戴设备

在冰雪运动中，智能穿戴设备如心率监测器、速度传感器等已成为运动员和爱好者的标配。这些设备不仅能够实时监测运动状态，还能通过蓝牙连接手机 App，为用户提供详尽的运动报告和健康建议。

数据显示，河北省内冰雪运动参与者中，智能穿戴设备的普及率已超过 60%。用户通过设备记录的运动数据，平均每次滑雪或滑冰活动的总距离可达数公里至数十公里不等；心率监测功能可以帮助用户了解自身运动强度，避免过度训练；数据分析报告则成为用户调整训练计划、提升运动表现的重要依据。

（三）物流与供应链管理智能化

1. 新能源汽车在物流运输中的应用

河北省冰雪产业积极响应国家绿色发展战略，新能源汽车在物流运输中的应用日益广泛。多家冰雪场馆和旅游景区均采用纯电动货车、氢能源汽车等新能源车辆进行物资配送和员工通勤，有效降低了碳排放量。

据不完全统计，目前，河北省内冰雪产业相关的新能源物流车辆占比已超过20%。这些车辆在节能减排方面表现优异，相比传统的燃油车，平均每年可减少碳排放量约30%。同时，新能源物流车辆的运营成本也相对较低，为企业带来了可观的经济效益。

2. 智能仓储与物流管理系统

为提升物流效率和管理水平，河北省多家冰雪企业引入了智能仓储与物流管理系统。这些系统通过RFID、二维码等技术可实现物资的快速识别和追踪；结合大数据分析预测物资需求变化，优化库存结构和配送路线。

数据显示，采用智能仓储与物流管理系统的企业，物资盘点准确率提升99%以上；配送效率平均提高约25%；库存周转率加快约30%。这些改进不仅降低了企业的运营成本和管理难度，还提升了客户满意度和市场竞争力。

（四）数字化营销与品牌推广

1. 社交媒体与数字营销

随着互联网的普及和社交媒体的兴起，河北省冰雪产业积极利用这些平台进行数字化营销和品牌推广。通过微博、微信、抖音等社交平台发布冰雪活动信息、精彩瞬间和用户评价等内容吸引粉丝关注和参与。

据统计目前河北省内冰雪相关企业在主流社交媒体上的粉丝总量已超过千万级别；每日发布的内容互动量（点赞、评论、分享）稳定在数万至数十万次不等；通过社交媒体引流至线下消费的转化率平均可达10%。这些数字表明数字化营销已成为推动河北省冰雪产业发展的重要力量之一。

2. 大数据分析助力精准营销

大数据分析技术的应用使得河北省冰雪企业能够更加精准地把握市场需求

和消费者偏好，从而制定更有效的营销策略。通过对用户行为数据的收集和分析企业能够识别出潜在客户的特征和需求，进而推送个性化的产品和服务信息。

例如，某冰雪旅游企业通过大数据分析发现，年轻群体对刺激性和挑战性强的冰雪项目更感兴趣，于是针对这一群体推出了高空滑索、雪地摩托等特色项目并通过精准广告投放吸引了大量年轻游客的关注和参与。这一举措不仅提升了企业的品牌知名度和美誉度，还带动了相关产品的销售增长。

二、影响因素分析

在河北省冰雪产业发展的过程中，多种因素共同作用于产业链的各个环节，对产业的整体发展态势产生了深远影响。其中，新能源汽车的应用作为绿色物流的重要组成部分，对物流管理产生了显著而具体的影响。以下笔者将从多个维度深入分析新能源汽车应用对物流管理的具体影响。

（一）降低物流成本与提高运输效率

1. 节能减排与降低能耗成本

新能源汽车，特别是电动汽车和氢能源汽车，相较于传统燃油车在能耗和排放方面具有显著优势。在河北省冰雪产业的物流运输中，新能源汽车的应用有效降低了燃油消耗和碳排放，从而减少了企业的运营成本和环保压力。根据行业数据，电动汽车的能耗成本约为传统燃油车的三分之一至二分之一，这对于长期依赖大量物流运输的冰雪产业而言，意味着可观的成本节约。

2. 提高运输效率

新能源汽车的维护成本相对较低，通过减少了因车辆故障而导致的停驶时间，从而提高了整体运输效率。此外，部分新能源汽车还配备了先进的智能驾驶辅助系统，能够优化行驶路线、减少拥堵等待时间，进一步提高运输效率。例如，在冰雪旅游旺季，通过智能调度系统合理规划新能源物流车辆的行驶路线，可以确保景区物资的快速补充和游客需求的及时响应。

（二）优化物流网络与资源配置

1. 促进物流网络绿色化布局

新能源汽车的应用推动了物流网络的绿色化布局。河北省冰雪产业相关企业开始更倾向于在物流节点建设充电站和加氢站等基础设施，以满足新能源物流车辆的需求。这种布局不仅方便了新能源物流车辆的补给，还促进了物流网络的完善和优化，提高了物流服务的覆盖范围和响应速度。

2. 优化资源配置与减少空驶率

通过大数据分析和智能调度系统，新能源物流车辆能够更精准地匹配运输需求与车辆资源，以减少空驶率和重复运输现象。在冰雪旅游旺季，系统可以实时监测各景区和场馆的物资需求情况，合理调配新能源物流车辆进行配送，确保物资供应的及时性和准确性。同时，对于长期闲置的车辆资源，也可以通过智能调度系统进行跨区域调配，提高资源利用效率。

（三）提升物流服务质量与客户满意度

1. 减少运输过程中的污染与噪声

新能源汽车在运输过程中几乎不产生尾气排放和噪声污染，这对于提升冰雪旅游景区的环境质量具有重要意义。在游客密集的景区内，新能源物流车辆的应用减少了空气污染和噪声干扰，为游客提供了更加舒适、宁静的游览环境。这种环境质量的提升直接影响了游客的满意度和忠诚度，有助于冰雪旅游产业的长期发展。

2. 增强物流服务的可靠性和透明度

新能源汽车的智能管理系统使得物流服务的全过程更加透明和可控。企业可以通过智能调度系统实时追踪物流车辆的位置和状态，确保物资配送的准确性和及时性。同时，智能管理系统还能提供详细的运输报告和数据分析结果，帮助企业了解物流服务的整体性能和潜在问题所在。这种可靠性和透明度的提升增强了客户对物流服务的信任感和满意度。

（四）促进产业创新与可持续发展

1. 激发技术创新与产业升级

新能源汽车的应用推动了冰雪产业物流技术的创新与发展。为了适应新能源汽车的特点和需求，企业需要不断研发和应用新的物流技术与设备，如智能充电站、无人驾驶技术等。这些技术创新不仅提升了物流服务的效率和质量，还促进了整个冰雪产业的升级和转型。同时，新能源汽车的广泛应用也激发了相关产业链上下游企业的创新活力，并推动了整个产业的协同发展。

2. 推动绿色物流与可持续发展理念

新能源汽车的应用是绿色物流的重要实践之一，它体现了企业对环境保护和可持续发展的重视。在冰雪产业中推广新能源汽车不仅有助于减少碳排放和环境污染，还能引导游客和公众关注环保问题并积极参与其中。这种示范效应和带动作用有助于形成全社会共同参与环保的良好氛围，推动冰雪产业乃至整个社会的可持续发展。

可见，新能源汽车在冰雪产业中的应用对河北省物流管理产生了深远影响。从降低物流成本与提高运输效率到优化物流网络与资源配置，再到提升物流服务质量与客户满意度，以及促进产业创新与可持续发展等多个方面均表现出了显著的优势和潜力。因此，在未来的发展中，河北省冰雪产业应继续加大新能源汽车的推广力度，并不断完善相关配套设施和技术支持以促进整个产业的绿色化、智能化和可持续发展。

三、案例启示与经验总结

在探讨河北省冰雪产业发展的过程中，我们不仅关注了成功案例的辉煌成就，也深刻认识到失败案例所蕴含的宝贵教训。成功案例为我们提供了创新思路与实践路径，而失败案例则揭示了潜在的风险与挑战。通过综合分析这些案例，可以提炼出推动冰雪产业高质量发展的普遍规律和针对性策略。通过深入剖析成功案例所带来的启示与失败案例暴露出的问题，以期为冰雪产业的未来发展提供全方位、多维度的指导与借鉴。

（一）成功案例启示

在河北省冰雪产业发展的实证研究中，多个成功案例为我们提供了宝贵的经验和启示。这些案例不仅展示了数字化与智能化技术在冰雪产业中的广泛应用和深远影响，还揭示了推动产业高质量发展的关键要素和路径。以下笔者从数字化与智能化技术的最佳实践角度，深入分析这些成功案例所带来的启示。

1. 技术创新引领产业升级

数字化与智能化技术的不断创新是推动冰雪产业升级的核心动力。在河北省的冰雪产业中，多家企业通过引入先进的数字化管理系统、智能装备和物联网技术，实现了运营效率的显著提升和成本的有效控制。例如，智慧冰雪场馆管理平台通过集成大数据、云计算等新一代信息技术，实现了对场馆运营、赛事组织、安全保障等方面的全面智能化管理，不仅提高了场馆的利用率和游客的满意度，还降低了人力成本和运营风险。

这些成功案例表明，技术创新是冰雪产业持续发展的关键所在。企业应不断加大研发投入，积极探索新技术、新应用，推动产业向数字化、智能化方向转型升级。同时，政府也应加强政策引导和支持，鼓励企业加大技术创新力度，促进科技成果的转化和应用。

2. 数据驱动决策优化

在数字化时代，数据已成为企业决策的重要依据。河北省冰雪产业的成功案例充分展示了数据驱动决策的重要性。通过收集和分析游客行为数据、市场趋势数据、运营数据等多源数据，企业能够更准确地把握市场需求和变化趋势，从而制定更加科学合理的决策方案。例如，某冰雪旅游企业通过大数据分析发现年轻游客群体对刺激性和挑战性强的冰雪项目更加感兴趣，于是针对这一群体推出了高空滑索、雪地摩托等特色项目，并通过精准广告投放吸引了大量年轻游客的关注和参与。

这一实践启示我们，数据是企业宝贵的资产和资源。企业应建立完善的数据收集、分析和应用机制，充分挖掘数据的价值，为企业决策提供有力支持。同时，企业还应加强数据安全和隐私保护工作，确保数据的合法合规使用。

3. 智能装备提升服务体验

智能装备在冰雪产业中的应用不仅提高了服务效率和质量，还极大地提升了游客的体验感和满意度。例如，智能滑雪模拟器通过模拟真实的雪道环境并结合动作捕捉技术和数据分析软件，为滑雪爱好者提供了个性化的训练方案和安全保障；智能穿戴设备则能够实时监测游客的运动状态和健康状况，为他们提供科学的运动指导和健康建议。

这些成功案例表明，智能装备是提升冰雪产业服务体验的重要手段。企业应积极引进和应用先进的智能装备和技术手段，提高服务的智能化水平和个性化程度。同时，企业还应加强员工培训和服务意识的培养工作，确保智能装备能够充分发挥其效用并满足游客的多样化需求。

4. 绿色物流促进可持续发展

在河北省冰雪产业的发展过程中，新能源汽车在物流运输中的广泛应用为绿色物流的发展树立了典范。这些新能源汽车不仅降低了燃油消耗和碳排放量，还减少了环境污染和噪声干扰，为游客提供了更加舒适、宁静的游览环境。同时，新能源汽车的智能管理系统还提高了物流运输的效率和可靠性，确保了景区物资的及时补充和游客需求的快速响应。

这一实践启示我们，绿色物流是实现冰雪产业可持续发展的重要途径。企业应积极推广和应用新能源汽车等绿色交通工具和物流设备，减少对环境的影响并提升企业的社会责任感。同时，政府也应加强政策引导和支持力度，推动绿色物流的发展并促进相关产业链的协同发展。

5. 跨界融合拓展市场空间

在河北省冰雪产业的成功案例中，跨界融合成为拓展市场空间和提升竞争力的关键举措之一。多家企业通过与其他行业的合作与交流实现了资源共享和优势互补，共同推动了冰雪产业的高质量发展。例如，某冰雪旅游企业与体育品牌合作推出了联名款滑雪装备和服装，不仅提升品牌知名度和美誉度，还带动了相关产品的销售增长；另一家企业则与教育机构合作开展了冰雪运动进校园活动，培养了大量潜在的冰雪运动爱好者，并为企业的长期发展奠定了坚实的基础。

这些成功案例表明，跨界融合是推动冰雪产业创新发展的重要途径之一。

企业应积极寻求与其他行业的合作机会，实现资源共享和优势互补，共同拓展市场空间和提升竞争力。同时，政府也应加强跨行业、跨领域的协调与合作推动冰雪产业与相关产业的深度融合和发展壮大。

河北省冰雪产业的成功案例，为我们提供了丰富的经验和启示。这些案例不仅展示了数字化与智能化技术在冰雪产业中的广泛应用和深远影响，还揭示了推动产业高质量发展的关键要素和路径。未来，随着科学技术的不断进步和市场的不断变化，我们有理由相信，河北省的冰雪产业将迎来更加广阔的发展前景和更加美好的明天。

（二）失败案例教训

在河北省冰雪产业的发展过程中，除众多成功案例外，也不乏一些未能达到预期目标的失败案例。这些失败案例虽然令人遗憾，但它们同样提供了宝贵的教训和反思空间。以下笔者从物流管理中的不足与改进措施入手，深入分析失败案例所揭示的问题及其应对策略。

1. 物流基础设施不完善

（1）问题表现：部分冰雪产业项目在规划初期未能充分考虑物流基础设施的建设需求，导致后期运营中面临运输不畅、物资供应不及时等问题。例如，某些新建冰雪场馆周边缺乏必要的交通网络和仓储设施，使得物资运输成本高昂且效率低下。

（2）改进措施：加强物流基础设施建设是避免此类问题的关键。在项目规划阶段，应充分评估物流需求，合理规划交通路线和仓储布局。同时，政府和企业应共同加大投入，建设和完善物流基础设施，确保冰雪产业的顺畅运行。例如，可以通过政府补贴、政府和社会资本合作模式（PPP模式）等方式吸引社会资本参与物流基础设施建设，提高物流服务的覆盖范围和效率。

2. 物流信息化程度低

（1）问题表现：部分冰雪产业企业在物流管理上仍采用传统的人工操作方式，缺乏信息化手段的支持。这导致物流信息流通不畅，难以实现对物流过程的实时监控和精准调度。此外，信息孤岛现象严重，不同部门之间的物流信息共享困难，影响了整体物流效率。

（2）改进措施：推进物流信息化是提高物流管理水平的必然选择。企业应积极引入先进的物流管理系统和信息技术手段，如 RFID、GPS、物联网等，实现物流信息的实时采集、传输和处理。同时，加强部门之间的信息共享和协作机制建设，打破信息孤岛现象，提高物流资源的整合和利用效率。例如，可以建立统一的物流信息平台或利用第三方物流信息系统，实现物流信息的共享和协同作业。

3. 应急响应机制不健全

（1）问题表现：在冰雪旅游旺季或突发事件发生时，部分冰雪产业项目因缺乏健全的应急响应机制而面临物资短缺、运输受阻等困境。这严重影响了游客的体验感和企业的正常运营。

（2）改进措施：建立健全的应急响应机制是保障冰雪产业稳定运行的重要措施。企业应制定详细的应急预案并定期进行演练，以确保在突发事件发生时能够迅速响应并采取有效措施。同时，加强与政府、供应商等相关方的沟通协调机制建设，确保在紧急情况下能够获得及时的支持和帮助。例如，可以建立跨部门、跨行业的应急联动机制，共同应对突发事件对冰雪产业的影响。

4. 供应链协同性差

（1）问题表现：部分冰雪产业企业在供应链管理中存在协同性差的问题。各环节之间缺乏有效的沟通和协作，导致供应链整体效率低下且成本高昂。例如，供应商、生产商、分销商等环节之间的信息共享不畅，导致订单处理延迟、库存积压等问题频发。

（2）改进措施：加强供应链协同是提高物流管理效率的重要途径。企业应积极构建供应链协同平台，或利用第三方供应链服务平台实现供应链各环节之间的信息共享和协同作业。通过优化供应链流程、提高供应链透明度等方式，降低库存成本、缩短交货周期并提高客户满意度。同时加强与供应链企业的合作和沟通机制建设，共同推动供应链的优化和升级。

5. 绿色物流意识薄弱

（1）问题表现：部分冰雪产业企业在物流管理中忽视了环保问题，导致能源消耗高、污染排放大等问题频发。这不仅损害了企业的社会形象，还可能面临政策风险和法律风险。

（2）改进措施：强化绿色物流意识是推动冰雪产业可持续发展的必然要求。企业应积极推广和应用新能源汽车等绿色交通工具和物流设备，减少对环境的影响并提升企业的社会责任感。同时，加强物流过程中的节能减排措施，如优化运输路线、提高装载率等降低能源消耗和排放水平。此外，企业还应积极参与环保公益活动和社会责任项目，树立绿色企业形象并提升品牌价值。

以上这些未达预期的失败案例，为河北省冰雪产业的发展提供了宝贵的教训和反思空间。针对物流管理中的不足与改进措施方面，我们应充分认识到物流基础设施不完善、物流信息化程度低、应急响应机制不健全、供应链协同性差以及绿色物流意识薄弱等问题，并采取有效措施加以改进和完善，以确保冰雪产业的顺畅运行和可持续发展目标的实现。

（三）综合分析与策略建议

通过对河北省冰雪产业发展的实证研究，我们不仅看到了成功案例的辉煌成就，也深刻反思了失败案例中的教训与不足。基于这些案例的深入分析，我们可以提炼出一系列针对河北省乃至全国冰雪产业发展的通用策略与定制化建议，以期为未来冰雪产业的持续健康发展提供有力指导。

1. 通用策略

（1）加强顶层设计与规划引领：冰雪产业的发展需要科学、合理的顶层设计与规划引领。政府应发挥主导作用，制定长期发展规划和政策支持体系，明确冰雪产业的发展方向、目标任务和保障措施。同时，加强与相关部门的沟通协调，形成合力推动冰雪产业发展的良好氛围。

（2）推进科技创新与产业升级：科技创新是冰雪产业高质量发展的核心驱动力。企业应加大研发投入，积极探索新技术、新工艺、新材料的应用，推动冰雪产业向数字化、智能化、绿色化方向转型升级。政府应加强对科技创新的支持力度，鼓励产学研用合作，促进科技成果的转化和应用。

（3）完善基础设施建设与服务配套：完善的基础设施和服务配套是冰雪产业发展的重要支撑。政府和企业应共同加大对冰雪场馆、交通网络、住宿餐饮等基础设施的投资建设力度，提升服务质量和水平。同时，加强冰雪旅游产品的开发与创新，丰富旅游业态和产品体系，满足游客多元化、个性化的需求。

（4）强化品牌建设与市场营销：品牌建设是提升冰雪产业竞争力和市场影响力的重要途径。企业应注重品牌塑造和宣传推广，通过提升服务质量、优化游客体验等方式打造具有特色的冰雪旅游品牌。政府应加强对冰雪旅游市场的监管和引导，促进公平竞争和有序发展。

（5）注重生态环境保护与可持续发展：冰雪产业的发展必须注重生态环境保护与可持续发展。政府和企业应坚持绿色发展理念，加强生态环境保护工作，减少污染排放和资源浪费。同时，推动冰雪产业与生态旅游、休闲农业等产业的融合发展，实现经济效益与生态效益的双赢。

2. 定制化建议

针对河北省冰雪产业发展的具体情况，笔者提出以下若干定制化建议。

（1）优化物流管理体系：①构建智能物流平台。利用大数据、云计算等先进技术构建智能物流平台，实现物流信息的实时采集、处理和分析。通过智能调度系统优化运输路线和配送计划，降低物流成本和提高运输效率。②推广新能源汽车。鼓励物流企业使用新能源汽车进行物资运输和员工通勤，减少碳排放和环境污染。政府可提供购车补贴、税收优惠等政策措施以支持新能源汽车的推广应用。

（2）提升场馆运营智能化水平：①引入智能管理系统。在冰雪场馆中引入智能票务系统、安全监控系统、环境监测系统等智能管理系统，提升场馆的运营效率和游客体验。通过数据分析为场馆运营提供决策支持，优化资源配置和服务流程。②加强设施维护与管理。利用物联网技术对场馆设施进行实时监测和维护管理，及时发现并解决潜在问题。通过预防性维护降低设施故障率，延长使用寿命并降低维修成本。

（3）促进冰雪旅游与文化、体育等产业的融合发展：①开发冰雪文化旅游产品。结合河北省丰富的历史文化资源，开发具有地方特色的冰雪文化旅游产品。例如，举办冰雪文化节、冰雪摄影展等活动，吸引更多游客前来体验冰雪文化的魅力。②推动冰雪运动普及与发展。加强与体育部门之间的合作，推广冰雪运动知识和技能，培养更多冰雪运动爱好者。通过举办冰雪赛事、训练营等活动提升冰雪运动的竞技水平和影响力。

（4）加强区域合作与资源共享：①构建区域冰雪产业联盟。加强与周边省市的合作与交流，共同构建区域冰雪产业联盟。通过资源共享、市场共拓等方式实现优势互补和协同发展。②推动跨区域旅游线路开发。依托京津冀协同发展等国家战略机遇期，推动跨区域冰雪旅游线路的开发与推广。加强与其他地区的旅游合作与交流，吸引更多国内外游客前来体验冰雪旅游的乐趣。

（5）强化人才培养与引进：①加强专业人才培养。加强与高校、职业院校的合作与交流，共同培养冰雪产业所需的专业人才。通过设立奖学金、实习实训基地等方式激励学生投身冰雪产业发展事业。②引进高端人才与团队。制定优惠政策吸引国内外高端人才和团队落户河北省参与冰雪产业的发展。通过提供科研经费支持、创业孵化服务等措施促进高端人才的创新创业活动开展。

针对河北省乃至全国冰雪产业的发展需求与实际情况，笔者提出了若干通用策略与定制化建议。这些建议旨在促进冰雪产业的持续健康发展，推动其在经济转型升级中发挥更大作用。同时，我们也认识到冰雪产业的发展是一个长期而复杂的过程，需要政府、企业和社会各界的共同努力与协作，才能取得更加显著的成效。

第十章

冰雪产业的未来发展与政策建议

第一节　冰雪产业的未来发展趋势

冰雪产业，作为体育产业与旅游业的融合典范，正随着时代的变迁展现出前所未有的活力与潜力。在科技进步、社会需求转变的双重驱动下，冰雪产业正步入一个全新的发展阶段。技术进步不仅为冰雪运动的普及与提升提供了强有力的支持，更促进了冰雪旅游、冰雪装备等相关领域的创新发展。同时，随着社会经济的不断发展和人民生活水平的不断提高，消费者对冰雪运动的需求日益多元化，从单纯的运动体验向健康、休闲、亲子互动等多维度拓展。在此背景下，探讨冰雪产业的未来发展趋势，不仅有助于把握行业脉搏，更能为相关企业和从业者提供有益的参考与指导。

一、技术进步影响

在探讨冰雪产业的未来发展趋势时，技术进步无疑是最为关键的驱动力之一。笔者将从新能源汽车技术革新、数字化技术的深度融合、智能化装备的迭代升级三个方面进行详细阐述。

（一）新能源汽车技术革新

随着科技的飞速发展，新能源汽车技术的革新正逐步改变着人们传统的交通方式，同时对冰雪产业物流领域产生了深远的影响。以下笔者将从新型电池技术的研发与应用、充电基础设施的普及与智能化升级，以及新能源汽车在冰雪产业物流中的广泛应用案例三个方面进行详细阐述。

1. 新型电池技术的研发与应用

在新能源汽车的核心技术中,电池技术占据着举足轻重的地位。随着材料科学的进步发展和制造工艺的提升,新型电池技术不断涌现,为新能源汽车的续航能力和安全性能带来了质的飞跃。

(1)固态电池技术:相较于传统的液态锂离子电池,固态电池具有更高的能量密度、更快的充电速度以及更好的安全性。固态电解质能够有效抑制锂枝晶的生长,从而避免因内部短路引发的安全问题。对于冰雪产业物流而言,长距离、低温环境下的运输需求尤为突出,固态电池技术的应用将显著提升物流车辆的续航能力,减少中途充电次数,提高运输效率。

(2)锂硫电池技术:锂硫电池以其高理论比能量(远超当前主流锂离子电池)而受到广泛关注。尽管目前锂硫电池在实际应用中仍面临循环稳定性、硫正极导电性差等挑战,但随着研究的深入和技术的突破,未来有望成为新能源汽车领域的一颗新星。对于冰雪产业而言,锂硫电池技术的应用将有望带来更加环保、高效的物流解决方案。

(3)快速充电技术:快速充电技术的不断成熟使得新能源汽车在短时间内即可充满电,极大地方便了用户的使用。在冰雪产业物流中,快速充电技术的应用将减少车辆的等待时间,提高物流效率。同时,随着电网智能化水平的提升,未来有望实现充电设施的按需调度和优化配置,进一步提升充电效率和服务质量。

2. 充电基础设施的普及与智能化升级

充电基础设施的完善程度直接影响新能源汽车的推广和应用效果。随着新能源汽车市场的不断扩大,充电基础设施的普及与智能化升级成为亟待解决的问题。

(1)充电站网络布局优化:针对冰雪产业物流的特点和需求,应合理规划充电站网络布局。在主要物流节点、交通枢纽以及景区周边建设高密度充电站群,确保物流车辆能够方便、快捷地获取充电服务。同时,利用大数据分析预测充电需求趋势,动态调整充电站建设规模和布局方案。

(2)充电设施智能化改造:通过引入物联网、云计算等先进技术对充电设施进行智能化改造,实现远程监控、故障诊断、自动调度等功能。用户可以通过手机 App 等终端实时查看充电站位置、空闲桩位等信息来预约充电服务；充电站则能够根据车辆类型、电池状态等参数自动调整充电策略以提高充电效率和安全性。

（3）车网互动技术探索：随着智能电网技术的发展和应用场景的拓展，"车网互动"（Vehicle-to-Grid, V2G）成为研究热点之一。通过将新能源汽车接入电网并作为分布式储能单元参与电网调度和辅助服务市场，可以实现削峰填谷、平衡供需等功能。对于冰雪产业物流而言，这意味着在运输淡季可以将物流车辆作为储能单元，接入电网为其他用户提供电力支持；在运输旺季则优先保障物流车辆用电需求，确保物流顺畅运行。

3. 新能源汽车在冰雪产业物流中的广泛应用案例

随着新能源汽车技术的不断成熟和充电基础设施的逐步完善越来越多的冰雪产业物流企业开始尝试将新能源汽车引入物流体系并取得了显著成效。以下笔者列举几个典型应用案例以供参考。

（1）某大型滑雪场物流电动化改造项目：该滑雪场针对传统燃油车在冬季低温环境下启动困难、油耗增加等问题决定对物流体系进行电动化改造。通过引入纯电动运输车和冷藏车等新能源汽车，并配套建设智能化充电站群，成功实现了物流运输的零排放和低噪声运行。同时，利用物联网技术对车辆运行状态进行实时监控和数据分析，有效提升了物流效率和安全性。

（2）跨区域冰雪旅游物流绿色通道项目：该项目旨在构建一条连接多个冰雪旅游景区的绿色物流通道，采用纯电动货车作为运输工具并沿途设置快速充电站，确保车辆能够持续高效运行。通过整合沿途景区资源，推出联合促销活动和定制化物流解决方案，吸引了大量游客参与并有效降低了物流成本和环境影响。

（3）智能物流平台与新能源汽车融合创新案例：某智能物流平台利用大数据分析预测客户需求和运输路径优化算法，为新能源汽车提供精准调度和路线规划服务。同时，与多家新能源汽车制造商合作推出定制化物流车辆解决方案，以满足不同场景下的运输需求。通过平台与车辆的深度融合创新，实现了物流运输的智能化、高效化和绿色化转型，为冰雪产业物流领域树立了新的标杆。

（二）数字化技术的深度融合

在冰雪产业的未来发展中，数字化技术的深度融合将成为推动产业升级的重要力量。大数据、人工智能、物联网及云计算等前沿技术的应用，将改变冰雪场馆的运营方式、装备维护管理流程以及旅游服务体验，为冰雪产业带来前所未有的变革与创新。

1. 大数据与人工智能在冰雪场馆运营中的应用

随着大数据技术的不断成熟，冰雪场馆的运营管理正逐步向智能化、精细化方向发展。大数据的收集与分析，使得场馆管理者能够更准确地把握市场需求、游客行为以及运营效率等关键信息，从而做出更加科学、合理的决策。

（1）游客行为分析：通过收集游客在冰雪场馆内的消费记录、停留时间、活动轨迹等数据，利用大数据分析工具进行深度挖掘，可以揭示游客的偏好、满意度及潜在需求。这些信息对于优化场馆布局、调整服务内容、提升游客的体验感具有重要意义。例如，根据游客流量分布数据，场馆管理者可以灵活调整开放区域和开放时间，避免人流拥堵；通过分析游客的消费行为，可以精准推送个性化服务和优惠活动，提高游客满意度和忠诚度。

（2）运营效率优化：大数据技术的应用还能帮助冰雪场馆管理者实时监控场馆的运营状况，包括设备利用率、员工工作效率、能耗情况等指标。通过对比分析历史数据和实时数据，场馆管理者可以及时发现运营中的"瓶颈"和问题，并采取有效措施进行优化。例如，利用大数据分析预测未来的客流量，提前调整人力资源配置和物资储备；通过能耗数据分析，识别节能潜力并实施节能措施，降低运营成本。

（3）人工智能辅助决策：随着人工智能技术的快速发展，其在冰雪场馆运营管理中的应用也日益广泛。通过构建基于人工智能的决策支持系统，场馆管理者可以利用机器学习算法对大数据进行智能分析，自动生成优化方案和建议。这些方案和建议涵盖了场馆布局调整、服务内容创新、营销策略制定等多个方面，为场馆管理者提供了强有力的决策支持。例如，利用自然语言处理技术分析游客反馈意见，自动生成改进建议；通过图像识别技术分析游客面部表情和行为动作，评估游客满意度和体验质量。

2. 物联网技术在冰雪装备维护与管理中的创新

物联网技术的引入为冰雪装备的维护与管理带来了革命性的变化。通过为装备安装传感器、RFID 标签等设备，实现装备的远程监控、故障诊断和预防性维护等功能，大大提高了装备的使用效率和安全性。

（1）远程监控与故障诊断：物联网技术使得装备维护人员无须亲临现场即可实时了解装备的运行状态。通过传感器收集装备的运行数据并传输至云端服务器进行分析处理，维护人员可以及时发现潜在故障并采取相应的维修措施。例如，在滑雪缆车系统中安装传感器监测缆绳张力、运行速度等参数，一旦发现异常立即通知维护人员进行处理；在雪道维护设备上安装温度传感器监测刀片磨损情况，可以预测更换周期并提前准备备件。

（2）预防性维护策略：基于物联网技术的数据分析功能，维护人员可以根据装备的历史运行数据和当前状态，预测未来的维护需求并制订相应的预防性维护计划。这种维护策略能够显著降低因突发故障而导致的停机时间和维修成本，提高装备的可靠性和使用寿命。例如，通过分析滑雪板的使用频率、磨损程度等数据预测更换周期；根据雪道造雪机的能耗数据和制雪效率预测保养需求并安排定期维护任务。

（3）资产管理优化：物联网技术还有助于优化冰雪场馆的资产管理流程。通过为每件装备分配唯一的 RFID 标签或二维码标签来实现装备的自动识别和信息追踪。这样不仅可以提高资产盘点的准确性和效率，还可以追踪装备的使用情况和位置信息为资源调配和决策支持提供数据基础。例如，通过 RFID 标签追踪滑雪装备的使用情况和租赁状态，提高租赁服务的效率和准确性；通过二维码标签记录雪道维护设备的保养记录和更换历史，为设备更新和升级提供依据。

3. 云计算平台支持下的冰雪旅游智能推荐系统

云计算平台的强大计算能力和弹性扩展性，为冰雪旅游智能推荐系统的开发提供了有力支持。该系统能够根据游客的兴趣偏好、历史行为以及实时位置等信息，为游客提供个性化的旅游产品和服务推荐，提升游客的旅游体验和满意度。

（1）个性化推荐算法：基于云计算平台的智能推荐系统，能够处理海量游客数据和旅游产品信息,运用协同过滤、内容推荐等多种算法为游客生成个性化的推荐列表。这些推荐列表涵盖了滑雪课程、装备租赁、酒店住宿、餐饮娱乐等多个方面,以满足游客的多元化需求。例如,根据游客的滑雪水平和兴趣偏好,推荐适合的滑雪道和教学课程;根据游客的消费记录和地理位置,推荐周边的餐饮和住宿选择。

(2)实时数据分析与反馈:云计算平台能够实时处理和分析游客的行为数据和市场动态信息,为推荐系统的优化提供依据。通过不断调整推荐算法和策略,提高推荐的准确性和时效性以满足游客的即时需求。例如,通过分析游客在冰雪场馆内的停留时间和活动轨迹,来调整推荐列表的顺序和优先级;根据市场反馈和游客评价,更新推荐列表中的产品和服务信息,保持推荐的时效性和吸引力。

(3)跨平台服务整合:云计算平台支持下的冰雪旅游智能推荐系统,还能够实现跨平台服务的整合和协同工作。通过与社交媒体、在线旅游平台、移动支付等多个渠道的无缝对接,为游客提供"一站式"旅游服务体验。例如,通过社交媒体平台收集游客的兴趣偏好和旅行计划,为推荐系统提供数据支持;通过在线旅游平台预订旅游产品和服务,并通过移动支付完成交易流程实现无缝对接和便捷服务。这种跨平台服务的整合,不仅提高了服务效率和用户体验,还促进了冰雪旅游产业链的协同发展。

(三)智能化装备的迭代升级

随着科技的飞速发展,智能化装备在冰雪产业中的应用日益广泛,不仅提升了运营效率,也极大地丰富了游客体验。未来,智能滑雪模拟器、穿戴式健康监测设备、无人机与机器人等智能化装备的迭代升级,将进一步推动冰雪产业的创新发展。

1.智能滑雪模拟器与训练系统的未来趋势

智能滑雪模拟器作为冰雪运动训练的重要工具,近年来取得了显著的技术进步。它不仅为初学者提供了安全、便捷的学习平台,也为专业运动员提供了精准的训练反馈。未来,智能滑雪模拟器与训练系统将呈现以下发展趋势。

(1)高度仿真与个性化定制:随着虚拟现实(VR)、增强现实(AR)技术的不断成熟，智能滑雪模拟器将提供更加逼真的滑雪场景和体验。通过模拟不同地形、雪质、天气条件，让用户在室内就能感受到户外滑雪的乐趣与挑战。同时，系统还将根据用户的身体条件、技术水平等个性化信息，定制专属的训练计划和难度设置，实现精准化教学。

（2）智能化评估与反馈：未来的智能滑雪模拟器将配备先进的动作捕捉系统和数据分析软件，能够实时监测用户的动作姿态、力量输出、速度控制等关键指标，并给出即时反馈。通过对比分析用户动作与标准动作的差异，系统能够精准指出用户存在的问题，并提供改进建议。这种智能化的评估与反馈机制将大大提高训练效果，缩短学习周期。

（3）社交互动与竞技体验：随着网络技术的普及和发展，未来的智能滑雪模拟器将更加注重社交互动和竞技体验。用户可以通过网络连接与其他玩家进行在线对战或合作训练，分享训练成果和经验。此外，一些高端模拟器还可能引入电子竞技元素，举办线上滑雪比赛等活动，吸引更多年轻用户参与。

2. 穿戴式健康监测设备的精准化与个性化发展

穿戴式健康监测设备在冰雪运动中发挥着重要作用，它们能够实时监测用户的生理指标和运动状态，为用户提供科学、合理的运动建议。未来，这些设备将朝着更加精准化和个性化的方向发展。

（1）高精度传感器与数据分析：随着传感器技术的不断进步和发展，未来的穿戴式健康监测设备将配备更高精度的传感器，能够更准确地监测用户的心率、血压、血氧饱和度等生理指标。同时，设备还将采用更先进的数据分析算法，深入挖掘数据背后的规律和价值，为用户提供更加个性化的健康管理和运动建议。

（2）多功能集成与智能化服务：未来的穿戴式健康监测设备将更加注重多功能集成和智能化服务。除了基本的生理指标监测，设备还可能集成 GPS 定位、紧急求救、音乐播放等多种功能，满足用户在不同场景下的需求。同时，设备还将与智能手机、智能手表等智能终端实现无缝连接和数据共享，为用户提供更加便捷、高效的服务体验。

（3）定制化健康管理与运动方案：基于用户的生理数据、运动习惯和健康目标等信息，未来的穿戴式健康监测设备将能够为用户提供定制化的健康管理和运动方案。这些方案将结合用户的个人特点和实际情况进行量身定制，旨在帮助用户实现健康改善和提升运动能力的目标。

3.无人机与机器人在冰雪救援与场地维护中的应用探索

在冰雪救援和场地维护方面，无人机与机器人的应用具有显著的优势和潜力。它们能够在恶劣的环境下执行高风险任务，提高救援效率和场地维护质量。未来，这些智能化装备的应用将呈现以下趋势。

（1）智能化救援系统构建：未来的冰雪救援将更加注重智能化系统的构建。通过集成无人机、机器人、卫星通信等多种技术手段，构建覆盖广泛、响应迅速的智能化救援网络。当发生紧急情况时，系统能够迅速调度附近的无人机和机器人前往现场进行搜救和物资投送等工作。同时，通过卫星通信等手段实现远程指挥和实时监控确保救援行动的顺利进行。

（2）高精度场地监测与维护：在冰雪场地维护方面无人机和机器人将发挥重要作用。它们能够携带高精度传感器对场地进行全方位、多角度的监测和评估及时发现并处理潜在的安全隐患。例如，利用无人机搭载的红外热成像仪监测雪层厚度和温度分布情况，预防雪崩等自然灾害的发生；利用机器人进行雪道清理和修整工作，以提高场地平整度和安全性。

（3）自主导航与避障技术突破：未来的无人机和机器人将在自主导航和避障技术方面取得重大突破。通过集成先进的传感器和算法，实现在复杂环境下的自主飞行和行走能力，避免与障碍物发生碰撞确保任务的安全执行。这些技术突破，将进一步提高无人机和机器人在冰雪救援和场地维护中的应用效果和可靠性。

二、社会需求变化

随着社会经济的不断发展和人民生活水平的不断提高，消费者对冰雪产业的需求日益多元化，这一变化不仅推动了冰雪运动项目的创新发展，也催生了一系列新兴冰雪娱乐项目，同时促进了家庭亲子冰雪旅游市场的繁荣，并对个性化定制服务提出了更高的要求。

（一）消费者偏好的多元化

1. 从传统冰雪运动到新兴冰雪娱乐项目的转变

在过去，冰雪产业主要聚焦于传统的冰雪运动项目，如滑雪、滑冰等，这些项目以其独特的挑战性和观赏性吸引了大量的专业运动员和冰雪运动爱好者。然而，随着消费者需求的日益多元化，传统冰雪运动项目已难以满足所有消费者的需求。因此，一系列新兴冰雪娱乐项目应运而生，为冰雪产业注入了新的活力。

（1）冰雪乐园与主题公园：结合冰雪元素打造的乐园和主题公园成为家庭出游的热门选择。这些场所不仅提供基础的滑雪、滑冰设施，还融入了冰雪滑梯、冰上碰碰车、雪地迷宫等趣味十足的娱乐项目，让游客在享受冰雪乐趣的同时，也能感受到亲子互动的温馨氛围。

（2）冰雪音乐节与艺术展览：将冰雪与音乐、艺术相结合，举办冰雪音乐节和艺术展览，为游客带来全新的视听盛宴。这类活动不仅吸引了大量音乐和艺术爱好者，也促进了冰雪产业与文化产业的融合发展。

（3）冰雪探险与极限挑战：针对追求刺激和冒险的消费者，冰雪探险和极限挑战项目应运而生。这些项目如冰川徒步、冰瀑攀岩、雪地摩托越野等，以其独特的挑战性和观赏性吸引了大量极限运动爱好者。

2. 家庭亲子冰雪旅游市场的崛起与需求特点

随着三孩生育政策和家庭旅游观念的转变，家庭亲子冰雪旅游市场迅速崛起。这一市场的消费者群体具有鲜明的需求特点。

（1）安全性要求高：家庭亲子游的核心是孩子的安全与健康。因此，在选择冰雪旅游产品时，家长们尤为关注项目的安全保障措施和服务质量。这就要求冰雪旅游企业加强安全管理、提升服务质量，确保游客特别是儿童的安全。

（2）寓教于乐并重：家庭亲子游不仅是为了休闲娱乐，更是为了增进亲子关系、拓宽孩子视野。因此，冰雪旅游产品需要注重寓教于乐，将冰雪运动与科普教育、亲子互动等元素相结合，让游客在享受冰雪乐趣的同时能收获知识与成长。

（3）个性化需求强烈：不同家庭对于冰雪旅游的需求各不相同。有的家庭注重滑雪技能的提升，有的则更倾向于体验冰雪娱乐项目；有的家庭希望享受宁静的冰雪世界，有的则追求刺激的极限挑战。因此，冰雪旅游企业需要提供多样化的产品选择和服务方案，以满足不同家庭的个性化需求。

3. 个性化定制服务在冰雪产业中的发展前景

随着消费者需求的日益个性化，个性化定制服务在冰雪产业中展现出广阔的发展前景。这种服务模式能够根据消费者的具体需求和兴趣偏好，量身定制旅游产品和服务方案，进一步提高游客的满意度和忠诚度。

（1）定制化旅游产品：冰雪旅游企业可以根据游客的年龄、兴趣、技能水平等因素定制不同的旅游产品，如为初学者提供滑雪基础课程和初级滑雪道体验，为专业运动员提供高级滑雪道和个性化训练计划，为家庭亲子游提供寓教于乐的冰雪乐园和亲子互动项目等。

（2）个性化住宿体验：在住宿方面，冰雪旅游企业可以提供多样化的住宿选择和服务方案，如为追求奢华体验的游客提供高端滑雪度假村，为喜欢自然风光的游客提供木屋别墅或帐篷营地，为家庭亲子游提供配备儿童游乐设施和亲子活动的家庭套房等。

（3）"一站式"服务解决方案：为了更好地满足游客的个性化需求，冰雪旅游企业可以提供"一站式"服务解决方案。这种方案包括交通接送、门票预订、餐饮安排、装备租赁等多个环节的"一站式"服务，让游客在享受冰雪乐趣的同时，也能享受到便捷、高效的服务体验。

由此可见，随着消费者偏好的多元化和家庭亲子冰雪旅游市场的崛起以及个性化定制服务的兴起，冰雪产业正面临着前所未有的发展机遇和挑战。为了抓住这些机遇并应对挑战，冰雪旅游企业需要不断创新产品和服务模式，提高服务质量和效率，以满足消费者日益多样化的需求，推动冰雪产业的持续健康发展。

（二）健康意识的提升与健康冰雪运动

1. 健康冰雪运动的理念推广与普及

随着大众对健康生活方式认识的加深，健康冰雪运动的理念逐渐深入人心。这一理念不仅强调冰雪运动带来的身心愉悦，更关注其在促进身体健康、增强体质方面的积极作用。为了推广和普及这一理念，社会各界采取了多种措施。

（1）政府引导与政策支持：政府通过制定相关政策，鼓励民众参与冰雪运动，提高全民健康水平。例如，推出冰雪运动普及计划，为公众提供冰雪运动设施、培训等服务；设立专项基金，支持冰雪运动项目的开展和推广；加强冰雪运动知识的宣传和教育，提高民众对冰雪运动健康价值的认识。

（2）媒体宣传与明星效应：媒体作为信息传播的重要渠道，在推广健康冰雪运动理念中发挥着不可替代的作用。通过电视、网络、社交媒体等多种平台，广泛宣传冰雪运动的健康益处和成功案例，激发公众对冰雪运动的兴趣和热情。同时，邀请知名运动员、明星等参与冰雪运动的推广活动，利用他们的影响力带动更多的人参与进来。

（3）社区与学校的推动：社区和学校作为基层单位，在推广健康冰雪运动方面具有独特优势。社区可以组织丰富多彩的冰雪运动活动，如冰雪嘉年华、亲子运动会等，吸引居民参与；学校则可以将冰雪运动纳入体育课程，通过课堂教学和课外活动相结合的方式，培养学生参与冰雪运动的兴趣和习惯。

2. 冰雪运动与健身相结合的商业模式创新

在健康意识的驱动下，冰雪产业与健身行业的融合成为新的发展趋势。这种融合不仅丰富了冰雪运动的内涵和外延，也为冰雪产业带来了新的商业机遇。

（1）健身俱乐部与冰雪场馆的合作：健身俱乐部与冰雪场馆通过资源共享、优势互补的方式开展合作。健身俱乐部可以为冰雪场馆提供会员引流、专业培训等服务；而冰雪场馆则可以为健身俱乐部提供独特的运动场景和体验项目。这种合作模式不仅拓宽了双方的市场空间，也提升了消费者的运动体验和价值感。

（2）冰雪运动健身课程的开发：针对不同年龄、性别、体能水平的消费者需求，开发多样化的冰雪运动健身课程。这些课程可以结合力量训练、有氧运动、柔韧性训练等多种元素，全面提升消费者的身体素质和运动能力。同时，通过科学的课程设计和教学方法，确保消费者在运动过程中既能享受乐趣又能达到健身效果。

（3）智能化健身设备的引入：随着科技的发展，智能化健身设备在冰雪产业中的应用越来越广泛。这些设备可以通过数据分析、智能推荐等方式为消费者提供个性化的健身方案和指导建议。例如，智能滑雪模拟器可以根据消费者的体能水平、运动习惯等因素，调整难度和训练计划；穿戴式健康监测设备则可以实时监测消费者的心率、血压等生理指标，确保运动安全有效。

3. 健康数据监测在冰雪运动中的应用与价值

健康数据监测是保障冰雪运动安全、提升运动效果的重要手段之一。通过收集和分析消费者的健康数据，可以为冰雪运动提供更加科学、精准的指导和支持。

（1）风险评估与预警：在冰雪运动之前对消费者的健康状况进行评估是预防运动伤害的重要措施之一。通过收集消费者的年龄、体重、血压等基本信息以及过往病史等医疗信息，可以初步判断其是否适合参与冰雪运动以及可能存在的风险点。同时，在冰雪运动过程中实时监测消费者的心率、血氧饱和度等生理指标一旦发现异常及时发出预警信号并采取相应措施避免运动伤害的发生。

（2）个性化训练计划制定：根据消费者的健康状况和运动目标制定个性化的训练计划，是提高运动效果的关键所在。通过收集和分析消费者的运动数据，如速度、力量、耐力等指标，可以了解其在不同方面的优势和不足，从而为其量身定制训练计划和指导建议。这种个性化的训练计划不仅有助于提高消费者的运动水平和技能表现，也有助于增强其参与冰雪运动的信心和动力。

（3）运动效果评估与优化：定期对消费者的运动效果进行评估，是检验训练计划有效性的重要环节之一。通过对比运动前后的数据变化，可以直观地反映出消费者的运动成果和进步情况。同时，根据评估结果对训练计划进行优化调整，以更好地满足消费者的需求和期望。这种持续改进和优化，不仅有助于提高消费者的满意度和忠诚度，也有助于推动冰雪产业持续健康发展。

第二节　冰雪产业的可持续发展策略

冰雪产业作为集体育、旅游、文化等多元素于一体的综合性产业，其可持续发展不仅关乎经济效益的增长，更与环境保护、资源合理利用等社会议题紧密相连。在追求产业繁荣的同时，构建绿色、低碳、循环的发展模式，是冰雪产业未来发展的必由之路。本节将从环境保护与资源利用和社会参与公众教育两个方面，探讨冰雪产业可持续发展的具体策略。

一、环境保护与资源利用

在冰雪产业的发展过程中，环境保护与资源利用是不容忽视的重要环节。随着冰雪旅游、冰雪运动的兴起，对自然环境的依赖度日益增加，如何平衡产业发展与生态保护之间的关系，成为亟待解决的问题。

（一）绿色物流体系的构建

绿色物流体系是冰雪产业实现可持续发展的基础之一。在冰雪产业中，物流环节涉及装备运输、物资配送等多个方面，其环保性能直接影响整个产业的绿色发展水平。构建绿色物流体系，需从新能源物流车辆的应用、环保包装材料的选择以及物流网络的低碳化运营等多个维度入手。

1.新能源物流车辆的大规模应用与推广策略

新能源物流车辆以其零排放或低排放的特性，成为构建绿色物流体系的关键。针对冰雪产业的特殊需求，应重点推广纯电动、氢能源等新能源物流车辆，以减少传统燃油车在运输过程中产生的尾气污染。具体策略包括以下内容。

（1）政策激励与补贴：政府可出台相关政策，对购买和使用新能源物流车辆的企业给予税收减免、购车补贴等优惠政策，降低企业运营成本，激发市场活力。

（2）基础设施建设：加快充电站、加氢站等新能源补给设施的建设，确保新能源物流车辆能够便捷、高效地获取能源支持。特别是在冰雪旅游景区周边，应优先布局新能源补给站，满足旅游旺季的物流需求。

（3）技术创新与示范引领：鼓励新能源物流车辆的技术创新，提高车辆续航里程、载重能力等关键性能指标。同时，通过示范项目展示新能源物流车辆的优势，引导更多企业采用新能源物流解决方案。

2. 物流包装的环保材料与循环利用机制

物流包装是物流过程中不可或缺的环节,其对环境的影响也不容忽视。在冰雪产业中,物流包装的需求量巨大,若采用不可降解材料,将对生态环境造成长期破坏。因此,推广环保包装材料,建立循环利用机制,是构建绿色物流体系的重要举措。

(1)推广环保包装材料:鼓励使用可降解、易回收的环保包装材料,如生物基材料、纸质材料等,替代传统的塑料包装。这些材料在使用过程中对环境影响较小,且在废弃后易于处理或再利用。

(2)建立循环利用机制:通过回收、清洗、再造等流程,实现物流包装的循环利用。企业可以建立自己的回收体系,或与第三方回收机构合作,共同推动包装材料的循环利用。同时,政府可出台相关政策,对积极参与循环利用的企业给予奖励或补贴。

3. 物流网络的低碳化运营与智能化管理

物流网络的低碳化运营与智能化管理是提升物流效率、降低能耗的关键。通过引入先进的物流管理系统和技术手段,实现物流资源的优化配置和高效利用。

(1)优化物流网络布局:根据冰雪产业的特点和需求,合理规划物流节点和运输路线,减少不必要的运输距离和空驶率。通过大数据分析预测物流需求趋势,动态调整物流资源分配方案。

(2)推广智能物流技术:利用物联网、大数据、云计算等先进技术提升物流管理的智能化水平。通过实时监控物流动态、预测运输风险、优化配送方案等手段提高物流效率和服务质量。同时,降低能耗和排放水平以实现物流网络的低碳化运营。

(3)强化节能减排意识:加强物流从业人员的节能减排意识培训和教育引导其在实际操作中注重节能减排措施的落实。例如,合理控制车速、避免急加速和急刹车等行为,减少能耗和排放;加强车辆维护保养确保车辆处于良好状态,减少故障率和能耗损失等。

构建绿色物流体系是推动冰雪产业可持续发展的重要途径之一。通过新能源物流车辆的应用与推广、环保包装材料的选择与循环利用机制的建立,以及物流网络低碳化运营与智能化管理等多个方面的努力,可以显著降低冰雪产业对环境的负面影响，提升其绿色发展水平，为冰雪产业的长期繁荣奠定了坚实基础。

（二）冰雪资源的保护与合理利用

冰雪资源是冰雪产业的核心要素，其可持续利用直接关系到产业的长期发展。因此，制定科学合理的冰雪资源保护与合理利用策略，对于推动冰雪产业的可持续发展具有重要意义。

1. 冰雪资源的可持续开发与保护政策

为确保冰雪资源的可持续利用，需要制定一系列开发与保护政策，平衡产业发展与生态保护之间的关系。

（1）明确保护范围与标准：通过立法或行政手段，明确冰雪资源的保护范围和保护标准，确保重要生态区域和脆弱环境得到有效保护。同时，建立冰雪资源监测体系，定期评估资源状况，及时发现并解决潜在问题。

（2）实施分区管理：根据冰雪资源的分布特点和生态价值，将其划分为不同的功能区，如保护区、开发区、限制开发区等，实施差异化管理。在保护区内严格限制人类活动，确保生态环境不受破坏；在开发区内合理规划产业布局，促进资源高效利用；在限制开发区内控制开发强度，避免过度开发而导致的生态退化。

（3）鼓励绿色发展模式：通过政策引导和支持，鼓励冰雪产业采用绿色发展模式，如推广低碳技术、使用环保材料、实施节能减排措施等，降低对环境的影响。同时，加大对绿色冰雪产品和服务的支持力度，提升市场竞争力。

2. 人工造雪技术的环保改进与水资源循环利用

人工造雪是冰雪产业中不可或缺的一环，但其对水资源的需求较大，且可能对环境造成一定影响。因此，需要对人工造雪技术进行环保改进，并加强水资源的循环利用。

（1）研发高效节能的造雪设备：鼓励和支持科研机构和企业研发高效节能的造雪设备，提高造雪效率和节能性能。通过优化造雪工艺和流程，减少能源消耗和碳排放量。

（2）推广使用再生水：在人工造雪过程中，优先使用再生水等非常规水源，减少对自然水资源的依赖。同时，加强对再生水水质的监测和管理，确保其符合造雪要求并保障生态安全。

（3）实施水资源循环利用系统：在冰雪场地内建立水资源循环利用系统，收集和处理雨水、融雪水等水资源，再用于造雪、灌溉等用途。通过循环利用水资源，既降低运营成本又减少对自然环境的压力。

3.冰雪场地的生态修复与生物多样性保护

冰雪场地在使用过程中可能对生态环境造成一定影响，因此需要进行生态修复和生物多样性保护工作。

（1）制订生态修复计划：根据冰雪场地的实际情况和生态环境受损程度，制订科学合理的生态修复计划。通过植被恢复、土壤改良等措施，恢复场地的生态功能和景观价值。同时，加强对修复过程的监测和评估，确保修复效果以达到预期目标。

（2）加强生物多样性保护：在冰雪场地内建立生物多样性保护区或监测站，对重要物种和生态系统进行保护和研究。通过实施保护措施和管理制度，可维护生物多样性平衡和生态安全。同时，加强对公众的生物多样性保护教育宣传工作，提高公众的环保意识和参与度。

推广生态友好型冰雪活动：鼓励和支持开展生态友好型的冰雪活动项目，如自然观察、生态摄影等降低对环境的影响，并促进人与自然的和谐共处。通过推广这些活动项目，不仅可以丰富冰雪旅游的内容，还可以提升公众对自然环境的认识和尊重。

对冰雪资源的保护与合理利用，是冰雪产业可持续发展的重要保障。通过制定科学的开发与保护政策、改进人工造雪技术、实施水资源循环利用系统，以及加强生态修复与生物多样性保护等措施，可以有效促进冰雪资源的可持续利用和生态环境的良性循环，为冰雪产业的长期发展奠定了坚实基础。同时这些措施的实施也需要政府、企业和公众的共同努力和协作形成全社会共同参与的良好氛围推动冰雪产业向更加绿色、低碳、可持续的方向发展。

（三）节能减排技术的应用与推广

在冰雪产业中，节能减排技术的应用与推广是实现可持续发展目标的关键环节。通过采用先进的节能技术和清洁能源，可以有效降低冰雪场馆的运营能耗，减少温室气体排放，促进产业向低碳、环保方向转型。

1. 冰雪场馆的节能设计与能源管理系统

冰雪场馆作为冰雪产业的核心设施，其能耗巨大，因此节能设计至关重要。通过科学合理的节能设计，可以在保证场馆功能性的同时，显著降低能耗水平。

（1）优化建筑设计：采用高效保温隔热材料，减少建筑热损失；合理布局窗户和遮阳设施，控制太阳辐射的热；利用自然通风和采光，减少人工照明和空调系统的使用。此外，还可以考虑采用双层或多层玻璃幕墙结构，提高建筑的保温性能和气密性。

（2）高效能源设备选型：选用能效比高的制冷制热设备、照明设备和电梯等，减少设备自身的能耗。例如，采用变频技术控制空调系统的制冷量，根据实际需求调整输出功率；使用 LED 等高效节能灯具替代传统白炽灯和荧光灯，降低照明能耗。

（3）智能能源管理系统：建立集监控、分析、优化于一体的智能能源管理系统，实时监测场馆内各项设备的能耗情况，通过数据分析找出节能潜力并制定针对性的节能措施。同时，利用物联网技术实现设备的远程控制和智能调度，提高能源利用效率。

2. 清洁能源在冰雪产业中的广泛应用案例

清洁能源的应用是降低冰雪产业碳排放、实现绿色发展的有效途径。近年来，随着清洁能源技术的不断成熟和成本降低，越来越多的冰雪场馆开始采用太阳能、风能等清洁能源替代传统化石能源。

（1）太阳能光伏系统：在冰雪场馆的屋顶或周边空地安装太阳能光伏板，将太阳能转化为电能供场馆使用。这不仅可以减少对传统电网的依赖，还能在一定程度上实现能源自给自足。例如，某些大型滑雪场已经成功实施了太阳能光伏项目，为场馆内的照明、供暖等设施提供电力支持。

（2）风能发电站：在风力资源丰富的地区建设风能发电站，利用风力发电为冰雪场馆提供清洁电力。虽然风能发电站在冰雪产业中的应用相对较少，但随着技术的不断进步和成本的降低，未来有望成为冰雪产业清洁能源的重要来源之一。

（3）地热能利用：地热能作为一种稳定可靠的清洁能源，在冰雪场馆的供暖系统中具有广阔的应用前景。通过地热热泵技术将地下热能提取出来并转化为热能供场馆使用，可以显著降低供暖系统的能耗和碳排放水平。一些高端冰雪度假村已经开始尝试采用地热能供暖系统，并取得了显著的节能效果。

3. 节能减排技术的国际合作与交流平台

节能减排技术的国际合作与交流是推动冰雪产业可持续发展的重要动力。通过搭建国际合作与交流平台，可以促进各国在节能减排技术方面的经验分享和技术转移，共同推动冰雪产业向低碳、环保方向发展。

（1）国际研讨会与论坛：定期举办国际冰雪产业节能减排技术研讨会和论坛，邀请国内外专家学者、企业代表和政府机构等共同探讨节能减排技术的最新进展和未来趋势。通过深入交流和研讨，进一步促进技术创新和成果转化。

（2）双边或多边合作项目：加强与国际组织和跨国企业的合作，共同开展节能减排技术示范项目和研发活动。通过合作项目的实施和推广，将先进的节能减排技术引入本国冰雪产业中并推动其广泛应用。

（3）人才培养与交流：加强与国际知名高校和研究机构的合作与交流，共同培养具有国际视野和创新能力的节能减排技术人才。通过人才流动和学术交流等方式提升本国冰雪产业在节能减排技术方面的整体水平和竞争力。

节能减排技术的应用与推广，是实现冰雪产业可持续发展的重要手段之一。通过优化冰雪场馆的节能设计、推广清洁能源的应用，以及加强国际合作与交流等措施，可以有效降低冰雪产业的能耗水平和碳排放量，推动产业向低碳、环保方向转型。同时这些措施的实施也需要政府、企业和公众的共同努力和支持形成全社会共同参与的良好氛围，共同推动冰雪产业的可持续发展。

二、社会参与与公众教育

在冰雪产业的可持续发展道路上，社会参与与公众教育是不可或缺的一环。公众作为冰雪资源的直接受益者与使用者，其环保意识的提升与责任感的增强，对于保护冰雪生态环境、促进产业绿色发展具有深远意义。

（一）提升公众环保意识与责任感

公众环保意识的提升和责任感的培养是推动冰雪产业可持续发展的社会基础。通过普及环保知识、提供实践机会以及发挥媒体与社交平台的作用，可以有效促进公众对冰雪环境保护的关注和参与。

1. 冰雪产业环保知识的普及与教育活动

环保知识的普及是提升公众环保意识的关键。针对冰雪产业的特点，应设计一系列易于理解、贴近生活的环保教育活动，让公众了解冰雪环境保护的重要性及具体做法。

（1）开展主题宣传活动：利用世界环境日、地球日等纪念日，组织冰雪产业环保主题宣传活动，通过展览、讲座、互动式体验等形式，向公众普及冰雪环境保护知识，增强公众对冰雪生态系统脆弱性的认识。

（2）编制环保教育手册：结合冰雪产业实际情况，编制冰雪产业环保教育手册，内容涵盖冰雪生态保护、节能减排技术、环保法律法规等方面，便于公众随时查阅学习。

（3）在线教育平台推广：利用互联网和移动通信技术，开发冰雪产业环保在线教育平台，提供丰富的环保课程资源，以满足不同年龄段、不同需求的学习者，提高环保教育的普及率和覆盖面。

2. 公众参与冰雪环境保护的实践机会与平台

提供实践机会是让公众亲身体验环保行动的重要途径。通过设立环保志愿者项目、开展清洁行动等方式，为公众参与冰雪环境保护搭建平台。

（1）环保志愿者项目：在冰雪旅游景区、滑雪场等地设立环保志愿者招募点，鼓励公众加入环保志愿者队伍，参与垃圾清理、生态监测等环保活动。通过志愿服务，增强公众的环保责任感和行动力。

（2）清洁行动组织：定期组织冰雪清洁行动，邀请公众、企业、政府等多方力量参与，共同清理冰雪场地及周边区域的垃圾和污染物。通过集体行动，展示环保成果，激发更多人的环保热情与环保意识。

（3）环保创意竞赛：举办冰雪环保创意竞赛，鼓励公众围绕冰雪环境保护提出创新解决方案或设计环保产品。通过竞赛的形式，激发公众的创新思维和环保意识，推动环保技术的创新与应用。

3.媒体与社交平台在环保宣传中的作用与责任

媒体与社交平台作为信息传播的重要渠道，在环保宣传中发挥着不可替代的作用。通过正面引导舆论、传播环保理念，可以有效扩大环保宣传的覆盖面和影响力。

（1）加强正面宣传报道：媒体应加大对冰雪产业环保成果的正面宣传力度，展示冰雪企业在环保方面的努力与成就，树立行业标杆和典型示范。通过正面引导，激发更多企业参与环保行动的积极性。

（2）传播环保理念：社交平台应利用自身优势，积极传播环保理念和生活方式，倡导绿色消费和低碳出行。通过发布环保知识、分享环保经验、组织线上环保活动等方式，引导公众关注冰雪环境保护问题并积极参与其中。

（3）加强舆论监督：媒体与社交平台还应加强对冰雪产业环保问题的舆论监督力度，及时曝光环境违法行为和污染事件，推动相关部门和企业采取有效措施进行整改。通过舆论监督，促进冰雪产业环保工作的规范化和制度化发展。

（二）冰雪文化的传承与创新

冰雪文化的传承与创新是冰雪产业持续发展的重要动力。通过挖掘与传承冰雪运动历史与文化、推动冰雪文化与现代艺术的跨界融合，以及促进冰雪文化节庆活动的品牌化与国际化发展，可以不断丰富冰雪文化内涵和提升冰雪产业的文化软实力。

1.冰雪运动历史与文化的挖掘与传承

挖掘与传承冰雪运动历史与文化是弘扬冰雪精神、增强文化自信的重要途径。通过整理历史资料、修缮历史遗迹、举办文化展览等方式，可以生动地展现出冰雪运动的悠久历史和独特魅力。

（1）整理历史资料：组织专家学者对冰雪运动的历史资料进行系统整理和研究，编纂出版相关书籍和文献集，为冰雪文化的传承提供坚实的支撑。

（2）修缮历史遗迹：加强对冰雪运动相关历史遗迹的保护和修缮工作，恢复其历史原貌和文化价值。通过开放参观、举办纪念活动等方式，让公众近距离感受冰雪运动的历史底蕴。

（3）举办文化展览：利用博物馆、展览馆等场所举办冰雪文化主题展览活动，通过实物展示、影像资料播放等形式向公众介绍冰雪运动的历史渊源、发展脉络和文化特色。

2. 冰雪文化与现代艺术的跨界融合与创新

推动冰雪文化与现代艺术的跨界融合与创新是丰富冰雪文化内涵、提升冰雪产业吸引力的有效手段。通过引入现代设计理念和技术手段对冰雪文化进行再创造和演绎可以打造独具特色的冰雪文化产品和服务。

（1）引入现代设计理念：将现代设计理念融入冰雪文化产品的设计和制作过程中应注重产品的实用性和美观性的统一。通过创新设计提升产品的附加值和市场竞争力。

（2）运用技术手段演绎冰雪文化：利用虚拟现实（VR）、增强现实（AR）等现代技术手段，对冰雪文化进行数字化呈现和演绎打造沉浸式体验场景，让公众身临其境地感受冰雪文化的魅力。

（3）跨界合作打造文化产品：加强与时尚、音乐、电影等领域的跨界合作共同打造具有冰雪特色的文化产品。通过跨界合作拓宽冰雪文化的传播渠道和受众群体，以提升冰雪产业的文化影响力和品牌价值。

3. 冰雪文化节庆活动的品牌化与国际化发展

推动冰雪文化节庆活动的品牌化与国际化发展，是提升冰雪产业国际知名度和影响力的关键举措。通过打造具有国际影响力的冰雪文化节庆活动，可以吸引更多国内外游客参与和关注，并推动冰雪产业的繁荣发展。

（1）打造品牌节庆活动：结合当地特色和资源优势打造具有独特魅力和文化内涵的冰雪文化节庆活动。通过精心策划和组织提升活动的知名度和美誉度形成品牌效应。

（2）加强国际交流与合作：积极邀请国际知名冰雪文化节庆活动组织者和专家，参与本地节庆活动的策划和实施工作，借鉴国际先进经验和技术手段，提升本地节庆活动的品质和水平。同时，加强与国外相关机构和企业的交流与合作，共同推动冰雪文化节庆活动的国际化发展。

（3）拓宽传播渠道和受众群体：利用多种传播渠道和手段，加强对冰雪文化节庆活动的宣传和推广工作，从而扩大受众群体和提高参与度。通过线上线下相结合的方式，打造全方位、立体化的宣传体系，让更多人了解和关注冰雪文化节庆活动，推动冰雪产业的繁荣发展。

（三）青少年冰雪运动的普及与教育

青少年是冰雪运动的未来和希望。通过培养青少年的冰雪运动兴趣、设置学校冰雪运动课程以及构建家庭、学校、社会共同参与的冰雪教育体系，可以有效推动青少年冰雪运动的普及与发展，为冰雪产业培养更多优秀的人才和爱好者。

1. 青少年冰雪运动兴趣的培养与引导

培养青少年的冰雪运动兴趣是推动青少年参与冰雪运动的重要前提。通过组织丰富多彩的冰雪体验活动、开展冰雪运动知识讲座等方式，可以激发青少年的好奇心和探索欲，引导他们关注并参与到冰雪运动中来。

（1）组织冰雪体验活动：在冰雪旅游景区、滑雪场等地，组织青少年冰雪体验活动让他们亲身感受冰雪运动的魅力和乐趣。通过体验活动让青少年了解冰雪运动的基本知识和技能，为日后的深入学习和参与打下基础。

（2）开展冰雪运动知识讲座：邀请专业教练和运动员为青少年开展冰雪运动知识讲座，介绍冰雪运动的历史渊源、技术要领和比赛规则等内容。通过讲座形式让青少年对冰雪运动有更深入的了解和认识，激发他们的学习兴趣和动力。

2. 学校冰雪运动课程的设置与教学资源支持

将冰雪运动纳入学校体育课程是普及青少年冰雪运动的重要途径。通过合理设置课程内容和提供充足的教学资源支持，可以为青少年提供学习冰雪运动的平台和机会。

（1）合理设置课程内容：结合青少年的身心特点和兴趣爱好，合理设置冰雪运动课程内容。课程内容应涵盖冰雪运动基础知识、基本技能和比赛规则等方面，注重理论与实践相结合以提高教学效果和学习体验。

（2）提供教学资源支持：加强学校冰雪运动场地和设施建设，为青少年提供安全、舒适的学习环境。同时，加强与专业冰雪运动机构的合作，引进优秀教练和教学资源，为青少年提供专业、系统的培训和指导服务。

3. 家庭、学校、社会共同参与的冰雪教育体系构建

构建家庭、学校、社会共同参与的冰雪教育体系，是推动青少年冰雪运动普及与发展的重要保障。通过加强各方之间的沟通与协作，可以形成合力共同推动青少年冰雪运动的普及与发展。

（1）加强家庭引导：家长应关注孩子的兴趣爱好和特长发展，鼓励孩子参与冰雪运动活动。通过陪伴孩子参与冰雪运动活动，能够增进亲子关系并培养孩子坚韧不拔、勇于挑战的精神品质。

（2）发挥学校作用：学校应加强对冰雪运动的教育和宣传工作，引导学生关注冰雪运动文化并积极参与其中。同时，加强与家长的沟通和协作，共同关注孩子的身心健康和全面发展。

（3）动员社会力量：政府、企业和社会组织等各方力量应积极参与青少年冰雪运动的推广和发展工作。通过提供资金支持、场地设施和技术指导等方式，为青少年冰雪运动的发展创造更加有利的条件和环境。

构建家庭、学校、社会三位一体的冰雪教育体系，是青少年冰雪运动普及与持续发展的关键。通过家庭的支持与陪伴、学校的引导与教育以及社会的广泛参与，不仅能够激发青少年对冰雪运动的热爱，更能培养出一代又一代热爱自然、勇于挑战的冰雪运动接班人，为冰雪产业的蓬勃发展注入源源不断的活力。

第三节　政策建议与实施路径

在明确了冰雪产业可持续发展的方向与目标后，如何确保政策的有效制定与顺利实施成为关键。本节将深入探讨政策建议的具体内容与实施路径，明确政策目标与阶段性任务、加强政策宣传与解读、强化政策执行与监督等措施，为冰雪产业的蓬勃发展提供坚实的政策保障。

一、政策制定建议

在推动冰雪产业可持续发展的过程中,科学合理的政策制定是关键。以下笔者从技术创新支持、市场环境优化及区域协调发展三个方面提出具体政策建议。

(一)加大对冰雪产业技术创新的支持力度

技术创新是冰雪产业高质量发展的核心驱动力。为了加速冰雪产业的技术进步,政府应加大对技术创新的支持力度,具体措施如下。

1.设立专项基金支持关键技术的研发与应用

(1)资金筹措:政府应设立专门的冰雪产业技术创新基金,其资金来源可包括财政预算拨款、社会资本引入以及行业捐赠等多种渠道。基金规模应根据产业发展需求逐年增长,确保持续稳定的资金支持。

(2)支持方向:基金应重点支持冰雪装备制造、冰雪场馆建设、人工造雪与制冰技术、智能冰雪运动装备等关键领域的技术研发与应用。鼓励企业开展前沿技术探索,突破技术瓶颈,提升冰雪产业的核心竞争力。

(3)项目管理:建立严格的基金使用监管机制,确保资金专款专用。实施项目申报、评审、立项、执行、验收等全过程管理,提高资金使用效率,促进技术创新成果快速转化应用。

2.完善知识产权保护体系促进技术创新成果转化

(1)加强立法保护:修订和完善知识产权相关法律法规,加大对冰雪产业领域知识产权侵权行为的打击力度,为技术创新提供坚实的法律保障。

(2)建立快速维权机制:设立冰雪产业知识产权快速维权中心,并提供快速审查、确权、维权等"一站式"服务,从而缩短维权周期,降低维权成本,激发企业创新活力。

(3)推动成果转化:建立冰雪产业技术创新成果转化平台,促进高校、科研机构与企业之间的合作与交流,加速技术创新成果向现实生产力转化。

3.鼓励产学研用合作推动冰雪产业技术创新链条建设

(1)搭建合作平台:政府应主导搭建产学研用合作平台,促进高校、科研机构与企业之间的深度合作。通过联合研发、技术转移、人才培养等多种方式，构建紧密的创新链条。

（2）实施重大项目：围绕冰雪产业关键共性技术难题，组织实施一批产学研用联合攻关重大项目。通过项目牵引，推动技术创新链条上下游企业的紧密合作与协同创新。

（3）建立激励机制：对于在产学研用合作中取得显著成效的单位和个人，给予表彰和奖励，激发合作各方的积极性和创造性。

（二）优化冰雪产业市场环境与监管机制

良好的市场环境与有效的监管机制是冰雪产业健康发展的重要保障。为此，政府应采取以下措施。

1. 完善冰雪产业市场准入与退出机制

（1）明确准入标准：制定科学合理的冰雪产业市场准入标准，对冰雪旅游、冰雪运动、冰雪装备制造等相关领域的企业资质、产品质量、服务水平等方面提出明确要求。

（2）简化审批流程：优化市场准入审批流程，减少不必要的行政干预和审批环节。推广"一网通办""最多跑一次"等政务服务新模式，提高审批效率和服务水平。

（3）建立退出机制：对于不符合市场准入标准或存在严重违法违规行为的企业实施强制性退出机制。通过吊销营业执照、限制市场准入等方式加强对失信企业的惩戒力度。

2. 加强冰雪旅游市场服务与质量监督

（1）完善服务标准：制定和完善冰雪旅游服务标准体系，对滑雪场、冰雪度假村等旅游设施的服务质量、安全管理等方面提出具体要求。鼓励企业开展服务质量认证工作，提升行业整体服务水平。

（2）强化监督检查：建立定期与不定期相结合的监督检查机制，对冰雪旅游市场实行全覆盖、无死角的监管。重点检查企业是否按照行业服务标准提供服务，是否存在价格欺诈等违法违规行为。对于发现的问题及时督促整改，并依法依规进行处理。

（3）畅通投诉渠道：建立高效便捷的投诉举报机制，鼓励消费者通过电话、网络等多种渠道反映问题。对于消费者的合理诉求及时调查处理，并给予反馈结果。

3.建立跨部门协作的冰雪产业监管体系

（1）明确监管职责：根据冰雪产业的特性和发展需求明确各部门的监管职责和范围避免监管空白和重复劳动。体育、旅游、市场监管等部门应各司其职、密切配合共同做好冰雪产业的监管工作。

（2）加强信息共享：建立冰雪产业监管信息共享平台实现各部门之间监管信息的互联互通和实时共享。通过大数据分析等技术手段提高监管的精准性和有效性。

（3）实施联合执法：针对冰雪产业中存在的违法违规行为实施跨部门联合执法行动。通过集中整治、专项检查等方式严厉打击各类违法违规行为共同维护市场秩序和消费者权益。

（三）促进冰雪产业区域协调发展

冰雪产业具有显著的地域性和季节性特征，促进区域协调发展是实现冰雪产业整体提升的重要途径。为此政府应采取以下措施。

1.制定区域冰雪产业发展规划与政策引导

（1）科学规划布局：根据各地区自然条件、资源禀赋和经济社会发展水平制定差异化的冰雪产业发展规划。明确各地区冰雪产业的发展定位、目标任务和重点方向避免盲目发展和无序竞争。

（2）出台扶持政策：针对不同地区的冰雪产业发展特点和需求出台相应的扶持政策。通过财政补贴、税收优惠、金融支持等多种方式降低企业运营成本和提高市场竞争力。

（3）加强宣传推广：加大对各地区冰雪旅游资源和特色产品的宣传推广力度，以提升品牌知名度和美誉度。通过举办冰雪旅游节、冰雪运动会等活动，吸引国内外游客前来体验和消费。

2.推动冰雪产业资源跨区域共享与合作

（1）构建共享机制：鼓励各地区之间建立冰雪产业资源共享机制，实现场馆设施、教练团队、赛事活动等方面的互联互通和互利共赢。通过跨区域共享与合作，降低运营成本和提高资源利用效率。

（2）促进产业联动：加强冰雪产业与其他相关产业的联动发展，如体育、旅游、文化等产业形成的产业链条和产业集群效应。通过产业联动促进冰雪产业的全面发展和转型升级。

（3）强化人才交流：建立冰雪产业人才交流机制促进各地区之间的人才流动和智力共享。通过举办培训班、研讨会等活动提升从业人员的专业技能和管理水平，从而推动冰雪产业人才队伍建设不断迈上新台阶。

3. 支持冰雪特色小镇与产业集聚区建设

（1）规划引导建设：结合各地区实际情况，规划引导建设一批具有地方特色的冰雪特色小镇和产业集聚区。通过完善基础设施和公共服务设施，提升小镇和集聚区的综合承载能力，来吸引更多企业和人才入驻发展。

（2）培育龙头企业：加大对龙头企业的培育力度，支持其通过技术创新、品牌建设等方式提高市场占有率和核心竞争力。通过龙头企业的示范引领作用，带动整个冰雪产业链的协同发展。

（3）优化营商环境：优化冰雪特色小镇和产业集聚区的营商环境，为企业提供便捷高效的服务和保障。通过简化审批流程、降低税费负担等措施减轻企业负担，激发市场活力推动冰雪产业持续健康发展。

二、政策实施路径

为确保冰雪产业可持续发展政策的顺利推进与有效实施，需要明确政策目标与阶段性任务，加强政策宣传与解读工作，并强化政策执行与监督力度。以下笔者将详细阐述这三个方面的实施路径。

（一）明确政策目标与阶段性任务

政策的有效实施始于清晰的目标设定与阶段性任务的规划。这不仅能够确保政策方向的一致性与连续性，还能通过阶段性成果的累积，最终实现长远目标。

1. 制定详细可行的政策实施计划与时间表

（1）细化政策目标：将总体政策目标细化为可量化、可评估的具体指标，如冰雪产业技术创新成果数量、冰雪旅游接待人次增长率、冰雪场馆能效提升比例等，以便追踪与评估政策成效。

（2）规划实施步骤：根据政策目标与实际情况，制定详细的实施步骤与时间表。明确各阶段的主要任务、责任主体、完成期限及预期成果，确保政策实施的有序进行。

（3）资源配置与预算安排：结合实施计划与时间表，合理配置政策实施所需的资源，包括资金、人力、技术等，并编制详细的预算安排，确保政策实施的资金保障。

2. 设立阶段性评估机制确保政策有效落地

（1）建立评估体系：构建科学合理的评估体系，包括评估指标、评估方法、评估周期等，确保评估结果的客观性与准确性。

（2）定期评估与反馈：按照时间表定期对政策实施情况进行评估，分析政策效果与存在的问题，及时调整实施策略。同时，建立反馈机制，确保评估结果能够及时反馈给政策制定者与执行者。

（3）成果展示与激励：通过展示阶段性成果，能够增强社会各界对政策实施的信心与支持。对于表现突出的单位或个人给予表彰与奖励，激发其积极性与创造力。

3. 及时调整政策方向以适应产业发展新变化

（1）监测市场动态：建立冰雪产业市场动态监测机制，关注国内外冰雪产业发展趋势、市场需求变化及技术创新动态等信息，为政策调整提供依据。

（2）灵活应对挑战：面对产业发展过程中出现的新情况、新问题，政策制定者与执行者应保持高度敏感性与灵活性，及时调整政策方向与实施策略，确保政策适应产业发展需求。

（3）鼓励探索与创新：在政策实施过程中，鼓励企业、科研机构及社会组织等各方力量积极探索与创新，为冰雪产业发展注入新的活力与动力。

（二）加强政策宣传与解读工作

政策的顺利实施离不开社会各界的广泛认知与支持。因此，加强政策宣传与解读工作至关重要。

1. 组织专题培训会与政策解读活动

（1）分层分类培训：针对不同受众群体（如企业管理人员、技术人员、政策执行人员等），组织分层分类的专题培训会与政策解读活动。通过邀请专家学者、政府官员等进行讲解与交流，帮助受众群体深入理解政策背景、目标与措施等内容。

（2）案例分析分享：结合国内外冰雪产业成功案例进行深入剖析与分享，展示政策实施带来的积极变化与成效。通过案例引导受众，更好地把握政策精神与实质要求。

2. 利用媒体与社交平台扩大政策影响力

（1）多渠道传播：充分利用电视、广播、报纸等传统媒体以及互联网、移动应用等新媒体渠道，广泛传播政策信息。通过发布政策解读文章、制作宣传视频、开展在线访谈等形式，提高政策知晓率与关注度。

（2）互动交流平台：在社交平台上建立政策交流群组或专栏，鼓励受众就政策相关问题进行提问与讨论。通过即时回复与互动交流，解答受众群体的疑惑并收集反馈意见，以便后续更好地改进并完善工作。

3. 建立政策咨询与反馈机制及时了解企业需求

（1）设立咨询热线与邮箱：在政府网站或相关平台上公布政策咨询热线与邮箱地址，方便受众随时咨询政策相关问题并获得专业解答建议。

（2）定期调研与走访：组织专门人员定期深入企业进行实地调研与走访，了解企业运营状况、面临困难及对政策实施效果的感受与建议。通过调研结果分析及时调整政策实施策略，以满足企业实际需求并促进产业健康发展。

（三）强化政策执行与监督力度

政策的最终效果取决于执行力度与监督效果。因此，必须建立有效的执行与监督机制以确保政策落到实处并发挥预期作用。

1. 建立政策执行绩效考核机制与激励机制

（1）明确考核标准：结合政策目标与实施计划，制定科学合理的考核标准与方法。通过量化指标，考核政策执行主体的任务完成情况、工作效率及创新成果等方面的表现情况。

（2）实施绩效考核：定期对政策执行主体进行绩效考核，并根据考核结果给予相应奖惩措施。对于表现突出的单位或个人给予表彰和奖励，以激发其工作积极性；对于表现不佳的单位或个人则要求其限期整改并加强指导支持，以提升其工作能力水平。

（3）完善激励机制：除了物质奖励还应注重精神激励与职业发展机会等方面支持。通过提供培训机会、晋升机会等激励措施，鼓励政策执行主体不断提升自身能力水平，并积极投身到冰雪产业发展事业中去。

2. 加强政策执行过程中的监督与检查力度

（1）建立监督机制：构建全方位、多层次的监督机制，包括政府内部监督、社会监督及媒体监督等多种形式。通过设立专门监督机构、聘请第三方机构进行审计等方式，加强对政策执行过程的监督力度，以确保政策实施符合规定要求并取得预期效果。

（2）开展定期检查与专项督查：结合政策实施计划与时间表开展定期检查相关工作，并对重点领域和关键环节进行专项督查。通过现场检查、资料审核等方式，全面了解政策执行情况并发现问题及时整改处理。

3. 对政策执行不力或违规行为进行严肃处理

（1）明确处理标准：对于政策执行不力或存在违规行为的单位或个人，应根据情节轻重给予相应处理，措施包括警告、通报批评直至追究法律责任等方式，以示惩戒并警示他人引以为戒。

（2）加强信息公开与透明度建设：通过政府网站或其他公开渠道及时公开政策执行情况及处理结果等信息，提高政府工作透明度并接受社会各界监督，以维护政府公信力与社会公平正义原则得到落实与体现。

冰雪产业的可持续发展离不开科学合理的政策引导与有力实施。通过明确政策目标与阶段性任务、加强政策宣传解读工作、强化执行监督力度等举措，可以确保政策的有效落实与持续优化。未来，随着政策体系的不断完善与调整，冰雪产业将迎来更加广阔的发展前景，为实现经济、社会与环境的和谐共生贡献力量。

第十一章

总结与展望

第一节　总结

本书通过对冰雪产业的多维度剖析，揭示了技术进步与社会需求变化如何双轮驱动冰雪产业的高质量发展。新能源汽车与数字化技术的深度融合，不仅重塑了冰雪产业的运营模式，更引领其迈向绿色、智能的未来。同时，消费者偏好的多元化与健康意识的提升，为冰雪产业的创新发展提供了清晰的方向。在丰富冰雪产业理论体系的同时，也为政策制定与产业实践提供了宝贵的参考。

一、研究总体结论

本书通过多维度分析，揭示了冰雪产业在技术进步与社会需求变化双重驱动下的蓬勃生机。新能源汽车与数字化技术的深度融合，不仅重塑了冰雪产业的运营模式，更引领其向绿色、智能、可持续发展的未来迈进。同时，消费者偏好的多元化与健康意识的提升，为冰雪产业创新发展指明了方向。指出冰雪产业的高质量发展，需要培养符合产业发展需求的高素质人才来保持持续竞争力。通过深入探讨这些变革背后的驱动力及其影响，为冰雪产业的高质量发展提供了全面而深入的洞见。

（一）冰雪产业技术进步与社会需求变化的双重驱动

1. 技术进步对冰雪产业的深刻影响

新能源汽车与数字化技术的迅猛发展，为冰雪产业带来了前所未有的变革。新能源汽车在冰雪产业物流领域中的应用，显著降低了碳排放和运营成本，提高了物流效率和环保水平。通过引入纯电动、氢能源等新能源汽车，冰雪场馆和旅游景区不仅减少了对传统燃油车的依赖，还有效缓解了交通拥堵和噪声污染问题，为游客提供了更加清洁、宁静的旅游环境。

数字化技术的广泛应用，则进一步提升了冰雪产业的运营效率和服务水平。大数据、物联网、人工智能等先进技术的深度融合，使得冰雪场馆能够实现智能化管理，精准预测游客流量、优化资源配置、提升游客体验。例如，通过大数据分析游客行为数据，场馆可以精准地推送个性化服务信息，提高游客的满意度和忠诚度；通过物联网技术实时监控设备状态，维护人员能够及时发现并处理潜在故障，确保场馆的正常运营。

2. 社会需求变化对冰雪产业的导向作用

随着社会经济的发展和人民生活水平的提高，消费者对冰雪产业的需求日益多元化和个性化。从传统的滑雪、滑冰等冰雪运动项目，到新兴的冰雪乐园、冰雪音乐节等娱乐项目，再到家庭亲子冰雪旅游市场的崛起，冰雪产业不断满足着消费者多样化的需求。这种需求的变化能够促使冰雪产业不断创新产品和服务模式，提升市场竞争力。

同时，健康意识的提升也推动了绿色、健康冰雪运动的兴起。越来越多的消费者开始关注冰雪运动的健康益处，选择参与低碳、环保的冰雪活动。这种健康意识的提升不仅促进了冰雪运动的普及和发展，也推动了冰雪产业向更加绿色、低碳、可持续的方向发展。

（二）可持续发展策略与环境保护的重要性

1. 绿色物流与环保包装材料的使用

绿色物流体系的构建是实现冰雪产业可持续发展的重要途径。通过推广新能源物流车辆、优化物流网络布局、推广环保包装材料等措施，冰雪产业能够有效降低物流环节的碳排放和环境污染。例如，采用纯电动或氢能源物流车辆进行物资运输和员工通勤，不仅能够减少尾气排放和噪声污染，还能降低运营成本；使用可降解或易回收的环保包装材料替代传统的塑料包装，则能够减少白色污染，保护生态环境。

2. 冰雪资源的保护与合理利用

冰雪资源是冰雪产业的核心要素，其可持续利用直接关系到产业的长期发展。为了保护和合理利用冰雪资源，需要制定科学合理的开发与保护政策，实施分区管理，明确保护范围和标准。同时，通过加强人工造雪技术的环保改进和水资源循环利用系统的建设，从而减少对环境的影响。此外，还需要加强冰雪场地的生态修复与生物多样性保护工作，以维护生态平衡和景观价值。

3. 社会参与与公众教育的重要性

社会参与和公众教育是推动冰雪产业可持续发展的重要力量。通过提高公众环保意识、传承冰雪文化、普及青少年冰雪运动等措施，能够形成全社会共同关注和支持冰雪产业可持续发展的良好氛围。政府、企业和社会各界应加强合作与交流，共同推动冰雪产业向更加绿色、低碳、可持续的方向发展。

（三）人才培养的重要性与实践

1. 人才培养在冰雪产业中的作用

冰雪产业的高质量发展离不开专业人才的支撑。随着技术的不断进步和市场需求的日益多样化，对具备专业知识、创新能力和国际视野的人才需求愈发迫切。这些人才在推动技术创新、提升服务质量、传播冰雪文化等方面发挥着关键作用。他们不仅能够将最新的科研成果转化为实际应用，还能够通过国际化的交流与合作，提升冰雪产业的全球竞争力。因此，培养符合产业发展需求的高素质人才，对于保持冰雪产业的持续竞争力至关重要。

2. 创新人才培养模式与实践

传统的人才培养模式已不再适应冰雪产业的发展需求。创新人才培养模式的实践变得尤为重要。政、校、企合作模式通过整合政府政策支持、学校教育资源和企业实践平台，为学生提供了一个理论与实践相结合的学习环境。跨学科教育模式则打破了学科间的壁垒，培养了具备综合素质的人才。国际化培养模式通过国际交流项目，增强了学生的全球视野和跨文化交流能力。这些模式的实施，不仅提升了教育质量，也为冰雪产业的创新发展提供了人才保障。

3. 人才培养面临的挑战与对策

人才培养过程中面临着技术更新迅速、教育资源分配不均等挑战。为了应对这些挑战，需要采取一系列对策。第一，要建立动态的教学内容更新机制，确保教育内容与产业需求保持同步。第二，要优化教育资源配置，通过政策引导和资金支持，缩小不同地区之间的教育差距。第三，要加强产业需求分析，实现人才培养与产业需求的精准对接。通过这些措施，可以有效提高人才培养的质量和效率，为冰雪产业的高质量发展提供坚实的人才支撑。

（四）政策制定与实施路径的反思

1. 支持冰雪产业技术创新的政策

为了加速冰雪产业的技术进步和转型升级，政府应出台一系列支持技术创新的政策措施。例如，设立专项基金支持关键技术的研发与应用；完善知识产权保护体系，促进技术创新成果转化；鼓励产学研用合作，推动冰雪产业技术创新链条建设。这些政策措施的实施将激发企业的创新活力和市场竞争力，从而推动冰雪产业高质量发展。

2. 优化冰雪产业市场环境与监管机制

良好的市场环境与有效的监管机制是冰雪产业健康发展的重要保障。政府应完善冰雪产业的市场准入与退出机制，加强冰雪旅游市场服务与质量监督工作，建立跨部门协作的监管体系。通过简化审批流程、降低市场准入门槛、加强监督检查和执法力度等措施，维护市场秩序和消费者权益，促进冰雪产业的公平竞争和有序发展。

3. 促进冰雪产业区域协调发展

冰雪产业具有显著的地域性和季节性特征，促进区域协调发展是实现冰雪产业整体提升的重要途径。政府应制定差异化的区域冰雪产业发展规划与政策引导措施，推动冰雪产业资源跨区域共享与合作。通过加强各区域之间的交流与合作，形成优势互补和协同发展的良好局面，推动冰雪产业在全国范围内的均衡发展和共同繁荣。

本书通过深入探讨和分析发现，新能源汽车与数字化技术的广泛应用显著提升了冰雪产业的运营效率和服务水平；社会需求变化促使冰雪产业向更加多元化、个性化方向发展；绿色物流、环保包装材料使用等可持续发展策略，对冰雪产业的长期发展具有重要作用；冰雪产业的高质量发展离不开专业人才的支撑，创新人才培养模式的实践变得尤为重要；科学合理的政策制定与实施路径是保障冰雪产业高质量发展的关键所在。

二、著作贡献与价值

本书通过系统构建理论框架、创新预测模型及跨学科融合,为冰雪产业的高质量发展奠定了坚实的理论基础;同时,也为政策制定、产业实践及跨界融合提供了宝贵的参考与指导,具备一定的实践应用潜力。

(一)理论贡献

本书在冰雪产业高质量发展领域做出了显著的理论贡献,主要体现在以下三个方面。

1. 系统梳理理论框架

通过系统梳理冰雪产业技术进步、社会需求变化与可持续发展策略的理论框架,为理解冰雪产业的发展规律和未来趋势提供了全面的视角。通过深入分析新能源汽车、数字化技术等方面的应用对冰雪产业运营效率和服务水平的影响,以及消费者偏好、健康意识等社会需求变化对冰雪产业发展方向的引导,本书构建了一个涵盖技术进步、社会需求变化与可持续发展的综合性理论模型。这一模型不仅填补了相关领域的研究空白,还为后续研究提供了坚实的理论基础。

2. 预测模型创新

提出冰雪产业未来发展趋势的预测模型,为学术界提供了新的研究视角和方法论参考。通过对技术进步趋势、社会需求变化等因素的综合分析,本书预测了冰雪产业在新能源汽车应用、数字化技术融合、绿色健康运动等方面的发展前景,为政策制定者和产业从业者提供了前瞻性的指导。这一预测模型的创新之处在于其综合考虑了多个影响因素之间的相互作用,提高了预测结果的准确性和可靠性。

3. 跨学科融合

在理论构建过程中注重跨学科的融合,将经济学、管理学、环境科学等多个领域的知识有机结合起来,形成了对冰雪产业高质量发展的全面认识。通过引入环境科学中的绿色物流、环保包装材料使用等概念,以及管理学中的供应链协同、组织创新等理论,本书为冰雪产业的可持续发展提供了新的理论支撑和实践路径。这种跨学科融合的方法论不仅丰富了冰雪产业研究的理论体系,也为相关领域的研究提供了新的启示。

(二)实践价值

在理论上做出了一定贡献的同时,还在实践方面为政策制定者和产业从业者提供了有价值的参考和指导,具体表现在以下三个方面。

1. 为政策制定者提供科学依据

通过实证分析得出支持冰雪产业技术创新的政策建议、优化市场环境与监管机制的建议,以及促进区域协调发展的策略。这些建议基于扎实的理论和实证研究,为政策制定者提供了科学依据。政策制定者可以根据本研究的建议制定更加科学、合理的政策措施,以推动冰雪产业的高质量发展。同时,本书还强调了政策执行过程中的挑战与解决策略,为政策的有效落地提供了有力支持。

2. 为产业从业者提供实用指南

为冰雪产业从业者提供了市场趋势分析、技术创新路径、可持续发展策略等实用指南。通过对新能源汽车、数字化技术等方面在冰雪产业中的应用案例进行深入剖析,展示了这些技术在提升运营效率和服务水平方面的显著效果。同时还分析了消费者偏好的多元化和个性化趋势,为产业从业者提供了创新产品和服务的方向。还强调了绿色物流和环保包装材料使用的重要性,引导产业从业者向更加绿色、可持续的方向发展。这些实用指南将有助于产业从业者把握市场机遇、应对挑战,实现产业转型与升级。

3. 推动冰雪产业与其他产业的融合发展

在探讨冰雪产业高质量发展的同时,还关注了冰雪产业与其他产业的融合发展。通过引入跨界融合和协同创新的理念,本书为冰雪产业与旅游、文化、体育等相关产业的融合发展提供了新的思路和路径。这种融合发展不仅有助于拓展冰雪产业的市场空间和价值链延伸,还能提升冰雪产业的综合竞争力和可持续发展能力。产业从业者可以根据本书的建议积极寻求与其他产业的合作机会，共同推进冰雪产业的繁荣发展。

通过系统梳理理论框架、创新预测模型以及提供实用指南等措施，为政策制定者、产业从业者以及学术界提供了有价值的参考和支持，为在冰雪产业高质量发展领域做出了较为显著的理论贡献和实践价值。未来，随着冰雪产业的不断发展壮大，以及技术进步和社会需求变化的持续推进，期待本书的相关研究成果将继续发挥重要作用，推进冰雪产业向更加高质量、可持续的方向发展。

第二节　研究的局限性与未来研究方向

在深入剖析冰雪产业高质量发展的进程中，虽取得了一定成果，但亦不可避免地触及了若干研究局限性。这些局限性不仅体现在数据样本的局限上，还涉及理论框架的完善性及政策建议的实操性等多个层面。正视这些局限，可以为明确未来研究方向提供坚实的基础，以期推进冰雪产业研究的持续深化与拓展。

一、研究局限性

本书力求全面深入地探讨冰雪产业的高质量发展问题，但在这过程中不可避免地遇到了一些局限性。这些局限性主要来源于数据样本的收集与分析、理论框架的构建与完善以及政策建议的实操性等方面。

（一）数据样本的收集与分析

在研究过程中，尽力收集广泛的数据样本以支持最终的结论，但仍存在一些局限性，这些局限性可能对研究结论的普适性产生一定影响。

1. 覆盖范围的有限性

本书使用的数据样本主要集中在河北省等冰雪产业较为发达的省份。然而，由于冰雪产业具有显著的地域性特征，不同地区的气候条件、经济发展水平、政策支持力度等因素都可能对冰雪产业的发展产生影响。因此，本书的数据样本在地理覆盖范围上相对有限，无法全面反映全国乃至全球冰雪产业的实际情况。

2. 时间跨度的局限性

数据样本收集主要集中在近几年，虽然能够反映冰雪产业近期的发展趋势和现状，但无法充分揭示冰雪产业长期发展的规律和特点。特别是随着技术的进步和社会的变迁，冰雪产业的发展可能会呈现出新的趋势和特征。因此，由于本书的时间跨度相对较短，可能限制了结论的时效性和长远预见性。

3. 样本代表性的挑战

在数据收集过程中，尽力确保样本的代表性，但由于各种因素的影响，样本的代表性仍可能存在一定的问题。例如，在某些地区或行业中，由于信息获取难度、数据披露程度等因素的限制，无法获得全面、准确的数据样本，可能导致样本在某些方面存在偏差或遗漏，进而影响研究结论的准确性和可靠性。

另外，在数据收集过程中也面临一些具体的挑战与限制。例如，涉及商业秘密或个人隐私的数据样本获取难度较大，难以直接获取。同时数据收集成本较高，需要投入大量的人力、物力和财力。

（二）理论框架的构建与完善

尽管本书构建了一个相对完整的理论框架来解释冰雪产业的高质量发展问题，但仍存在一些局限性，这些局限性限制了理论框架在解释复杂现象时的有效性和全面性。

1. 技术进步与社会需求交互作用的复杂性

技术进步与社会需求是冰雪产业高质量发展的两大核心驱动力。然而，这两者之间的交互作用机制非常复杂，涉及多个层面和维度的因素。本书的理论框架虽然尝试揭示了技术进步与社会需求之间的基本关系，但在解释它们之间的动态交互作用机制时仍显不足。例如，技术进步如何具体影响社会需求的变化？社会需求的变化又如何反作用于技术进步的方向和速度？这些问题都需要我们更深入的研究和探讨。

2. 跨学科理论的融合与整合

冰雪产业的高质量发展涉及多个学科领域的知识和理论，包括经济学、管理学、环境科学等。本研究的理论框架虽然尝试融合了这些学科的理论和方法，但在具体整合和应用过程中仍存在一些挑战。例如，如何将不同学科的理论有机地结合起来，形成一个完整、连贯的解释体系？如何确保跨学科理论在解释冰雪产业高质量发展问题时的有效性和一致性？这些问题都需要我们进一步深入思考和探索。

为了增强研究的全面性和深度，探讨了引入更多跨学科理论与方法论的可能性。例如，可以借鉴创新生态系统理论来解释冰雪产业中的协同创新现象，运用制度经济学理论来分析政策支持在冰雪产业发展中的作用，利用环境经济学理论来评估冰雪产业对环境的影响并探索可持续发展路径等。这些跨学科理论的引入将有助于我们更加全面地理解冰雪产业的高质量发展问题，并为其提供更加科学、合理的解决方案。

（三）政策建议的实操性

本书提出了一系列政策建议以支持冰雪产业的高质量发展。然而，这些政策建议在实际操作中可能面临一些挑战和障碍，如政策执行者的意愿与能力、资源分配不均衡等问题。

1. 政策执行者的意愿与能力

政策的有效执行离不开政策执行者的积极意愿和强大能力。然而，在实际操作中，政策执行者可能受到多种因素的影响，如个人利益、部门利益、地方保护主义等，导致政策执行者意愿不足或执行效果不佳。此外，政策执行者还可能面临专业知识、技术能力等方面的不足，难以胜任复杂的政策执行任务。

2. 资源分配不均衡问题

冰雪产业的高质量发展需要投入大量的资金、技术、人才等资源，但在实际操作中，资源分配往往存在不均衡等问题。一些地区或企业可能因资源匮乏而难以有效推动冰雪产业的发展；而另一些地区或企业则可能因资源过剩而浪费资源。这种资源分配不均衡问题不仅影响了冰雪产业的整体发展水平，还可能加剧地区间、企业间的发展不平衡现象。

为了增强政策建议的实操性,笔者提出了一些具体建议。第一,应细化政策实施步骤和责任分工,确保各项政策措施能够得到有效落实和执行。第二,应建立健全监督机制和考核机制,对政策执行情况进行定期评估和反馈,及时发现问题并采取措施加以解决。第三,应加强对政策执行者的培训和指导,提高其专业知识和执行能力,确保政策能够得到科学、合理、有效的执行。同时,还应加强跨部门、跨地区的协调与合作,形成政策合力,共同推动冰雪产业的高质量发展。

二、未来研究可能方向

面对冰雪产业日新月异的发展态势,未来研究需紧跟时代步伐,积极探索技术进步、社会需求变化及可持续发展策略的新路径。通过深入研究这些领域的最新趋势与前沿问题,不仅能够为冰雪产业的高质量发展注入新的活力,还能为政策制定者、企业经营者及学术界提供宝贵的参考与指导。

(一)技术进步的新趋势

随着科技的飞速发展,新技术不断涌现并深刻影响着各行各业,冰雪产业也不例外。未来研究应重点关注新能源汽车、数字化技术等领域的最新进展,并探讨这些技术如何进一步推动冰雪产业的高质量发展。

1. 新能源汽车技术的革新

新能源汽车作为绿色出行的代表,其技术进步对冰雪产业的影响日益显著。未来,新能源汽车的续航里程、充电效率、电池安全性能等方面将进一步提升,这将为冰雪产业的物流运输提供更加高效、环保的解决方案。研究应关注新型电池材料、快速充电技术、智能网联技术等在新能源汽车领域的应用,探讨这些新技术如何降低物流成本、提升运输效率,并为冰雪产业的可持续发展贡献力量。

此外,随着车网互动(V2G)技术的成熟,新能源汽车将不仅作为交通工具存在,还将参与到电网的调度和辅助服务中。未来研究可以探讨在冰雪旅游旺季或重大赛事期间,如何利用新能源物流车辆作为分布式储能单元,为冰雪场馆提供应急电力支持，确保赛事和活动的顺利进行。

2. 数字化技术的深化应用

数字化技术正在逐步渗透冰雪产业的各个环节，从赛事管理、场馆运营到旅游服务，无一不受到其深刻影响。未来研究应进一步深化对数字化技术的应用探讨，特别是大数据、人工智能、物联网等前沿技术在冰雪产业中的应用潜力和创新方向。大数据技术的应用将进一步提升冰雪场馆的运营效率和游客体验。通过收集和分析游客的消费行为、运动习惯等数据，场馆可以更加精准地预测游客需求，优化资源配置，提供个性化的服务。同时，大数据还能帮助场馆实现智能安防、能耗管理等功能，以提升整体运营水平。

人工智能技术的应用将进一步推动冰雪装备的创新和智能化。未来，智能穿戴设备、运动追踪系统等产品将更加普及，它们能够实时监测运动员的身体状况和运动数据，为教练团队提供科学的训练反馈。同时，智能机器人、无人机等装备也将在冰雪救援、场地维护等方面发挥重要作用。

物联网技术的应用将实现冰雪场馆内各种设备的互联互通和智能化管理。通过为装备安装传感器、RFID 标签等设备，场馆可以实时掌握设备状态、环境参数等信息，实现精准化控制和优化管理。此外，物联网技术还能促进冰雪旅游服务的智能化升级，如智能导览系统、虚拟体验平台等，为游客提供更加便捷、丰富的旅游体验。

3. 新兴技术的探索与应用

除新能源汽车和数字化技术外，未来研究还应关注人工智能、区块链等新兴技术在冰雪产业中的应用潜力。人工智能技术在冰雪装备研发、赛事裁判、观众互动等方面具有广阔的应用前景。通过引入机器学习、深度学习等技术手段，可以进一步提升装备的智能化水平和赛事的观赏性。同时，人工智能还能为冰雪旅游提供更加个性化、智能化的服务体验，如基于用户画像的推荐系统、基于情感分析的客服系统等。

区块链技术则可以在冰雪产业的供应链管理、版权保护等方面发挥重要作用。通过构建基于区块链的供应链信息平台，可以实现物资流转的透明化和可追溯性，提升供应链的整体效率和安全性。同时，区块链技术还能为冰雪旅游产品的版权保护提供有力支持，打击盗版行为，维护市场秩序。

（二）社会需求变化的新特点

随着社会经济的发展和人民生活水平的提高，消费者对冰雪运动和旅游的需求也在不断发生变化。未来研究应深入分析这些变化对冰雪产业的影响，为产业的高质量发展提供有力支撑。

1. 消费者偏好的多元化与个性化

未来消费者对冰雪运动和旅游的需求将更加多元化和个性化。不同年龄段、性别、地域的消费者对冰雪产品和服务的需求存在显著差异。年轻人可能更加注重冰雪运动的刺激性和挑战性，而中老年人则更偏向于休闲度假和康体养生。因此，冰雪产业应根据不同的消费群体的需求特点开发多样化的产品和服务。

未来研究可以关注消费者偏好的变化趋势及其背后的原因机制。通过问卷调查、深度访谈等方式收集消费者数据，分析其对冰雪产品和服务的满意度及改进建议。同时，结合大数据分析技术深入挖掘消费者行为背后的规律和模式，为冰雪产业的精准营销和服务创新提供有力支持。

2. 健康意识的提升与健康冰雪运动的兴起

随着健康意识的不断提升，消费者对健康冰雪运动的需求也在不断增加。未来研究应关注健康冰雪运动的兴起及其对冰雪产业的影响。健康冰雪运动不仅注重运动的刺激性和挑战性还强调其对身体健康的积极影响。因此，冰雪产业可以开发更多结合健身和休闲的冰雪产品和服务，以满足消费者对健康生活的追求。

未来研究可以探讨如何将健康元素融入冰雪运动和旅游产品中，提升其吸引力和竞争力，如开发结合冰雪运动和健身训练的套餐产品、提供个性化的健康饮食建议等。同时，关注健康冰雪运动的传播和普及方式，通过社交媒体、线上线下活动等方式，提升消费者对健康冰雪运动的认知和参与度。

（三）人才培养与教育创新

1. 人才培养模式的创新与发展趋势

传统的人才培养模式已经无法满足冰雪产业快速发展的需求。未来的研究应更多聚焦于人才培养模式的创新，探索如何结合产业实际需求，构建更为灵活、高效的教育体系。未来研究将更多关注跨学科教育的实施效果，评估其在培养学生综合能力方面的作用；探讨在线教育和远程学习等新兴教育技术在人才培养中的应用，以及如何利用这些技术帮助学生更好地适应快速变化的工作环境。

2. 教育技术在冰雪产业人才培养中的应用

教育技术的进步为冰雪产业人才培养提供了新机遇。未来的研究将探讨虚拟现实 (VR)、增强现实 (AR) 以及模拟训练等技术在提高教学效果和学习体验方面的潜力。分析这些技术如何帮助学生更好地理解和掌握冰雪运动的复杂技能，如何通过模拟真实工作环境来提高学生的实践能力。考察教育技术在促进学生创新思维和问题解决能力方面的作用也将成为未来研究的一个方向。

3. 国际化与跨学科人才培养策略

在全球化背景下，国际化和跨学科的人才培养策略显得尤为重要。未来的研究将探索如何通过国际合作项目、交换生计划和全球在线课程等方式，培养学生的国际视野和跨文化交流能力；将关注跨学科课程设计的有效性，如何通过整合不同学科的知识和技能，为学生提供更全面的教育体验，以及评估这些策略在提升学生就业竞争力和适应未来工作环境方面的效果。

（四）可持续发展策略的创新

冰雪产业的可持续发展离不开绿色、低碳、环保的发展模式。未来研究应探索更多创新的可持续发展策略为冰雪产业的长期繁荣贡献力量。

1. 绿色物流体系的建设与完善。

绿色物流体系是冰雪产业可持续发展的重要保障。未来研究应关注绿色物流体系的建设与完善问题，探讨如何降低物流过程中的能耗和排放以提升物流效率和环保性能。未来研究可以关注新能源汽车在冰雪产业物流中的应用探讨其节能减排效果和推广策略，同时关注物流包装的环保材料使用和循环利用机制以降低物流过程中的环境污染。此外，未来研究还可以探讨智能化物流技术的应用如物联网、大数据等技术手段提升物流管理的智能化水平和资源利用效率。

2. 冰雪资源的保护与合理利用

冰雪资源是冰雪产业的核心要素其可持续利用直接关系到产业的长期发

展。未来研究应关注冰雪资源的保护与合理利用问题，探讨如何在保障产业发展的同时保护好宝贵的冰雪资源。未来研究可以关注冰雪资源的监测与评估体系建立科学合理的监测指标和评估方法对冰雪资源的数量、质量、分布等进行全面监测和评估；同时探讨冰雪资源的分区管理和保护策略，根据不同区域的特点和需求制定差异化的保护和利用措施；还可以关注冰雪资源的再生与循环利用研究如何通过人工造雪、融雪水回收等方式实现冰雪资源的可持续利用。

3. 冰雪产业与其他领域的融合发展

冰雪产业作为集体育、旅游、文化等多元素于一体的综合性产业其发展离不开与其他领域的融合发展。未来研究应关注冰雪产业与生态旅游、文化创意产业等其他领域的融合发展策略，探讨如何通过跨界融合和协同创新推动冰雪产业的转型升级。

未来研究可以关注冰雪产业与生态旅游的融合路径，探讨如何将冰雪旅游与生态旅游相结合打造具有地方特色的冰雪生态旅游产品；关注冰雪产业与文化创意产业的融合，探讨如何通过文化创意元素，提升冰雪产品和服务的附加值和文化内涵；还可以关注冰雪产业与其他相关产业的协同发展，如与体育产业、健康产业等领域的合作共同推动冰雪产业的繁荣发展。

总之，未来研究应更多关注技术进步的新趋势、社会需求变化的新特点以及可持续发展策略的创新等方面的问题。通过深入探讨这些问题，制订相应的研究计划和实施方案，为我国冰雪产业的高质量发展提供有力支撑和保障。

第三节　对政策制定者和实践者的实用建议

冰雪产业的高质量发展依赖于多方面的战略布局。第一，人才培养需要与产业需求紧密对接，通过持续教育与职业发展相融合，培育适应未来市场需求的专业人才。第二，新能源汽车与数字化技术的推广应用对于降低碳排放、提高物流效率以及增强赛事、场馆和旅游服务的智能化至关重要。第三，跨部门合作机制的建立与完善是整合资源、形成政策合力的基石,能够推动冰雪产业的创新和发展。

一、人才培养的战略重视

(一)人才培养与产业发展的协同

人才培养与冰雪产业的发展之间存在着密切的协同关系。随着冰雪产业的不断壮大,对于具备专业知识和实践能力的人才需求日益增加。政策制定者和实践者须认识到,人才培养不仅是教育部门的责任,也是产业发展的重要组成部分。建立人才培养与产业发展之间的协同机制,确保教育体系能够响应产业需求,才能切实为产业提供所需的人才支持。在实际操作中,意味着需要通过政策引导和资金支持,鼓励教育机构与企业建立合作关系,共同开发课程、进行项目研究和人才培养。同时,企业也应参与到教育过程中,提供实习机会、技术支持和行业指导,帮助学生了解行业最新动态,培养实际工作能力。

(二)教育体系与产业需求的对接

教育体系与产业需求的有效对接是提高人才培养质量的关键。政策制定者应推动教育体系改革,更新课程内容,如引入行业最新的技术和管理理念,增加实习、实训和项目合作等实践教学环节,使学生能够在学习过程中获得与未来工作相关的经验,更加灵活和适应市场变化的需求。此外,教育体系应建立与产业界的定期沟通机制,及时了解行业发展趋势和人才需求变化,调整教育目标和教学计划,确保毕业生具备与冰雪产业需求相匹配的技能和知识,提高他们的就业竞争力和职业发展潜力。

(三)持续教育与职业发展的融合

在快速变化的冰雪产业中,持续教育对于职业发展至关重要。政策制定者和实践者应重视持续教育的作用,为在职人员提供继续学习和提升的机会。内容应涵盖新技术培训、管理能力提升、行业趋势分析等多个方面,以满足不同职业阶段和职业发展需求。政策制定者可以通过提供税收优惠、补贴和认证体系等措施，鼓励和支持在职人员参与持续教育。同时，企业也应认识到持续教育的重要性，为员工提供学习资源和时间支持，促进员工的职业成长，保持企业竞争力，促进产业整体进步。

职业发展的融合还意味着教育体系应与企业的晋升路径和职业规划相结合，为员工提供清晰的职业发展蓝图。激发员工的学习动力，提高他们的工作满意度和忠诚度，最终实现企业和员工的共同发展。确保人才培养与冰雪产业同步发展，为产业的长期繁荣和提高国际竞争力提供坚实的人才基础。

二、新能源汽车与数字化技术的应用

在冰雪产业高质量发展的背景下，新能源汽车与数字化技术的推广应用不仅能够提高产业效率，还能推动产业向绿色、智能的方向发展，为实现可持续发展提供强有力的支撑。

（一）新能源汽车在冰雪产业中的推广

随着全球对减少温室气体排放和环境保护的重视，新能源汽车以其低碳、环保的特点成为未来发展的趋势。在冰雪产业中，新能源汽车的推广可以减少对化石燃料的依赖，降低碳排放，同时提升游客体验，对于冰雪产业具有重要意义。

1. 政策支持与激励机制

政策制定者应出台购车补贴、税收优惠、免费或优惠的停车和充电服务等相关政策，为新能源汽车的推广提供支持。通过激励措施，降低企业和个人购买和使用新能源汽车的成本，提高新能源汽车的市场竞争力。

2. 基础设施建设

政策制定者应规划并投资建设充电站和充电桩，特别是在冰雪旅游热点区域。加强充电基础设施的建设的同时，更要推动充电设施的标准化和互联互通，确保不同品牌和型号的新能源汽车都能方便的进行充电，确保新能源汽车的广泛应用。

3. 示范项目与公众教育

通过实施示范项目，展示新能源汽车在冰雪产业中的应用效果，提高公众对新能源汽车的认知和接受度。通过教育和宣传活动，提高公众对新能源汽车环保优势的认识，促进新能源汽车的普及。

（二）数字化技术提升产业效率

数字化技术的应用是提升冰雪产业效率的关键。通过大数据、云计算、物联网、人工智能等技术，可以实现冰雪产业的智能化管理和服务，提高运营效率，增强游客体验。

1. 智能化管理与运营优化

数字化技术，尤其是大数据和云计算，使得冰雪产业能够实现智能化管理。通过建立智能化管理系统，冰雪场馆可以实现实时监控和管理，优化资源配置，提高能源使用效率，降低运营成本。此外，智能化管理系统通过数据分析提供预测性维护，减少设备故障，确保场馆运营的连续性和稳定性。不仅可以提升运营效率，还能增强对环境的监控和保护能力，为冰雪资源的可持续利用提供了科学依据。

2. 个性化服务与数字化营销

数字化技术的应用还体现在个性化服务和营销上。通过分析游客的行为和偏好，冰雪产业可以提供定制化的服务和营销策略，如根据游客的滑雪习惯推荐课程和装备，或根据消费记录提供个性化的旅游套餐。通过建立社交媒体和移动应用等数字化营销平台，可以增强与游客的互动和沟通，提高品牌知名度，通过收集游客反馈来不断优化服务和产品。此外，虚拟现实（VR）和增强现实（AR）技术的应用为游客提供了虚拟滑雪体验和培训服务，增加了游客的吸引力并提供了更安全的训练环境。

3. 供应链优化与环境保护

数字化技术在供应链管理中的应用提高了物流效率，降低了成本。物联网技术使得实时监控货物状态成为可能，优化了库存管理；大数据分析则用于预测市场需求，调整生产计划。这些技术的应用不仅提高了产业效率，还对环境保护和监测起到了积极作用。遥感技术和传感器网络用于监测冰雪资源的变化，评估环境影响，为保护和合理利用冰雪资源提供了科学依据。

数字化技术的应用可以为冰雪产业带来革命性的变化，政策制定者和实践者应重视这些技术的发展和应用，制定相应的政策和措施，推动冰雪产业向绿色、智能、高效的方向发展。通过智能化管理、个性化服务以及供应链优化，数字化技术可以提升产业效率，增强游客体验，同时为环境保护提供支持，为冰雪产业的可持续发展奠定坚实的基础。

三、跨部门合作机制的重要性

在冰雪产业高质量发展的过程中，跨部门合作机制的建立与完善能够整合各方资源，形成政策合力，共同推进冰雪产业的创新和发展。

（一）政策协同与资源整合

政策协同与资源整合是跨部门合作机制中的首要任务，它要求不同政府部门之间在政策制定和执行上相互配合，实现资源的最优配置。

1. 政策协同的重要性

政策协同能够确保不同部门的政策目标一致性，避免政策冲突和资源浪费。例如，在推动新能源汽车使用时，交通运输部部门、环保部门和能源部门需要共同制定政策，以确保车辆的推广与充电基础设施建设同步进行。政策协同还涉及到财政支持、税收优惠、技术研发等多个方面，需要各部门共同参与和支持。

2. 资源整合的策略

资源整合要求各部门将各自的财政资源、技术资源、人力等资源和优势集中起来，共同服务于冰雪产业的发展。例如，教育部门可以提供专业人才培训，科技部门可以提供技术研发支持，而旅游部门则可以提供市场推广平台。通过资源整合，可以提高资源使用效率，加快冰雪产业的发展步伐。

3. 建立协调机制

建立一个有效的协调机制是实现政策协同与资源整合的关键。这个机制应该是一个常设的跨部门委员会，负责监督政策的制定和执行，确保各部门之间的沟通和协作。通过定期的会议、工作报告和评估机制来确保政策的连贯性和有效性。

4. 信息共享平台

建立信息共享平台是实现政策协同与资源整合的技术基础。通过这个平台，各部门可以及时交换政策信息、市场数据和研究成果，提高决策的透明度和科学性。信息共享平台还可以作为公众参与和监督的渠道，提高政策的社会认可度。

（二）跨部门合作的实践指导

跨部门合作的实践指导是确保冰雪产业高质量发展的关键，涉及合作项目的选择与模式构建，合作效果的评估，公众参与、国际合作与文化交流等多个操作层面。

1. 合作项目的选择与模式构建

在合作项目的选择上，应优先考虑对冰雪产业发展具有显著贡献、可行性高和创新性强的项目。新能源汽车推广、智能化管理系统建设和数字化营销平台开发等项目，不仅直接推动冰雪产业的发展，还能带动相关产业的创新和升级。同时，构建有效的公、私合作伙伴关系（PPP）、政府与高校、企业之间的合作模式是成功的关键。选择合适的合作模式，如 PPP 模式适用于基础设施建设，政府与高校合作适用于人才培养和技术研发，能够确保项目的顺利实施和效果最大化。

2. 合作效果的评估与风险管理

对合作效果进行评估是持续改进和优化合作的重要手段。通过对经济效益、社会效益和环境效益等指标的定期评估，可以及时发现并解决问题，调整合作策略，提高合作效果。同时，对政策风险、市场风险、技术风险等潜在的风险建立管理机制并进行识别、评估和应对，通过多元化投资、建立风险基金、引入保险机制等方式降低合作风险。

3. 公众参与、国际合作与文化交流

公众参与和沟通是跨部门合作中不可忽视的一环，它能够提高政策透明度和公众满意度，增强政策执行力。通过与公众的沟通，收集意见和建议，为政策制定和项目实施提供参考。在全球化背景下,国际合作与交流对于引进先进技术和管理经验、提升冰雪产业国际竞争力具有重要意义。

通过构建跨部门协作网络、明确责任分工与考核机制等措施,加强部门间的信息共享与资源整合,提高政策执行效率与效果,激发各部门的积极性与创造力,确保合作项目的高效执行和最佳效果,增强项目的可持续性和国际竞争力,共同推动冰雪产业的高质量发展。

参考文献

[1] 艾美杰. 消费结构升级背景下吉林省冰雪旅游发展对策研究[J]. 世界经济探索, 2020, 9（4）：133-137.

[2] 白鹤松. 冰雪产业发展研究综述[J]. 中国人口·资源与环境, 2016, 26（S1）：452-455.

[3] 王昊飞, 王帆, 邵美琦, 等. 东北三省寒地冰雪经济高质量发展观察[N]. 新华每日电讯, 2023-03-22.

[4] 蔡健. 物流类专业数字转型和智能升级研究[J]. 大众标准化, 2022（19）：131-133.

[5] 查金. 基于动态联盟的大型体育赛事物流资源协同管理模式研究[J]. 少林与太极（中州体育）2014（4）：19-24.

[6] 车雯, 张瑞林, 王先亮. 中国冰雪体育产业"多链"融合的内在逻辑、适宜性框架与路径[J]. 首都体育学院学报, 2021, 33（1）：90-95, 110.

[7] 陈蓓蓓, 赵莉莉. 现代大型体育赛事物流信息的需求分析[J]. 物流技术, 2012, 31（15）：389-392.

[8] 陈德唐. 关于新能源汽车技术发展策略研究[J]. 时代汽车, 2022（18）：115-117.

[9] 孙丽艳, 苗成林, 杨力. 技术创新对战略性新兴产业可持续发展的驱动效应——基于非参数随机前沿分析方法的实证研究[J]. 北京理工大学学报（社会科学版）, 2017, 19（5）：53-60.

[10] 陈景灼. 物联网技术在库存管理中的应用[J]. 现代企业, 2017（8）：20-21.

[11] 陈卫, 陈婷婷, 陈俊明. 智能物流运用与发展[J]. 知识经济, 2016（6）：66.

[12] 陈祥锋, 朱道立. 现代物流金融服务创新——金融物流[J]. 物流技术, 2005（3）：4-6, 15.

［13］崔柏青．中国大型体育赛事下的体育物流体系［J］．中国市场，2015（50）：16-17．

［14］崔海霞，陈建敏，周惠娣．奇妙的摩擦世界［M］．北京：科学出版社，2010．

［15］崔佳琦，王文龙，邢金明．新发展格局下我国冰雪体育旅游产业高质量发展困境与路径探索［J］．体育文化导刊，2021（8）：7-13．

［16］戴湘毅，秦安琦，唐承财．国际冰雪旅游的研究进展及启示［J］．地理研究，2023，42（2）：458-474．

［17］邓春林，杨茜．广州亚运会——物流竞技场［J］．武汉体育学院学报，2005（2）：25-28．

［18］邓晰，韩曙光，沈祥兴．期刊网络引文可追溯性研究与实现［J］．实验室研究与探索，2014，33（8）：252-257，303．

［19］杜宏．大型体育赛事下的物流理论体系及实践应用分析［J］．物流技术，2013，32（5）：183-185．

［20］范辉．物流技术在库存管理中的应用［J］．上海电机技术高等专科学校学报，2004（4）：268-270．

［21］冯敬昭，杨希．数字媒体艺术专业复合型人才培养模式反思与优化策略［J］．中国传媒科技，2021（12）：122-124．

［22］福州工商学院评建办公室．教育部相关重要文件及讲话选编（2018—2020年）［R/OL］．（2020-10-29）［2024-5-20］．

［23］付巍．冰雪文化视域下旅游文创产品设计策略研究［N］．黑龙江日报，2023-05-25．

［24］高彩婷，郑汉山．"互联网+"时代下冰雪体育产业发展研究［J］．体育科技文献通报，2019，27（12）：115-118．

［25］高寰宇，曹连众，高圆媛．我国冰雪产业链内容要素与优化路径研究［J］．沈阳体育学院学报，2022，4（14）：1-7．

［26］顾建文，周伯文，颜伟鹏，等．技术重构社会供应链［M］．北京：科学出版社，2021．

［27］郭红涛，张中楼．大型体育赛事物流信息平台的构建与信息安全［J］．物流技术，2013，32（13）：442-445．

［28］郭芝含，王凯．冰雪体育用品制造产业的发展困境与升级路径——基于产业链理论［J］．体育成人教育学刊，2021，37（1）：16-20．

［29］国家发展和改革委员会，中国科学院. 科技助推西部地区转型发展行动计划（2013—2020年）[R/OL].（2013-07-26）[2024-05-20].

［30］范佳元. 体育产业发展驶入快车道[N]. 人民日报，2022-10-27.

［31］国务院. 新一代人工智能发展规划[EB/OL].（2017-07-20）[2024-05-20].

［32］何文义，郭彬，张锐. 新时代我国冰雪产业本质及发展路径研究[J]. 北京体育大学学报，2020，43（1）：29-38.

［33］何泳. "以史为鉴"——从汽车能源技术发展史看我国电动汽车发展战略[J]. 科技管理研究，2014，34（14）：31-36.

［34］河北省体育局. 河北省冰雪活动蓝皮书（2016—2017）[EB/OL].（2017-08-02）[2024-5-20].

［35］河北省体育局. 河北省冰雪活动蓝皮书（2017—2018）[EB/OL].（2018-07-31）[2024-5-20].

［36］河北省体育局. 河北省青少年体育发展"十四五"规划[EB/OL].（2022-01-29）[2024-5-20].

［37］侯建. 新能源汽车发展与智能制造研究[J]. 内燃机与配件，2021（7）：172-173.

［38］胡诚. 新能源汽车发展研究[J]. 企业科技与发展，2016（11）：23-26.

［39］胡娟，王欣，赵英刚，等. 中国南方冰雪旅游发展空间拓展研究[J]. 北京第二外国语学院学报，2023，4（11）：115-207.

［40］胡莹. 新能源汽车产业共性技术创新体系研究[J]. 汽车工业研究，2010（12）：7-11.

［41］黄文秀. 基于物联网技术的智能物流系统研究[J]. 信息通信，2014（6）：100-101.

［42］吉林省体育局. 吉林省冰雪运动高质量发展规划（2021—2035年)[EB/OL].（2021-12-30）[2024-05-20].

［43］姜广义. 我国古代冰雪运动发展分析[J]. 体育文化导刊，2012（5）：138-141.

［44］姜明月，蔡旭冰，刘剑峰，等. 新能源汽车技术的应用与发展研究[J]. 时代农机，2018，45（1）：45-46.

［45］姜强，赵蔚，李松，等. 大数据背景下的精准个性化学习路径挖掘研究——基于AprioriAll的群体行为分析[J]. 电化教育研究，2018，39（2）：45-52.

［46］蒋依依，张月，高洁，等. 中国冰雪资源高质量开发：理论审视、实践转向与挑战

应对[J].自然资源学报,2022,37(9):2334-2337.

[47]蒋莹.把握产业变革机遇,创新引领新能源汽车加速发展[J].中国发展观察,2021(2):52-55.

[48]金峰,李楠,于东生.东北振兴视域下黑龙江省冰雪体育旅游发展研究[J].体育文化导刊,2020(8):86-90,96.

[49]阚军常,王飞.冬奥战略目标下我国滑雪产业升级的驱动因子与创新路径[J].体育科学,2016,36(6):11-20.

[50]李嫒莉,张全成.现代体育赛事物流体系的优化思考[J].中国物流与采购,2022(5):67-68.

[51]李安娜.北京2022年冬奥会背景下我国冰雪产业链现代化:机遇、挑战与路径[J].沈阳体育学院学报,2022,41(1):25-32.

[52]李刚,代刚,杨立忠.我国冰雪体育产业高质量发展的内在逻辑、国际经验及实现路径[J].山东财经大学学报,2022,34(1):78-86.

[53]李海霞,吕吉勇,李国龙,等."钻石模型"视域下我国冰雪体育产业竞争力评价[J].哈尔滨体育学院学报,2021,39(4):53-58.

[54]李慧.物联网技术在物流管理系统中的应用[J].时代金融,2012(18):66.

[55]李佳琪,徐潇源,严正.大规模新能源汽车接入背景下的电氢能源与交通系统耦合研究综述[J].上海交通大学学报,2022,56(3):253-266.

[56]李瑾.论体育赛事物流的需求及对策[J].江苏经贸职业技术学院学报,2019(5):37-39.

[57]李静芳.现代物流管理[M].北京:北京交通大学出版社,2009.

[58]李娟.基于CiteSpace分析的我国互联网+体育产业的热点演进与未来展望[J].武汉体育学院学报,2024,43(2):37-43.

[59]李连成.绿色物流:现代企业持续发展的必然选择[J].新东方,2002(5):32-35.

[60]李蓉蓉,邱林润.基于物联网的智能冷链物流关键技术研究[J].电子技术与软件工程,2016(9):7.

[61]李现武,马丽君,王颢霖.探析现代物流理论在大型体育赛事中的应用[J].西安体育学院学报,2005(6):25-27,42.

[62]李艳.后冬奥时期冰雪文化旅游产业空间的延续:政策变迁、行动框架及路径选择

[J]. 体育与科学，2022，43（2）：43-48.

［63］李艳翎，李光. 我国冰雪体育旅游企业营销战略研究[J]. 武汉体育学院学报，2016，50（4）：12-19.

［64］李一凡，李娜. 低碳物流的几点思考[J]. 交通运输系统工程与信息，2011，34（1）：51-53.

［65］李玉宪，王颖，李鸿彬. 我国冰雪体育产业高质量发展研究[J]. 冰雪运动，2021，43（1）：93-96.

［66］李在军，张瑞林. 冰雪产业融合发展的动力机制与路径探析[J]. 首都体育学院学报，2018，30（6）：510-514.

［67］李志明. 浅谈现代物流理论在我国大型体育赛事中的应用[J]. 中国市场，2008(23)：102-103.

［68］李子彪，王思惟，高光琪. 高质量发展背景下中国冰雪体育产业链的整合模式及对策[J]. 当代经济管理，2022，44（12）：63-72.

［69］梁彩荣，李淑媛，王美红，等. 地方依恋对冰雪体育旅游者价值共创行为影响研究[J]. 干旱区资源与环境，2023，37（5）：192-197.

［70］梁世翔. 智慧物流的概念与应用[M]. 北京：科学出版社，2021.

［71］林闯，李建. 大型体育赛事中第三方物流的运用研究[J]. 物流技术，2012，31(19)：89-91.

［72］林素絮，黄元骋. 冰雪运动产业技术创新与商业模式创新融合研究[J]. 广州体育学院学报，2020，40（2）：20-23.

［73］林志刚，李杉杉，吴玲敏. 2022年北京冬奥会推动京津冀冰雪旅游公共服务协同发展策略研究[J]. 中国体育科技，2021，57（9）：20-28.

［74］刘兵. 论我国冰雪产业发展的战略定位与战略效应——写在2019"中芬冬季运动年"之际[J]. 体育研究与教育，2017，32（5）：1-7.

［75］刘德建，刘晓琳，张琰. 虚拟现实技术教育应用的潜力、进展与挑战[J]. 开放教育研究 2016，22（4）：25-31.

［76］刘冬磊，崔丽丽，孙晋海. 构建体育产业创新生态系统的理论设计与路径研究[J]. 体育科学，2023，43（9）：40-52.

［77］刘坚，赵勇强，Nis Soborg Larsen Gregers. 我国新能源汽车发展对道路交通能源转

型影响研究[J].中国能源,2014,36(6):19-24.

[78] 刘娟.多中心治理视域下冰雪体育服务供给创新研究[J].南京体育学院学报,2018,1(12):23-28.

[79] 刘俊民.构建大型综合体育赛事物流体系的探讨[J].物流技术,2012,31(17):190-192.

[80] 刘润枫.基于冰雪经济视角下"冰雪+"产业链培育战略研究[J].冰雪体育创新研究,2022(19):43-45.

[81] 刘巍,熊本龙,王迪.冰雪体育产业经济发展新常态下"技能+管理"的复合型体育人才培养模式研究[J].中国管理信息化,2021,24(23):236-237.

[82] 刘文佳,姜森淼.我国冰雪体育器材装备产业可持续发展研究[J].冰雪运动,2016,38(5):81-83,92.

[83] 刘晓娜.人工智能时代下物流企业转型升级变革及发展趋势[J].商业经济研究,2019(4):91-93.

[84] 刘晓芸,毛薇.数字化背景下智慧物流研究文献综述[J].物流科技,2021,44(11):38-40.

[85] 刘雪松.高质量发展视域下寒地冰雪经济体系建设研究[J].税务与经济,2022(2):55-62.

[86] 刘妍.基于AHP-FCE的南京市绿色物流评价及对策研究[J].物流工程与管理,2022,44(3):12-14,20.

[87] 刘云浩.物联网导论[M].2版.北京:科学出版社,2013.

[88] 卢泰宏,杨晓燕.行销体育:综合篇[M].成都:四川人民出版社,2003.

[89] 罗重谱,莫远明.新时代学术期刊高质量发展的内涵与路径[J].出版广角,2021(6):53-56.

[90] 吕方.2022年冬奥会背景下我国冰雪产业与互联网融合发展研究[J].当代体育科技,2019,9(23):223-225.

[91] 吕吉勇,蒋湘之,王丹丹,等.北方高等体育院校冰雪运动教学多元化评价方法研究[J].哈尔滨体育学院学报,2021,39(3):28-34.

[92] 马丽君.大型体育赛事现代物流应用[J].广西右江民族师专学报,2005(6):74-76.

[93] 茅洁. 基于 VR、AR、MR 技术融合的大学体育教学应用研究 [J]. 武汉体育学院学报, 2017, 51（9）: 76–80.

[94] 缪亮. 数字化引领物流行业智慧升级的路径探究 [J]. 中国储运, 2022（5）: 150–151.

[95] 穆瑞丽. 以"冰雪旅游 +"促进冰雪旅游产业融合与可持续发展 [N]. 河北党校报, 2021-11-5.

[96] 聂建宇. "四跨界三融合"应用型本科人才培养路径探究 [J]. 百科论坛电子杂志, 2024（1）:154–156.

[97] 牛丽丽. 基于 IT 时代的体育赛事一体化物流服务模式研究 [J]. 物流技术, 2013, 32（5）: 104–106, 120.

[98] 彭琎云, 杨荣昆, 王朝兵, 等. 大数据时代智能化仓储创新技术研究 [J]. 中国物流与采购, 2021（5）: 52–53.

[99] 前瞻产业研究院. 2022 年中国冰雪产业趋势发展白皮书 [R/OL].（2022-02-28）[2024-05-20].

[100] 邱伏生. 聚焦物流运营向供应链数字化、智能化发展的思维 [J]. 起重运输机械, 2021（16）: 22–23.

[101] 曲文姗, 赵修彬. 着力推动冰雪产业高质量发展 [N]. 中国银行保险报, 2023-12-14.

[102] 全昌永. 转变发展方式 促进新能源汽车发展 [J]. 交通企业管理, 2013, 28（3）: 11–13.

[103] 任凤香. 物流理论在我国体育赛事中的应用研究 [J]. 物流科技, 2009, 32（10）: 100–101.

[104] 任婷婷. 服务营销视角下山西冰雪体育旅游现状及提升路径 [J]. 体育文化导刊, 2020（4）: 85–90.

[105] 任伟. 互联网 + 视域下冰雪产业发展的契机与变革研究 [J]. 南京体育学院学报, 2017, 31（3）: 88–92.

[106] 赛迪智库新能源汽车产业形势分析课题组. 2018 年我国新能源汽车产业发展形势展望 [J]. 电器工业, 2018（2）: 24–29.

[107] 深圳市标准化协会. 粤港澳大湾区供应链领域标准规则衔接研究——以供应链物

流为例[R/OL].（2023-10-25）[2024-5-20].

[108] 施蒋彬. 基于低碳交通背景下推动发展新能源汽车的研究[J]. 时代汽车，2020（22）：108-109.

[109] 宋佳丽，尚诗雨. 新能源汽车物流运输对"双碳"目标的影响研究[J]. 中国储运，2022（10）：166-167.

[110] 孙大海，韩平，赵果巍. 后冬奥时代冰雪体育旅游产业提质升级困境与策略[J]. 体育文化导刊，2022（11）：76-82.

[111] 孙雨荷. 全民健身背景下冰雪运动的大众化发展[J]. 体育科学进展，2023，11(2)：171-176.

[112] 汤思佳. 中国跨越式发展新能源汽车的路径研究[J]. 南方农机，2020，51（7）：125.

[113] 唐承财，徐诗怡. 冰雪旅游可持续发展：理论与实证研究（英文）[J]. Journal of Resources and Ecology，2022，13（4）：547-551.

[114] 陶尚武. 北京冬奥会背景下我国冰雪产业发展研究[J]. 经济研究导刊，2017（27）：31-32.

[115] 滕飞. 跨境电商企业供应链管理优化策略分析[J]. 黑河学院学报，2023，14（9）：35-37.

[116] 田晨，任斌. 基于物联网和人工智能的现代物流及仓储应用技术研究[J]. 中国物流与采购，2023（20）：119-120.

[117] 田丹丹，邵林海. 人工智能赋能我国冰雪产业智能化发展研究[J]. 冰雪体育创新研究，2023（20）：13-15.

[118] 田峰. "数智化"在降低物流运输成本中的应用——以货物运输成本为例[J]. 中国储运，2022（10）：67-69.

[119] 田国伟，邬跃. 中国奥委会体育物流理论体系构建[J]. 物流技术，2009，28（1）：8-10.

[120] 田宇. 现代物流管理概述与实践[M]. 北京：清华大学出版社，2009.

[121] 万航，余建海. 基于物联网技术的智能物流供应链管理研究[J]. 科技视界，2021（17）：196-198.

[122] 汪瑞林. 北京冬奥会与校园体育融合发展研究[R/OL].(2022-03-15)[2024-05-20].

[123] 王蓓, 张楠, 谢慧松. 北京冬奥会背景下京津冀地区冰雪体育旅游业发展困境与对策 [J]. 体育文化导刊, 2021 (10): 71-77.

[124] 王超, 杜唯, 杜春华. 数字技术赋能冰雪产业高质量发展的理论内涵、现实困境与实践路径 [J]. 沈阳体育学院学报, 2022, 41 (5): 21-27, 95.

[125] 王春雷, 李阿建. 后疫情时代河北冰雪产业高质量发展: 困境与路径 [J]. 邢台学院学报, 2021, 36 (2): 123-129.

[126] 王丹荔. 物联网中的智能物流仓储系统研究 [J]. 大众投资指南, 2020 (14): 100-101.

[127] 王光军, 张晶晶. 体育物流服务模式及切入策略研究 [J]. 物流技术, 2013, 32 (9): 166-168.

[128] 王国庆, 詹伟. 应急响应中的救援物资需求研究 [J]. 电子科技大学学报 (社科版), 2012, 14 (5): 44-47.

[129] 王国营. 大型国际性赛事物流项目的规划与运作 [J]. 物流技术, 2014, 33 (13): 54-56.

[130] 王恒利, 张瑞林, 李凌, 等. 女性参与冰雪体育旅游的影响因素研究 [J]. 北京体育大学学报, 2019, 42 (3): 44-52.

[131] 王红萍. 关于现代物流智能化应用的几点思考 [J]. 中国市场, 2014 (44): 17-18.

[132] 王洪雷, 赵青, 韩帅, 等. 高校冬季体育教学内容与方法创新——冰雪产业跨界融合路径选择 [J]. 冰雪运动, 2019, 41 (6): 42-45.

[133] 王江涛, 李永飞, 冯逸飞, 等. 物流企业数字化发展研究 [J]. 商场现代化, 2022 (9): 49-51.

[134] 王可. 大型体育赛事物流流程规划及应急动态调控机制 [J]. 综合运输, 2016, 38 (3): 94-98.

[135] 王丽, 周红萍. 提高我国大型体育赛事物流运作能力的探讨 [J]. 物流技术, 2014, 33 (9): 67-68.

[136] 王丽. 一体化体育赛事物流系统构建分析 [J]. 物流技术, 2013, 32 (21): 64-66.

[137] 王莉. 技术创新驱动的转型发展研究——基于新能源汽车产业 [J]. 科学管理研究, 2016, 34 (5): 48-52.

[138] 王能民, 孙林岩, 汪应洛. 绿色供应链管理 [M]. 北京: 清华大学出版社, 2003.

[139] 王萍, 费郁红, 孙洋. 冬奥会背景下我国滑雪旅游产业发展的探析[J]. 哈尔滨体育学院学报, 2017, 38 (6): 51-55.

[140] 王青涛, 赵禹, 郭红涛, 等. 大型体育赛事物流供应链管理分析[J]. 物流技术, 2013, 32 (11): 200-202, 209.

[141] 王松, 周瑶, 郭振. 新时代我国冰雪运动产业供给体系高质量发展目标及路径[J]. 体育文化导刊, 2020 (9): 8-13, 35.

[142] 王涛, 王刚. 一种多式联运网络运输方式的组合优化模式[J]. 中国工程科学, 2005 (10): 46-50.

[143] 王晓明. 商业智能技术在库存管理中的应用[J]. 物流技术与应用, 2013, 18 (8): 122-124.

[144] 王鑫鑫. 新时期体育赛事物流供应链管理的优化对策[J]. 中国物流与采购, 2022 (2): 65.

[145] 王璇, 沈克印. 冰雪产业高质量发展的现实困境与实现路径[J]. 湖北体育科技, 2021, 40 (7): 569-572, 597.

[146] 王雪莉, 付群, 郑成雯. 2010—2019年中国体育消费政策落实情况分析: 问题与对策[J]. 体育科学, 2019, 39 (10): 40-55, 82.

[147] 王乙淇, 杜传喜, 郭西平. 浅析物流理论在体育赛事中的运用[J]. 中国市场, 2008 (15): 100-101.

[148] 王雨桐. 物流在体育赛事中的应用[J]. 当代体育科技, 2020, 10 (35): 251-253.

[149] 王允佐. 吉林省冰雪产业人才培育困境及对策研究[J]. 营销界, 2019 (52): 172-173.

[150] 魏剑波. 基于现代物流理论的体育赛事物流组织构建[J]. 物流技术, 2014, 33 (9): 81-82, 127.

[151] 赵鹏飞. 复合型人才的界定以及培养模式的思考[J]. 佳木斯职业学院学报, 2015 (9): 317.

[152] 吴军, 李健, 汪寿阳. 供应链风险管理中的几个重要问题[J]. 物流技术, 2000 (6): 1-12.

[153] 吴贻刚. 国外体育全球化研究现状、问题及启示[J]. 山东体育学院学报, 2004 (1): 8-10.

[154] 武传玺. 互联网+冰雪体育旅游的营销模式与发展路径[J]. 体育文化导刊, 2017（5）: 121-125.

[155] 习近平经济思想研究中心. 新质生产力的内涵、特征和发展重点[N]. 人民日报, 2024-3-1.

[156] 席亚莉. 基于复合型人才培养的物流专业课程体系改革——以兰州财经大学长青学院为例[J]. 物流技术, 2020, 39（9）: 157-160.

[157] 相峰. 定标准、找政策、推应用、促发展——《中国新能源物流车发展报告》编后记[J]. 中国物流与采购, 2018（21）: 43.

[158] 肖丁丁, 张文峰. 基于DEMATEL方法的绿色物流发展关键因素分析[J]. 系统工程理论与实践, 2010, 13（1）: 52-57.

[159] 肖志玲, 冯怡嫣. 我国智慧物流基于标准化、绿色化与无人化协同发展研究[J]. 现代商业, 2019（25）: 44-45.

[160] 陈爱平, 朱翃. 北京冬奥会与冰雪旅游市场发展[R/L].（2022-02-08）[2024-05-20].

[161] 李典, 于也童, 刘赫垚. 奏响自然与人文之歌: 东北擦亮冰雪文化"金名片"[EB/OL].（2024-01-14）[2024-05-20].

[162] 徐诗枧, 薛梦莹, 刘超, 等. 冰雪产业高质量发展: 内涵、困境与路径[J]. 新疆职业大学学报, 2021, 29（2）: 50-54.

[163] 徐淑芳, 黎国栋, 彭珍. 冰雪产业发展报告[M]. 北京: 中国旅游出版社, 2022.

[164] 徐淑芳, 黎国栋, 彭珍. 气象、气候与旅游资源[M]. 北京: 中国旅游出版社, 2022.

[165] 徐泗远. 基于大数据的我国冰雪旅游产业融合发展策略研究[J]. 体育科学进展, 2023, 11（3）: 648-652.

[166] 徐宇华, 林显鹏. 冬季奥运会可持续发展管理研究: 国际经验及对我国筹备2022年冬奥会的启示[J]. 北京体育大学学报, 2016, 39（1）: 13-19.

[167] 许恒勤, 安立华. 物流专业设置与课程教学内容避免交叉重复的探讨[J]. 中国市场, 2009（19）: 113-114.

[168] 许明轩. "十四五"时期我国冰雪旅游产业发展路径研究[J]. 湖北体育科技, 2021, 40（9）: 778-781, 824.

[169] 许智勤, 谢招才, 曾凡柏. 新能源汽车的技术应用与发展[J]. 技术与市场, 2019,

26（7）：172.

[170] 薛鹏. 源汽车发展及关键技术研究[J]. 农家参谋，2018（4）：33，42.

[171] 飞教育技术研究院，认知智能国家重点实验室智能教育研究中心. 智能教育发展蓝皮书（简版）[R/OL]. （2019-08-02）[2024-05-20].

[172] 杨建平，孙秋菊. 我国体育赛事中引用奥运物流运作的必要性研究[J]. 中国市场，2007（36）：70-71.

[173] 杨利军. 供应链知识协同创新研究[J]. 河南科技大学学报（社会科学版），2017，35（6）：77-83.

[174] 杨苓，韩朝阳. 产业链视角下我国冰雪体育产业高质量发展机遇、挑战及路径[J]. 湖北体育科技，2021，40（7）：618-621.

[175] 杨茂功. 全球化潮流下国际大型运动会之发展——以奥运会、世界杯赛为例证[J]. 体育与科学，2003（7）：33-35.

[176] 杨双波. 翻转课堂在焊接技术实践教学中的应用[J]. 中国机械，2022（26）：91-94.

[177] 杨现民，余胜泉. 智慧教育体系架构与关键技术支撑[J]. 中国电化教育，2015（1）：77-84，130.

[178] 杨延凤，葛新旗. "双碳"背景下中国新能源汽车产业创新发展研究[J]. 储能科学与技术，2022，11（7）：2406-2407.

[179] 杨子刚，郭庆海. 经济全球化背景下国际物流的发展现状及趋势[J]. 中国流通经济，2007（11）：17-20.

[180] 姚小林. 现代冰雪体育产业体系内涵与构建路径[J]. 体育文化导刊，2022（7）：72-77，110.

[181] 姚臻，张毅. 基于物联网和低碳双视角下冷链物流配送路径优化研究[J]. 生态经济，2020，36（2）：61-66.

[182] 殷美霞. 基于系统动力学的大型体育赛事中食品现场仓库存策略研究——以2014年南京青奥会为例[J]. 上海管理科学，2018，40（3）：18-21.

[183] 于阳洋，李智鹏，姚小林，等. 新时代我国冰雪体育产业转型升级与特色建设的策略研究[J]. 冰雪运动，2021，43（1）：83-86.

[184] 张良祥，朱顺，唐云松，等. "一带一路"引领下黑龙江省冰雪体育产业国际合作

研究[J].冰雪运动,2019,41(5):82-87.

[185]张玲."聚集效应"下的现代体育赛事物流体系的构建[J].物流技术,2014,33(19):65-67.

[186]张谦.新能源汽车:运营创新和技术创新互为促进[J].电器工业,2015(1):27-28.

[187]张瑞林,李凌.冰雪体育旅游消费者行为与体验模式的影响研究[J].天津体育学院学报,2017,32(2):93-98.

[188]张瑞林.我国冰雪体育产业商业模式建构与产业结构优化[J].体育科学,2016,36(5):18-23,53.

[189]张文杰,汝宜红,李伊松,等.2008年北京奥运物流规划的必要性分析[J].北方交通大学学报(社会科学版),2002(2):25-29.

[190]张小蒙,赵启兰,张建军.服务创新驱动下物流服务供应链纵向整合策略——基于链间竞争视角[J].商业经济与管理,2022(10):23-38.

[191]张学忠,杨小永.体育课程论理论体系构建的基本问题:概念、性质、对象和任务[J].北京体育大学学报,2014,37(3):107-111,116.

[192]张宇飞,王晶.冰雪产业高质量发展的法治保障研究[J].四川体育科学,2020,39(2):24-27.

[193]张振芳.大型体育赛事物流服务研究[J].物流技术,2012,31(17):181-183.

[194]赵慧.创新型冰雪产业集群的构建[J].产业创新研究,2023(17):78-80.

[195]赵琳,王飞."十四五"时期冰雪体育旅游数字化转型的价值导向与实施路径[J].体育文化导刊,2021(9):1-6,47.

[196]甄理,高媛媛.大型体育赛事物流信息平台的构建分析[J].物流技术,2012,31(13):408-410,433.

[197]郑启龙.大型综合体育赛事物流运作策略研究[J].物流工程与管理,2018,40(10):10-12.

[198]张磊,郭子暄,涂芝仪.我国冰雪运动发展历程、新时代特征及未来展望[J].体育文化导刊,2023(2):41-48.

[199]钟永德.旅游景区管理[M].长沙:湖南大学出版社,2005.

[200]周春月,宋明月,陶丹,等.基于CDIO理念的物联网技术课程实验教学研究[J].

实验科学与技术，2024，22（1）：52-56.

[201] 周奇才. 数字化和人工智能技术助推制造业物流智能化发展[J]. 起重运输机械，2021（3）：7.

[202] 周雪梅，陆莲芳. 基于物联网和大数据分析的智能物流研究[J]. 中国物流与采购，2020（1）：59-60.

[203] 朱本飞. 新能源电动汽车节能减排效应及发展路径研究[J]. 产业与科技论坛，2020，19（19）：15-16.

[204] 朱琳. 推进新能源汽车持续创新发展[J]. 中国科技投资，2013（1）：20.

[205] 朱潇雨，杜娟. 协同创新理论下的黑龙江省冰雪体育产业发展研究[J]. 当代体育科技 2018，8（2）：153，161.

[206] 邹博文. 新能源汽车及其智能化技术与应用专题[J]. 西南大学学报（自然科学版），2022，44（3）：1.

[207] 祖心妤. 基于"绿色物流"的快递包装回收模式研究——以江苏地区高等院校为例[D] 扬州：江苏旅游职业学院，2022.

[208] 陈清泉，高金燕，何璇，等. 新能源汽车发展意义及技术路线研究[J]. 中国工程科学，2018，20（1）：68-73.

[209] EMADI A. Guest Editorial: Special issue on transportation electrification and vehicle systems [J]. IEEE Transactions on Power Electronics, 2013, 28(12): 5435-5436.

[210] ALEXANDRA L, GIOVANNI L, GIULIO M, et al. A systematic literature review of innovative technologies adopted in logistics management[J]. International Journal of Logistics Research and Applications, 2022, 25(7): 1043 – 1066.

[211] MOLDABEKOVA A, ZHIDEBEKKYZY A, BAIMUKHANBETOVA E, et al. Advanced technologies in improving the management of logistics services: bibliometric network analysis[J]. Polish Journal of Management Studies, 2020, 21(1): 211-223.

[212] RAMOS-RODRíGUEZ A, RUIZ-NAVARRO J. Changes in the intellectual structure of strategic management research: a bibliometric study of the "Strategic Management Journal", 1980 – 2000[J]. Southern Medical Journal, 2004, 25(10): 981-1004.

[213] ZHANG A, JACOBS M J. Multi-View Streams for Interactive 3D Remote Teaching [M]. Santa Barbara: University of California, Santa Barbara, 2023.

[214] SMALL H. Co-citation in the scientific literature: A new measure of the relationship between two documents[J]. Journal of the American Society for Information Science, 1973, 24(4): 265-269.

[215] LEE H L, PADMANABHAN V, WHANG S. Comments on "Information Distortion in a Supply Chain: The Bullwhip Effect" [J]. Management Sciences, 2004, 50(12): 1887-1893.

[216] MINIS I, PARASCHI I, APOSTOLOS Tzimourtas. The design of logistics operations for the Olympic Games[J]. International Journal of Physical Distribution & Logistics Management, 2006, 36(8): 621-642.

[217] ZUPIC I, ATER T. Bibliometric Methods in Management and Organization[J]. Organizational Research Methods, 2015, 18(3): 429-472.

[218] VALENTINA T, SVETOZAR L, KATIA T. The Role of Internet of Things in Smart Education[J]. IFAC PapersOnLine, 2022, 55(1): 108-113.

[219] TIDD J, JBESSANT J. Managing Innovation: Integrating Technology, Market, and Organization Change [J]. Hoboken: John Wiley & Sons, 2013.

[220] BOYACK K, KLAVANS R. Co-citation analysis, bibliographic coupling, and direct citation: Which citation approach represents the research front most accurately? [J]. Journal of the American Society for Information Science and Technology l, 2010, 61(12): 2389-2404.

[221] CHOW H K H, CHOY K L, LEE W B. On the design of a real-time knowledge-based system for managing logistics operations: Research Articles[J]Lnt.Syst. in Accounting, Finance.and Management 2006, 14(1): 3-25.

[222] SMITH K, WANG Chaoyang. Preface to special issue on electrical energy storage for future transportation and renewable energy[J]. International Journal of Energy Research, 2010, 34(2): 95-96.

[223] COOPER M C, LAMBERT D M, PAGH J D. Supply Chain Management: More Than a New Name for Logistics[J].International Journal of Logistics Management, 1997, 8(1):1-14.

[224] FANTI M P, UKOVICH W, UZSOY R. Guest Editorial Special Section on Emerging Advances in Logistics Systems: Integrating Remote Sensing, IT, and Autonomy[J]. IEEE

Transactions on Automation Science and Engineering, 2016, 13(4): 1420-1421.

［225］RÖNNQVIST M, BERNSTEIN F, CALDENTEY R, et al. "Special issue on supply chain management and collaborative logistics[J]. International Transactions in Operational Research, 2012, 19(5): 631-632.

［226］WOSCHANK M, RAUCH E, ZSIFKOVITS H. A Review of Further Directions for Artificial Intelligence, Machine Learning, and Deep Learning in Smart Logistics[J]. Sustainability, 2020, 12(9): 3760.

［227］MURPHY P R, POST R F. Green perspectives and practices: A comparative logistics study[J]. Supply Chain Management: An International Journal, 2003, 8(2): 122-131.

［228］SATO N. Recent research of new energy technology for advanced vehicles[J]. Journal of Advanced Science, 2002, 14(4): 151-156.

［229］ECK N V, WALTMAN L. Software survey: VOSviewer, a computer program for bibliometric mapping[J]. Scientometrics, 2009, 84(2): 523-538.

［230］BO Pinzhong, LI Bo. Education Reform and Student Innovative Ability Cultivation[J].East China Normal University Journal (Educational Science Edition), 2017 (4): 15-30.

［231］FANG Sidun, TIAN Zhongbei, ROBERTS C, et al. Guest Editorial: Special Section on Toward Low Carbon Industrial and Social Economy of Energy-Transportation Nexus[J]. IEEE Transactions on Industrial Informatics, 2022,18(11): 8146-8148.

［232］THAWKINS T R, SINGH B, MAJEAU-BETTEZ G,et al. Comparative Environmental Life Cycle Assessment of Conventional and Electric Vehicles[J].Journal of Industrial Ecology, 2013, 17(1): 53-64.